西安外国语大学经济金融学院应用经济学博士文丛

经济管理学术文库 • 经济类

中国与中亚地区贸易潜力研究：结构、效率、模拟与系统评价

Research on Potential of Bilateral Trade between China and Central Asia: Structure, Efficiency, Simulation and System Evaluation

杨 蕾／著

经济管理出版社
ECONOMY & MANAGEMENT PUBLISHING HOUSE

图书在版编目（CIP）数据

中国与中亚地区贸易潜力研究：结构、效率、模拟与系统评价/杨蕾著．—北京：经济管理出版社，2020.8

ISBN 978-7-5096-7452-9

Ⅰ.①中… Ⅱ.①杨… Ⅲ.①国际贸易—研究—中国、中亚 Ⅳ.①F752.736

中国版本图书馆 CIP 数据核字(2020)第 162665 号

组稿编辑：曹　靖
责任编辑：张巧梅
责任印制：黄章平
责任校对：王淑卿

出版发行：经济管理出版社
（北京市海淀区北蜂窝 8 号中雅大厦 A 座 11 层　100038）
网　　址：www.E-mp.com.cn
电　　话：（010）51915602
印　　刷：北京玺诚印务有限公司
经　　销：新华书店
开　　本：720mm×1000mm/16
印　　张：11.75
字　　数：230 千字
版　　次：2020 年 10 月第 1 版　　2020 年 10 月第 1 次印刷
书　　号：ISBN 978-7-5096-7452-9
定　　价：78.00 元

前　言

中亚地区地处亚欧大陆腹地，既是亚欧大陆地理上的中心区域，又是陆路交通的要冲和多种文化的交叉口，在国际经济和文化交流史上有着非常独特的地位。中国基于新形势和新背景下提出的“一带一路”倡议符合中亚地区五国希望复兴的“丝绸之路”、重新获得陆路交通枢纽国际地位的期待，也符合“中国梦”的战略愿景。中亚地区五国不仅拥有巨大的市场和丰富的资源，并且已进入独立建国以来最好的经济发展时期，中国与中亚地区在能源、农业、基础设施建设、教育医疗等领域的合作和发展潜力巨大。通过建立科学、系统的贸易潜力研究体系，对中国和中亚地区之间的贸易潜力进行研究，可为解决我国中西部建设开放型经济提供理论支撑和实践检验，同时秉承亚洲区域开放合作的宗旨，为加强与中亚国家的合作提供实证检验支撑和对策建议。

本书主要研究中国和中亚地区之间的贸易潜力，通过对贸易潜力内涵和维度等机理研究形成基本分析框架，对中亚地区的资源禀赋和经济贸易发展情况进行资料收集和整理分析；在对中亚地区基本资料占有的基础之上，从时间、空间和结构三个维度，在考虑“一带一路”倡议政策的背景之下，对中国和中亚地区之间贸易的行业和产品进行了结构分析、贸易潜力测算及效率分析。通过分析，可以科学、客观、系统和全面地进行贸易潜力这个课题的研究和评价，为研究中国和中亚地区双边和多边贸易潜力提供理论支撑和实践检验。主要研究内容和结论如下：

第一，贸易潜力内涵与形成机理研究。本书基于随机前沿思想，认为贸易潜力是考虑了贸易效率损失（如贸易摩擦、制度等阻碍因素）后的理想贸易值。提出贸易潜力具有时间、空间和结构三个维度，为后续分析建立了基本分析理论框架。

第二，中亚地区基本情况和经济贸易情况分析。本部分主要对中亚地区的界定、自然环境和资源禀赋、与中国交往、中亚地区五国的经济发展、产业结构和对外贸易等情况进行资料搜集、梳理和分析，对中亚地区的整体状况形成一定的判断，对于后续进行贸易潜力分析提供了基本资料和素材。

第三，中国与中亚地区双边贸易结构分析。本部分利用贸易结合度指数、进出口显性比较优势指数、贸易互补性指数等从时间和空间维度分析了中国与中亚地区进出口整体，以及分行业贸易结构的竞争性和互补性情况，进而探讨中国—中亚间优势产品或产业以及敏感产品或产业分布情况。研究结果表明，中国与中亚地区贸易总体发展趋势迅猛，中国和中亚由于资源禀赋结构和产业政策，产品贸易结构具有很强的互补性，中国需要中亚提供能源和原材料，而中亚则需要从中国进口食物、日用消费品、机器设备等工业品，中国与中亚地区在产品贸易上未来合作潜力巨大。

第四，中国与中亚地区贸易效率、潜力和模拟分析。本部分改进的随机前沿贸易引力模型，对中国—中亚地区五国贸易影响因素进行甄别和筛选，对中国与中亚地区五国双边贸易规模建模分析，通过似然比检验测算双边贸易效率，进一步测算和评估中亚地区五国对中国贸易潜力地位；并利用空间计量模型对中国与中亚地区五国进行国家间是否具有空间自相关性的分析；根据已有研究数据的历史变化趋势和增长率，设定模拟方案，对中国与中亚地区五国之间贸易潜力进行预测和模拟。研究结果表明：中国与中亚地区五国之间贸易存在非效率且具有空间依赖性；与传统贸易引力模型预期一致，经济规模具有显著正向影响，地理距离具有显著负向影响；从贸易流向角度来看，出口模型中实际贸易水平和贸易潜在水平差距比较大，进口则较小；贸易非效率项分解表明贸易互补性具有显著正向影响，“一带一路”政策虚拟变量对于国家整体不显著，但是分产品模型中显著为正。

本书前期研究得到西安市社科基金项目（16Z48）的资助，也得到“西安外国语大学经济金融学院应用经济学博士文丛”出版基金的资助，在此表示感谢。由于笔者水平有限，书中错误和不足之处在所难免，恳请广大读者批评指正！

目　录

第一章 引言

一、研究背景和意义

中亚地区五国①地处亚欧大陆腹地，既是亚欧大陆地理上的中心区域，又是陆路交通的要冲和多种文化的交叉口，在国际经济和文化交流史上有着非常独特的地位，被英国地理学家兼政治活动家哈尔福德·麦金德称为“心脏地带”（H. J. Mackinder，1904）。新时代由于高速铁路和公路的迅速建设和发展，中国与中亚地区五国跨越了时间和距离，迎来了发展的新时期。

通过建立科学、系统的贸易潜力研究体系，对“一带一路”倡议政策背景下中国和中亚地区五国之间的贸易潜力进行研究，可为解决我国中西部建设开放型经济提供理论支撑和实践检验，同时秉承亚洲区域开放合作的宗旨，为加强与中亚国家的合作提供实证检验支撑和对策建议。

二、国内外研究现状

潜力代表一种非现实的、潜在的能力，与实际表现出来的能力也即“竞争力”相对应，现在的潜力是未来可能实现的竞争能力（冯学钢、王琼英，2009）。目前，关于潜力的研究多集中于农业生产、土地利用、城市空间规划、市场潜力、产业潜力、经济贸易增长等方面（姜世中，1997；郭爱请、葛京凤，2006；封志明等，2007；赵永亮，2011；王丽、牛文元，2013）。而关于中国贸易潜力的研究多关注出口增长潜力方面，这与中国改革开放几十年来的出口拉动型经济增长形势密切相关。研究对象多集中于两大类：第一，中国与主要贸易伙伴国之间的双边贸易增长潜力研究，如中国—东盟（赵雨霖、林光华，2008）、

① 本书与已有研究一致，研究对象中亚地区五国分别为哈萨克斯坦、吉尔吉斯斯坦、塔吉克斯坦、乌兹别克斯坦和土库曼斯坦。

中国—印度（叶德利，2005）、中日韩（张鸿等，2009）、中国—非洲（张海森、谢杰，2011）、金砖国家（汤碧，2012）等；第二，立足于中国与其他各个国家的多边贸易增长潜力研究（如盛斌、廖明中，2004；鲁晓东、赵奇伟，2010；张会清、唐海燕，2012）。

贸易引力模型是测算贸易潜力最常用的方法，Nilsson（2000）和 Egger（2002）将传统引力模型估算出的双边贸易拟合值称为“贸易潜力”，并用实际贸易量与贸易潜力的比值来衡量双边贸易的效率。近年来，已有大量学者采用传统引力模型来估计贸易潜力（Hamilton and Winter，1992；Nilsson，2000；Christie，2002；盛斌、廖明中，2004；赵雨霖、林光华，2008）。但是，在估算传统贸易引力模型时，假定国家之间不存在“贸易阻力”，即将贸易壁垒、制度、文化障碍等不可观测、难以量化的影响自由贸易进行的因素归入模型的残差项，会使得对“贸易潜力”的估计出现不可避免的偏差（Drysdale and Garnaut，1982）。估算的拟合值只是各种决定贸易因素的平均效应，贸易阻力问题始终没有很好地解决。

基于传统引力模型在解释贸易潜力方面的缺陷，相关学者将随机前沿生产函数引入贸易引力模型分析，不可观测因素被设定为限制贸易部分（施炳展、李坤望，2009）。贸易潜力是能够获得的最大可能的贸易值，而不是传统方法下的贸易平均值。可以认为此时的贸易潜力是在“前沿水平”下获得的，类似于生产函数中的生产前沿。此时可以认定贸易是无摩擦的，或者是纯粹自由贸易下的情况（鲁晓东、赵奇伟，2010）。

通过对已有贸易潜力研究的整理发现，虽然贸易潜力研究方法在不断改进，但是对于贸易潜力测算的认识比较浅显，大多数研究过于依赖模型进行测算，因此略显片面，而忽略了对贸易潜力丰富内涵的研究和系统评价。

综观已有研究可见：第一，国内外研究缺乏对贸易潜力这个概念的清晰、合理和科学的界定，也缺乏针对贸易潜力的有效理论解析框架和深度系统分析，从而使得分析贸易潜力多从某一方面进行，无法系统科学地评价贸易潜力；大部分研究多认为出口增长等同于贸易潜力，因此，绝大多数文献关注中国出口增长竞争力方面。然而这样的论断较为狭隘，贸易潜力不仅指出口方面，还涵盖进口方面；不仅涉及贸易额增长，还涉及贸易结构问题，并且与各个国家的政治经济环境密切相关，涉及双边贸易潜力研究只看各自竞争力、忽略互补性和合作领域显然有失偏颇。第二，从定量角度看，虽然关于中国对外出口潜力研究颇多，但多基于传统且有缺陷的贸易引力模型进行分析，导致分析结果出现误差。第三，缺乏相关背景材料的情况下，关于中国与中亚地区贸易潜力全面、系统和科学的贸易潜力研究评价体系，而这也是在新形势下亟待解决的问题。

三、研究内容和思路

本书通过构建贸易潜力的理论分析框架，从结构、效率、潜力测算和模拟等多层次、多角度对中国和中亚地区之间贸易潜力进行全面、科学和系统的定性和定量研究。

主要研究内容包括以下模块：

模块一：贸易潜力内涵与形成机理研究。本模块主要内容涉及界定贸易潜力的内涵和外延，基于随机前沿思想，其基本观点是：贸易潜力是考虑了贸易效率损失（如贸易摩擦、制度等阻碍因素）后的理想贸易值。提出贸易潜力具有时间、空间和结构三个维度。通过对贸易潜力内涵和形成机理的研究，比较全面地构建了贸易潜力问题研究的统一分析框架。

模块二：中亚地区五国基本情况、经济和外贸情况分析。本模块首先对中亚地区五国的基本情况进行介绍，涉及以下几个方面：中亚地区五国界定、自然环境和资源禀赋，以及和中国交往情况。其次经济贸易结构分析主要涉及中亚地区五国的经济发展、产业结构和对外贸易等情况。通过本部分的资料搜集、梳理和分析，对中亚地区五国资源禀赋、经济发展水平和贸易结构等基本情况进行了解。有利于对中亚地区五国的整体状况形成一定判断，对于后续进行贸易潜力分析提供基本资料和素材。

模块三：中国与中亚地区五国贸易结构分析。本模块基于模块一对于贸易潜力概念和内涵的基本分析框架，在模块二的基本情况认知之下，利用贸易结合度指数、进出口显性比较优势指数、贸易互补性指数等从时间和空间维度，分析中国与中亚地区五国进出口整体以及分行业贸易结构的竞争性和互补性情况，进而探讨中国—中亚间优势产品或产业以及敏感产品或产业分布情况，从贸易结构角度对中国与中亚地区五国贸易潜力进行研究，为进一步双边贸易结构优化提供参考。

模块四：中国与中亚地区五国贸易效率、潜力和模拟分析。首先，本模块基于随机前沿思想对传统贸易引力模型进行改进，得到随机前沿贸易引力模型。其次，对中国—中亚地区五国贸易影响因素进行甄别和筛选。接着根据改进的随机前沿贸易引力模型和相关影响因素对中国与中亚地区五国双边贸易规模建模分析，通过似然比检验测算双边贸易效率，进一步测算和评估中亚地区五国对中国贸易潜力地位；为了更深入探讨影响贸易潜力发挥的因素，进一步对双边贸易效率内容分为自然决定因素和人为决定因素进行解析。再次，利用空间计量模型对中国与中亚地区五国进行国家间是否具有空间自相关性的分析，考察国家间的空间相互作用和国家依赖性，补充随机前沿贸易引力模型对于贸易潜力测算的分析结果。最后，根据已有研究数据的历史变化趋势和增长率，设定模拟方案，在随机前沿贸易引力模型分析结果的基础上，对未来中国与中亚地区五国之间贸易潜力进行预测和模拟。

本书研究思路如图 1－1 所示：

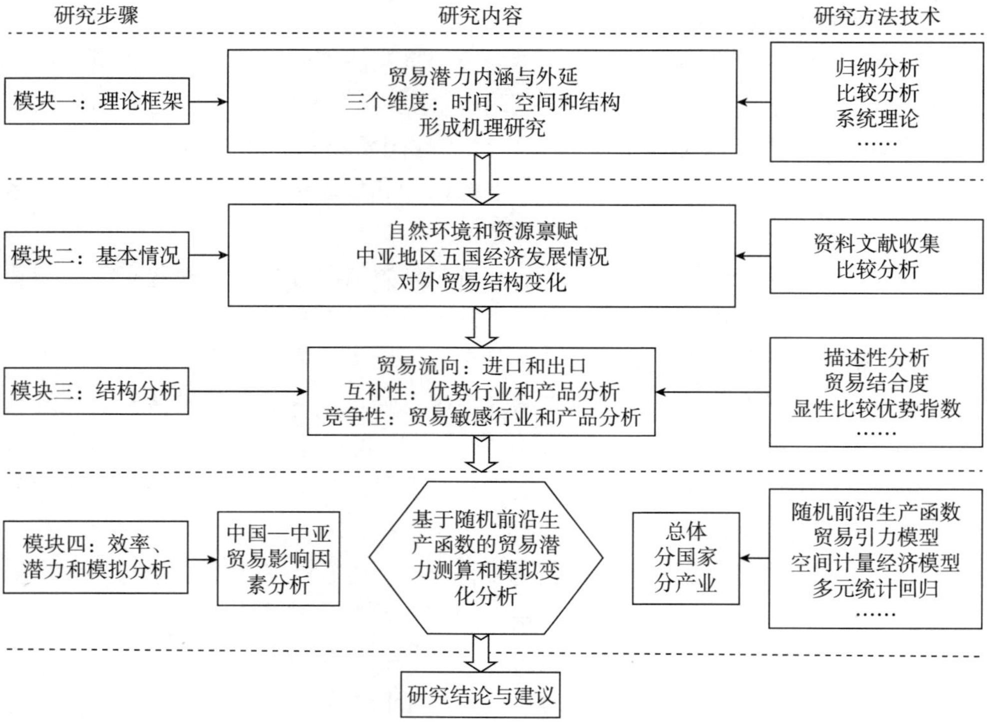

图 1－1　本书研究思路

四、研究拟突破的重点难点

第一，由于影响贸易流量因素的复杂性、人为和制度等因素的不可识别定量性，如何利用相关理论和分析工具进行“一带一路”倡议背景下中国—中亚地区五国贸易影响因素的甄别和筛选是本书拟突破的重难点之一。

第二，如何合理和科学地利用改进后随机前沿引力模型和空间计量模型进行

“一带一路”背景下中国—中亚地区五国贸易效率和潜力测算是本书拟突破的重难点之二。

五、研究方法

本书将采用“理论与实践实际相结合”“实证分析与规范分析相结合”“定性研究与定量研究相结合”的研究方法。

模块一：在随机前沿思想和基本观点基础之上，运用比较分析法、归纳分析法和系统论原理，对贸易潜力内涵和形成机理进行研究，比较全面地构建贸易潜力问题研究的统一分析框架。

模块二：在确定了研究对象是中亚地区五国的基础之上，通过资料整理收集以及比较分析和描述性分析等方法，对中亚地区五国的资源禀赋、经济发展、对外贸易结构等基础资料进行分析，为后续贸易潜力分析做好基础材料支撑。

模块三：结合理论框架与中国和中亚地区五国贸易现状的描述分析，利用贸易结合度指数、贸易互补性指数、进出口显性比较优势指数等方法从中国—中亚地区五国进出口整体以及分行业的贸易结构竞争性和互补性情况对双边贸易潜力进行诠释。

模块四：结合理论研究和实证分析，利用改进的随机前沿贸易引力模型、空间计量经济模型、多元统计回归等方法测算和评估中亚地区五国对中国贸易潜力地位；进一步设定模拟方案，对未来中国与中亚地区五国之间贸易潜力进行预测和模拟。

六、商品范围界定

（一）世界海关组织《商品名称及编码协调制度》（HS）

《商品名称及编码协调制度》，全称为《商品名称及编码协调制度的国际公约》（International Convention for Harmonized Commodity Description and Coding System）简称协调制度（Harmonized System，HS，以下简称 HS 编码）。HS 编码涵盖了《海关合作理事会税则商品分类目录》（CCCN）和联合国的《国际贸易标准分类》（SITC）两大分类编码体系，是系统的、多用途的国际贸易商品分类体系。它除了用于海关税则和贸易统计外，对运输商品的计费、统计、计算机数据传递、国际贸易单证简化以及普遍优惠制税号的利用等方面，都提供了一套可使用的国际贸易商品分类体系。

从 1992 年 1 月 1 日起，中国进出口税则采用 HS 编码制度进行国际贸易商品分类，适用于税则、统计、生产、运输、贸易管制、检验检疫等多方面。中国进出口税则采用十位编码，前八位等效采用 HS 编码，后两位是中国子目，它是在 HS 分类原则和方法的基础上，根据中国进出口商品的实际情况延伸的两位编码。

本书在中国与中亚地区五国商品贸易商品分类标准中采用 2 位 HS 海关编码，涉及二十大类和九十九项中类。

具体分类如下：第一类，动物产品（1～5）；第二类，植物产品（6～14）；第三类，动植物油脂类产品（15）；第四类，食品烟酒等制品（16～24）；第五类，矿产品（25～27）；第六类，化学工业及相关产品（28～38）；第七类，塑料橡胶及制品（39～40）；第八类，皮毛制品（41～43）；第九类，木制品(44～46)；第十类，纸制品（47～49）；第十一类，纺织原料及制品（50～63）；第十二类，鞋帽伞羽毛等制品（64～67）；第十三类，石料、陶瓷与玻璃等制品（68～70）；第十四类，宝石、贵金属制品等（71）；第十五类，贱金属及制品（72～83）；第十六类，机器设备等制品（84～85）；第十七类，车辆、航空等运输设备（86～89）；第十八类，光学、电影、医疗等设备（90～92）；第十九类，武器、弹药等（93）；第二十类，杂项制品（94～99）。

（二）联合国《国际贸易标准分类》(SITC)

《国际贸易标准分类》（*Standard International Trade Classification*，SITC），是为用于国际贸易商品的统计和对比的标准分类方法。该标准共分 10 个门类、50 个大类、150 个中类和 570 个细类。作为各国际机构做贸易统计报告和对世界贸易进行系统分析的共同基础。该标准于 1951 年由联合国经济和社会理事会推荐给各成员国使用。《国际贸易标准分类》自 1951 年颁布实施以后，进行了数次修订，除门类框架不动以外，其他类目随着层次的增加变动也相应扩大。

SITC 采用经济分类标准，即按原料、半成品、制成品分类并反映商品的产业部门来源和加工程度。十大类分别为：SITC0 代表“粮食及活动物”；SITC1 类为“饮料及烟叶”；SITC2 类为“除燃料外的非食用未加工材料”；SITC3 类为“矿物燃料、润滑油及有关物质”；SITC4 类为“动物及植物油、脂肪及蜡”；SITC5 类为“未列明的化学及有关产品”；SITC6 类为“主要按材料分类的制成品”；SITC7 类为“机械和运输设备”；SITC8 类为“杂项制成品”；SITC9 类为“未列入其他分类的货物及交易”。

该标准目录使用 5 位数字表示，第 1 位数字表示类，前两位数字表示章，前

3位数字表示组，前4位数字表示分组。目前，联合国已经公布了SITC（Rev.4）。但是SITC在我国却较少使用。

本书一般采用HS海关编码标准来进行较详细的商品分类讨论，然而由于在中亚地区五国数据中，乌兹别克斯坦、塔吉克斯坦和土库曼斯坦在HS编码标准下数据不可获得，因此在撰写此部分时参考联合国亚洲及太平洋经济社会数据库中SITC标准对产品分类数据进行讨论。

第二章　贸易潜力内涵与形成机理研究

一、贸易潜力内涵及形成机理

（一）传统贸易潜力

在传统解释贸易潜力的研究中，学者经常采用的是经典贸易引力模型作为基准模型，其适用范围广、灵活并且在涉及大量数据和空间经济活动中效果都十分显著。最早引力模型是丁伯根（Tinbergen，1962）引入国际贸易领域，认为两国间的贸易流量与两国的经济规模成正比，与两国间的地理距离成反比，基本形式如下：

$$TRADE_{ij} = P\frac{GDP_i^{\alpha}GDP_j^{\beta}}{D_{ij}^{\mu}} \tag{2-1}$$

其中，*TRADE* 表示双边贸易额，*GDP* 表示双边经济总量，*D* 表示两国之间距离，α、β、μ 分别表示贸易额对各国 GDP 和距离的弹性系数，实际研究中各国研究学者还加入了人均 GDP、汇率、各种贸易成本、是否接壤、是否有共同语言等其他核心变量，并对现实问题进行解释。由于贸易数据常会出现数据变异度过高导致模型结果不稳定的情况，贸易引力模型常采用双对数形式弱化，由于数据本身所带来的异常情况，贸易引力计量经济模型具体形式如下：

$$\ln TRADE_{ij} = \beta_0 + \beta_1\ln GDP_i + \beta_2\ln GDP_j + \beta_3\ln D_{ij} + \varepsilon_{ij} \tag{2-2}$$

对贸易潜力的估算是运用引力模型模拟估计出“理论”或“自然”状态下的潜在贸易额，然后将一国的实际贸易水平与模拟值进行比较，若实际值低于模拟值，称之为“贸易不足”，相反则称为“过度贸易”，并用实际贸易值和贸易潜力值（估计贸易值）之比来衡量双边贸易效率。

可以看到，在传统贸易引力模型中，贸易潜力估计基于引力模型估计值（即条件均值），考察的是各种决定贸易额因素的平均效应，且贸易引力模型假定不存在贸易阻力使得模型随机误差项包括了本应纳入模型中的影响因素，使得贸易引力模型在解释贸易潜力方面存在不可避免的缺陷，并不能代表“潜力值”或“最大能力值”的深刻内涵。

（二）随机前沿贸易潜力

随机前沿思想的引入可以解决传统贸易引力模型的缺陷，一方面从“潜力”内涵上，认为贸易潜力是考虑了所有贸易促进因素和贸易阻碍因素之后的“最大贸易值”；另一方面对贸易非效率项进行了分解和解释。

随机前沿思想源于生产函数，反映在既定技术条件下可以实现的最大产量，技术效率[①]是实际产量和最大产量之比，反映显示产出与理论最优产出的差距。而贸易产生的过程与生产过程类似，传统贸易理论中各国之间的贸易额就是理想贸易值，即不存在贸易非效率项的贸易值。现实中发生的贸易值为实际贸易值，即理想贸易值加上了非效率项，理想贸易值损耗了一部分。

因此，本书基于随机前沿思想，基本观点认为：贸易潜力是考虑了贸易效率损失（如贸易摩擦、制度等阻碍因素）后的理想贸易值。其中，贸易效率损失可以分为客观贸易阻力和主观贸易阻力，客观贸易阻力一般认为是传统意义上贸易引力模型的核心因素，包括地理距离、经济规模、语言、国界是否接壤等客观自然决定的因素；主观贸易阻力主要涉及制度、政策、金融等人为决定因素。

二、贸易潜力维度

与以往研究仅关注出口潜力等单一分析角度不同，本书提出贸易潜力分析应从以下三个维度进行：时间维度—短期与长期、空间维度—出口与进口、结构维度—合作与竞争。

对短期贸易潜力分析可发现目前所隐藏的并能为未来开发所用的优势和发展能力，长期贸易潜力为可持续发展提供动力和保障；出口贸易潜力可以明确现有国际竞争力行业和产品，为优化出口结构提供参考，进口贸易潜力分析能够得出与伙伴国之间当前和未来合作潜力点；贸易合作潜力分析可以找到双边贸易互补性行业和产品，贸易竞争潜力可以避免贸易过程中结构同质性和恶性竞争。

---

① 技术效率认为当且仅当不减少其他产品产量或不增加投入成本的条件下，不可能再增加某种产品的产量，生产才是具有技术效率的。

第三章　中亚地区五国基本情况分析

中亚土地幅员辽阔，资源储备丰富，总面积约400万平方公里，但总人口只有6640万左右。1991年随着苏联解体，中亚地区五国宣告独立，重新受到国际的注目。一方面，5个年轻的中亚国家希望复兴丝绸之路，与经济发达的欧洲和增长强劲的中国建立更加密切的联系，重新获得陆路交通枢纽的国际地位；另一方面，中亚探明的战略资源储备令人羡慕，成为继波斯湾、俄罗斯之后的第三大能源产地。对于中国来说，考虑到未来能源进口渠道的多元化和安全性，中亚地区五国是非常重要的战略合作伙伴。尽管中亚的安全形势令人堪忧，但中亚地区五国有巨大的市场和丰富的资源，也是进入独立建国以来最好的经济发展时期，其发展潜力巨大。因此中国想要与中亚打交道，需要深入地了解中亚地区五国资源禀赋情况、人口社会外交等基本国情。

本章内容先回顾了“中亚五国”称谓的历史由来以及地理界定，由于一个国家的资源禀赋在很大程度上决定了生产方式和产业结构，进而决定了贸易结构和经济发展方向，因此本章对中亚地区五国的自然环境条件和自然人口资源禀赋进行了资料收集和分析，同时对中亚地区五国的行政区划、社会文化习俗和政治外交情况进行资料收集和整理分析。

一、“中亚五国”的由来和界定

中亚地区五国地处亚欧大陆腹地，是多文化、多民族的交融之地，既是亚欧大陆地理上的中心区域，也是道路交通的要冲和多种文化的交叉口，在国际经济和文化交流史上有着非常独特的地位。中亚作为一个概念出现，最早是1843年由德国地理学家亚历山大·冯·洪堡提出的，其包含的范围有多种界定，其中狭义的中亚地区包括哈萨克斯坦、吉尔吉斯斯坦、塔吉克斯坦、土库曼斯坦和乌兹别克斯坦五国，人们根据地理位置约定俗成为“中亚地区五国”。

1904年，英国地理学家兼整治活动家哈尔福德·麦金德提出了与美国著名地缘政治学家马汉的“海权论”相对立的“陆权论”，即“心脏地带”理论①。在这一理论中，他把亚、欧、非三大洲看成一个整体，称为“世界岛”，并将欧亚大陆的中部——主要包括中亚地区五国②——看作是世界岛的“心脏地带”。麦金德认为，掌握枢纽区域的国家将会不断强盛，并具备扩张到欧亚大陆边缘地带的能力。苏联解体后，已经独立的吉尔吉斯斯坦、乌兹别克斯坦、塔吉克斯坦和土库曼斯坦的领导人在塔什干举行会议，宣布中亚地区应当包括哈萨克斯坦在内。从此之后，“中亚五国”成了中亚最为普遍接受的界定，具体包括土库曼斯坦、乌兹别克斯坦、吉尔吉斯斯坦、塔吉克斯坦四个共和国和哈萨克斯坦共和国的南部（阮智富和郭忠新，2009）。

本书根据研究内容，将“中亚地区五国”作为研究对象，按照历史上各方对于“中亚五国”达成共识的狭义界定，包括哈萨克斯坦、吉尔吉斯斯坦、塔吉克斯坦、土库曼斯坦和乌兹别克斯坦五国。

（一）哈萨克斯坦

哈萨克斯坦共和国（The Republic of Kazakhstan，Казакстан Республикасы）简称哈萨克斯坦（Kazakhstan，Казакстан），位于亚洲中部，是世界上最大的内陆国，国名来自其主体民族哈萨克族。该国位于亚洲中部，北邻俄罗斯，南与乌兹别克斯坦、土库曼斯坦、吉尔吉斯斯坦接壤，西濒里海（海岸线长 1730 公里），东接中国。哈萨克斯坦面积 272.49 万平方公里，居世界第九位，为世界最大的内陆国。东西宽约 3000 公里，南北长约 1700 公里（商务部，2018）。

哈萨克斯坦设 14 个州以及 3 个直辖市。3 个直辖市分别是首都努尔苏丹市（Nur-sultan，НҰр－СҰлтан；原称阿斯塔纳，2019 年 3 月更名）、阿拉木图市（Almaty）和南哈萨克斯坦州（Ongtustik kazakstan，奇姆肯特），纳扎尔巴耶夫国际机场坐落在首都努尔苏丹，努尔苏丹 1 月平均气温 −19℃ ~ −4℃，7 月平均气温19℃ ~26℃。13 个州分别是阿克莫拉州（Akmola）、阿克托别州（Aktube）、阿拉木图州（Almaty）、阿特劳州（Atyrau）、东哈萨克斯坦州（Shyghys kazakstan）、江布尔州（Jambyl）、西哈萨克斯坦州（Batysdy kazakstan）、卡拉干达州（Karaghandy）、克孜勒奥尔达州（Kyzylorda）、科斯塔奈州（Kostanay）、曼格斯套州（Mangghsystau）、巴甫洛达尔州（Pavlodar）、北哈萨克斯坦州（Soltustik

① 1904 年在英国皇家地理学会的伦敦大会上，麦金德宣读了他的论文《历史的地理枢纽》，在文中他提出了“心脏地带”理论。

② 范围从东欧平原一直延伸到西伯利亚平原。包括俄罗斯的大部分、中亚地区五国、伊朗、阿富汗及中国的西北。这些地区地势平坦，气候或干旱或寒冷，南部为草原和荒漠，北部为森林和沼泽，属内陆水系和北冰洋水系，东西和南部为山岭高原盆地所阻，西部与东欧平原相连。

kazakstan)[1]。

首都努尔苏丹位于哈萨克斯坦中部，伊希姆河右岸，1997年成为哈萨克斯坦首都，是哈萨克斯坦政治、文化教育、经济贸易和旅游中心，几经改名，从阿克莫林斯克（1832年）到切利诺格勒（意思是“垦荒城”，1961年），再到阿克莫拉（意为“白色坟墓”，1992年）、阿斯塔纳（意为“首都”，1998年5月6日），2019年3月又将阿斯塔纳更名为努尔苏丹（为表彰哈萨克斯坦首任总统努尔苏丹·纳扎尔巴耶夫为国家独立和建设做出的巨大贡献）（商务部，2019）。

阿拉木图曾在1929～1997年10月为哈萨克斯坦首都，位于哈东南部、外伊犁阿尔泰山北侧山麓，现在是哈萨克斯坦经济、文化中心，也是哈萨克斯坦公路枢纽、航空要站和最大的工业中心。

表3－1　哈萨克斯坦行政区划及其行政中心

州、直辖市	面积（万平方公里）	首府	人口（人）
努尔苏丹市	0.07		1089900
阿拉木图市	0.07		1865600
奇姆肯特市	0.12		1414000
北哈萨克斯坦州	9.8	彼得罗巴甫洛夫斯克	553100
科斯塔奈州	19.6	科斯塔奈	871799
阿克莫拉州	14.62	科克舍套	739300
巴甫洛达尔州	12.48	巴甫洛达尔	753600
卡拉干达州	42.8	卡拉干达	1378000
东哈萨克斯坦州	28.3	乌斯季卡缅诺戈尔斯克	1377500
阿拉木图州	22.4	塔尔迪库尔	2043700
江布尔州	14.43	塔拉兹	1127400
图尔克斯坦州	11.73	吐尔克斯坦	1991800
克孜勒奥尔达州	22.6	克孜勒奥尔达	796800
阿克纠宾州	30.06	阿克托别	871800
曼格斯套州	16.56	阿克套	683400
阿特劳州	11.86	阿特劳	636534
西哈萨克斯坦州	15.13	乌拉尔	653800

注：人口数据截至2019年4月。

资料来源：哈萨克斯坦国家统计署。

① 哈萨克斯坦政府网站（http：//www.government.kz）。

（二）吉尔吉斯斯坦

吉尔吉斯共和国（Kyrgyz Republic，Кыргызская Республика），简称吉尔吉斯斯坦（Kyrgyzstan，Кыргызстан），位于中亚东北部，属内陆国家。国土面积19.99万平方公里，边界线全长约4503公里，北和东北接哈萨克斯坦，南邻塔吉克斯坦，西南毗连乌兹别克斯坦，东南和东面与中国接壤。比格林尼治时间早6个小时；比北京时间晚2小时。

吉尔吉斯斯坦划分为7州（省）2市：楚河州、塔拉斯州、奥什州、贾拉拉巴德州、纳伦州、伊塞克湖州、巴特肯州和比什凯克市、奥什市。州、市下设区，区行政公署为基层政府机构。首都是比什凯克（建于1878年，当时称“比什凯克”，1926年改名为“伏龙芝”，1991年2月7日恢复现名），人口102.6万（2018年10月），面积130平方公里；1月平均气温－6℃，7月平均气温26℃；是全国经济、政治、文化、科技中心，也是吉尔吉斯斯坦主要的交通枢纽。

（三）塔吉克斯坦

塔吉克斯坦共和国（The Republic of Tajikistan，Республика Таджикистан），简称塔吉克斯坦（Tajikistan，Таджикистан），位于中亚东南部，其东部、东南部与中国新疆接壤（边境线430公里，首都杜尚别至中国边境口岸距离1009公里），南部与阿富汗交界（边境线1030公里，首都杜尚别至阿富汗边境距离185公里），西部与乌兹别克斯坦毗邻（边境线910公里，首都杜尚别至西部乌兹别克斯坦口岸距离70公里），北部与吉尔吉斯斯坦相连（边境线630公里，首都杜尚别至边境城市卡拉梅克距离368公里）。东西长700公里，南北宽350公里。境内多山，约占国土面积的93%，有“高山国”之称。国土面积14.31万平方公里，是中亚地区五国中唯一主体民族非突厥族系的国家，也是中亚地区五国中国土面积最小的国家（商务部，2018）。塔吉克斯坦属于东5时区，当地时间比格林尼治时间早5小时，比北京时间晚3小时，无夏令时。

塔吉克斯坦共分3个州（省）、1个区、一个直辖市：戈尔诺—巴达赫尚州、索格特州、哈特隆州和中央直属区和杜尚别市。首都是杜尚别（Dushanbe），位于北纬38.5度、东经68.8度，坐落在瓦尔佐布河及卡菲尔尼甘河之间的吉萨尔盆地，海拔750～930米，面积125平方公里。夏季最高气温可达40℃，冬季最低气温零下10℃左右。人口82万（2017年12月）。居民主要是塔吉克族人，其他民族有塔塔尔人、俄罗斯人、乌克兰人等。杜尚别是国家政治、工业、科学及文化教育的中心。行政和文教科研机构在市中心，市区南部和西部为新工业区及住宅区。全市分为伏龙芝区、十月区、铁道区和中央区4个区。杜尚别市工业总产值占全国的1/3①。

（四）土库曼斯坦

土库曼斯坦（Turkmenistan，Туркменистан）位于中亚西南部，科佩特山以北，为内陆国家。东接阿姆河，北和东北部与哈萨克斯坦、乌兹别克斯坦接壤，西濒里海与阿塞拜疆和俄罗斯隔海相望，南邻伊朗，东南与阿富汗交界。国土面积49.12万平方公里，是仅次于哈萨克斯坦的第二大中亚国家，在全世界排名第52，但约80%的国土被卡拉库姆大沙漠覆盖。

土库曼斯坦首都阿什哈巴德为直辖市，全国划分为阿哈尔、巴尔坎、达绍古兹、列巴普和马雷5个州（省），16个市，46个区。首都阿什哈巴德（Ashgabat，Ашхабад），人口有100万（2018年8月）。1月平均气温2.1℃，7月平均气温37.6℃。

表3－2　土库曼斯坦行政区情况

行政区	首府	面积（平方公里）
阿什哈巴德市	阿什哈巴德	470
阿哈尔州	阿瑙	95000
巴尔坎州	巴尔坎纳巴德	138000
达沙古兹州	达沙古兹	74000
列巴普州	土库曼纳巴德	94000
马雷州	马雷	87000

资料来源：塔吉克斯坦外交部。

（五）乌兹别克斯坦

乌兹别克斯坦共和国（The Republic of Uzbekistan，Республика Узбекистан），简称乌兹别克斯坦（Uzbekistan，Узбекистан），位于中亚腹地，是世上两个双重内陆国之一（另一个为列支敦士登），全部5个邻国均无出海口。国土面积44.74万平方公里，南靠阿富汗，北部和东北与哈萨克斯坦接壤，东、东南与吉尔吉斯斯坦和塔吉克斯坦相连，西与土库曼斯坦毗邻。乌兹别克斯坦属东5时区，比北京时间晚3小时，未实行夏令时。

全国分为1个自治共和国（卡拉卡尔帕克斯坦自治共和国）、1个直辖市

① 塔吉克斯坦统计署（http：//www.stat.tj/ru）。

（塔什干）和12个州：安集延州、布哈拉州、吉扎克州、卡什卡达里亚州、纳沃伊州、纳曼干州、撒马尔罕州、苏尔汉河州、锡尔河州、塔什干州、费尔干纳州、花拉子模州。塔什干是乌兹别克斯坦共和国首都和塔什干州首府，也是中亚地区的第一大城市。塔什干位于乌东北部，地处锡尔河右岸支流奇尔奇克河谷绿洲的中心，海拔440～480米。市区面积260平方公里，人口约230万，是中亚地区人口最多的城市。塔什干是乌兹别克斯坦政治、经济、文化和交通中心，按城市规模来说，是独联体内仅次于莫斯科、圣彼得堡和基辅的第四大城市。塔什干科教文化设施齐全，有15所高等院校，最著名的是建于1920年的塔什干国立大学。有一个科学院、多个剧院和博物馆。撒马尔罕是乌兹别克斯坦共和国第二大城市，撒马尔罕州首府，是乌兹别克斯坦总统卡里莫夫的故乡，也是著名的旅游城市。该城位于首都塔什干西南270公里的泽拉夫尚河谷地，面积51.9平方公里，人口50多万，其中塔吉克族占多数，市内通用的不是乌兹别克语，而是塔吉克语。撒马尔罕是中亚地区最古老的城市之一，处于中国通往印度的交通要道，是古丝绸之路上的重镇。

二、自然环境条件和禀赋

资源主要划分为自然资源和经济资源，那么自然资源包含的范围广义上来讲就是整个自然界，包括空气、土地、水资源、森林、草原、各种野生生物、矿物和能源等。《辞海》对自然资源的定义为：是指天然存在的（不包括人类加工制造的原材料）并有利用价值的自然物，如土地、矿藏、水利、生物、气候、海洋等资源，是生产的原料来源和布局场所。

联合国环境规划署（UNEP）对自然资源的定义为：在一定时间和一定条件下，能产生经济效益，以提高人类当前和未来福利的自然因素和条件。自然资源属性：自然环境中与人类社会发展有关的、能被利用来产生使用价值并影响劳动生产率的自然诸要素，通常称为自然资源，可分为有形自然资源（如土地、水体、动植物、矿产等）和无形的自然资源（如光资源、热资源等）。自然资源具有可用性、整体性、变化性、空间分布不均匀性和区域性等特点，是人类生存和发展的物质基础和社会物质财富的源泉，是可持续发展的重要依据之一。自然资源分类如下：生物资源、农业资源、森林资源、国土资源、矿产资源、海洋资源、气候气象、水资源等①。

① 联合国环境规划署（The United Nations Environment Programme，UNEP），网址：https：//www. unenvironment. org/。

（一）地形地貌

中亚地区五国从地形上看总体呈现东南高、西北低态势。在塔吉克斯坦帕米尔地区和吉尔吉斯斯坦西部天山地区山势陡峭，海拔在4000～5000米，其中海拔7495米的共产主义峰和7134米的列宁峰是世界上著名的山峰。在哈萨克斯坦西部里海附近卡拉吉耶洼地发现有苏联陆上低于海平面132米的最低点。在这东西之间的广阔地区，荒漠、绿洲海拔在200～400米，丘陵、草原海拔在300～500米，东部山区海拔在1000米左右。中亚地区有着温带最壮观的山地，冰川超过4000条，总面积达11000平方公里，其中最大的费德钦科冰川长71公里，包括33条支流、面积达900平方公里。

塔吉克斯坦境内的帕米尔高原是中亚的制高点。它的东部是剥蚀高原和垅岗地形，这里的山脉相对高度不大，徐缓地向绝对高度3500～4000米的山间谷地倾斜。它的西部是切割剧烈的高山地形、狭窄而幽深的峡谷。帕米尔高原北缘是两座平行的高山——阿赖山脉和外阿赖山脉，由西向东倾斜。阿赖山在5301米的伊格拉峰附近又分成平行的三支山脉——突厥斯坦山、泽拉夫尚山和吉萨尔山，继续向西倾斜而最终消失在撒马尔罕绿洲附近的荒漠。由阿赖山向东北方向延伸是巍峨的天山山脉，西部天山的主峰在中国、哈萨克斯坦和吉尔吉斯斯坦交界的海拔6995米的汗腾格里峰。由汗腾格里峰往西又有两支平行的天山支脉——昆格阿拉套——吉尔吉斯山和捷尔斯克依阿拉套山，环抱着高山湖泊——伊塞克湖。在天山隘口中国通往吉尔吉斯斯坦口岸吐尔尕特附近，又有一支脉费尔干纳山往西北延伸再转西南恰特卡尔—库拉明山，圈出中亚著名的盆地——费尔干纳盆地。其东西长300公里，南北最宽150公里，宛如一只巨大的椭圆形碟子，缓缓地由西向东倾斜。哈萨克斯坦东部边缘地区有几组平行山脉：阿尔泰山、塔尔巴哈台山、阿拉套山，在哈萨克斯坦与俄罗斯联邦交界线上的别卢哈峰海拔也达4506米。在中亚的西南缘土库曼斯坦的科佩特山是由帕米尔向东南延伸出的兴都库什山的余脉，其高峰卡拉古拉峰仅有1977米。

哈萨克斯坦地形复杂，特点是东南高、西北低，且大部分领土为平原和低地，西部和西南部地势最低。里海沿岸低地向南朝里海方向逐渐下降，沿里海地带低于海平面达28米；最低点卡拉基耶盆地低于海平面132米。向南又逐渐升高，形成海拔200～300米的于斯蒂尔特高原和曼格斯拉克半岛上的卡拉套山、阿克套山（海拔为555米）。哈萨克斯坦东北部有图兰平原，它从哈萨克斯坦东北部经中部逐渐向哈萨克丘陵过渡，再向东南部的天山山脉延伸。在北部，哈萨克丘陵与西西伯利亚平原南缘连接在一起。哈萨克斯坦的东部和东南部是有着崇山峻岭和山间盆地的山地，这里矗立着阿尔泰山、塔尔巴哈台山、准噶尔阿拉套山、外伊犁阿拉套山、天山等。阿尔泰山系在哈萨克斯坦境内分为南阿尔泰山和北阿尔泰山，高度在海拔 2300～2600 米，其最高峰别卢哈峰海拔 4506 米。准噶尔阿拉套山脉总长 450 公里，宽 100～350 公里，被科克苏河和博拉塔尔河分割成北准噶尔阿拉套山和南准噶尔阿拉套山，其最高峰别斯巴坎峰海拔 4464 米。天山山系位于哈萨克斯坦的东南端，为中国、哈萨克斯坦、吉尔吉斯斯坦三国界山，其雄奇险峻的山峰长年被积雪和冰川所覆盖。最高峰汗腾格里峰海拔 6995 米，也是哈萨克斯坦境内的最高峰（中国驻哈萨克斯坦大使馆经济商务参赞处，2014）。

吉尔吉斯斯坦境内多山，全境海拔在 500 米以上，其中 1/3 的地区在海拔 3000～4000 米。天山山脉和帕米尔—阿赖山脉绵亘于中吉边境，其中天山山脉西段盘踞境内东北部，西南部为帕米尔—阿赖山脉。另外，中吉边界的托木尔峰为最高的山峰，海拔 7443 米，位于该国东端。高山常年积雪，多冰川。山地之间有伊塞克湖盆地、楚河谷地等。低地仅占土地面积的 15%，主要分布在西南部的费尔干纳盆地和北部塔拉斯河谷地一带，牧场占总面积的 43%。

塔吉克斯坦地处山区，境内山地和高原占 90%，其中约一半在海拔 3000 米以上，有“高山国”之称。山区占总面积的 93%。一半以上的地区海拔高于 3000 米，只有不足 7% 的可耕地。帕米尔高原的伊斯梅尔·索莫尼峰是全国最高点，海拔为 7495 米。群山上那些冰川和积雪融化时，形成了一条条奔腾不息的河流。北部山脉属天山山系，中部属吉萨尔—阿尔泰山系，东南部为冰雪覆盖的帕米尔高原，最高的为共产主义峰，海拔为 7495 米。北部是费尔干纳盆地的西缘，西南部有瓦赫什谷地、吉萨尔谷地和喷赤谷地等。

土库曼斯坦全境大部是低地，平原多在海拔 200 米以下，80% 的领土被卡拉库姆沙漠覆盖。南部和西部为科佩特山脉和帕罗特米兹山脉。

乌兹别克斯坦全境地势东高西低。平原低地占全部面积的 80%，大部分位于西北部的克孜勒库姆沙漠。东部和南部属天山山系和吉萨尔—阿赖山系的西缘，内有著名的费尔干纳盆地和泽拉夫尚盆地。境内有自然资源极其丰富的肥沃谷地。主要河流有阿姆河、锡尔河和泽拉夫尚河，均为内流河。

（二）气候条件

中亚地区五国由于处于欧亚大陆腹地，尤其是东南缘高山阻隔印度洋、太平洋的暖湿气流，该地区气候为典型的温带沙漠、草原的大陆性气候，其突出特征是：第一，雨水稀少，极其干燥。一般年降水量在 300 毫米以下，咸海附近和土库曼斯坦的荒漠年降水量仅为 75～100 毫米，而山区年降水量为 1000 毫米，费尔干纳山西南坡甚至可达 2000 毫米，但山地中有时雨量也会少于沙漠地区，如帕米尔的年降水量仅60毫米。第二，中纬度大陆内部地区，晴天多，太阳辐射强，温度高，蒸发旺盛。中亚每平方厘米地面由于阳光辐射每年可获10～13平方万卡热量，在土库曼斯坦则几乎达到16万卡。经科学家测试，在中亚北纬40度地方夏季所获阳光照射量并不逊于热带地区。第三，早晚温差巨大。许多地方白天最高气温与夜晚最低气温之间可相差20℃～30℃，在帕米尔高原曾经有过日温差40℃的记录。从哈萨克斯坦最北端到土库曼斯坦最南端，纵跨北纬57度到35度，表现为寒温带经温带向亚热带的过渡，在盛夏7月，除山区外平均气温一般在26℃～32℃，而在隆冬1月，平均气温由北端的－20℃到南端的2℃过渡。

哈萨克斯坦属大陆性气候，1月平均气温－19℃～－4℃，7月平均气温19℃～26℃。哈萨克斯坦北部的自然条件与俄罗斯中部及英国南部相似，南部的自然条件与外高加索及南欧的地中海沿岸国家相似。这里既有低于海平面几十米的低地，又有巍峨的高山山脉，山顶的积雪和冰川长年不化。降水量北部为300～500毫米，荒漠地带为100毫米左右，山区为1000～2000毫米。西南部属图兰低地和里海沿岸低地。中、东部属哈萨克丘陵，东缘多山地。哈萨克斯坦的半荒漠和荒漠大多都在西南部，北部自然环境类似俄罗斯，较为湿润，北部和里海地区均可接受来自海洋的水汽。哈萨克斯坦共有大小河流8.5万多条，国内湖泊众多，多达4.8万个，拥有冰川约2700座，主要的水体包括巴尔喀什湖、斋桑泊等。与乌兹别克斯坦共分咸海，西邻里海，多数湖泊为咸水湖。境内的河流多数为内流河，主要有锡尔河、乌拉尔河、楚河等。额尔齐斯河以及支流伊希姆河是流向北冰洋的外流河（中国驻哈萨克斯坦大使馆经济商务参赞处，2014）。

吉尔吉斯斯坦属于温带大陆性气候。年降水量200～800毫米，高山1000毫米以上。主要拥有纳伦河、恰特卡尔河、萨雷查斯河、楚河、塔拉斯河、卡拉达里亚河、克孜勒苏河等。伊塞克湖是主要湖泊，也是吉尔吉斯斯坦重要的旅游胜地，其长17.8万米，宽6万米，平均深度278米，是世界第四大深水湖。锡尔河上游纳伦河横贯吉尔吉斯斯坦全境。

塔吉克斯坦全境属典型的温带大陆性气候，春、冬两季雨雪较多；夏、秋季干燥少雨，年降水量150～250毫米。高山区随海拔高度增加大陆性气候加剧，南北温差较大。全境属典型的大陆性气候，1月平均气温－2℃～2℃；7月平均气温为23℃～30℃。年降水量150～250毫米。帕米尔山西部终年积雪，形成巨大的冰河。大部分河流属咸海水系，主要有锡尔河、阿姆河、泽拉夫尚河、瓦赫什河和菲尔尼甘河等。水力资源可观。湖泊多分布在帕米尔高原。喀拉湖最大，为盐湖，海拔3965米。

土库曼斯坦位处亚洲大陆的中心处，因此属于典型的温带大陆性气候，这里是世界上最干旱的地区之一。年平均温度为14℃～16℃，日夜和冬夏的温差很大，夏季气温长期高达35℃以上（在东南部的Karakum曾经有50℃的极端记录），冬季在接近阿富汗的山区Gushgy，气温也可以低见－33℃。年降水量则由西北面沙漠的80毫米递增至东南山区的每年240毫米，雨季主要在春季（1～5月）。科佩特山脉是全国降雨量最高的地区。主要河流有阿姆河、捷詹河、穆尔加布河及阿特列克河等，主要分布在东部。横贯东南部的卡拉库姆大运河长达1450公里，灌溉面积约30万公顷，是世界上最大灌溉及通航运河之一。

乌兹别克斯坦属严重干旱的大陆性气候。夏季漫长、炎热，7月平均气温为26℃～32℃，南部白天气温经常高达40℃；冬季短促、寒冷，1月平均气温为－6℃～－3℃，北部最低气温为－38℃。年均降水量平原低地为80～200毫米，山区为1000毫米，大部分集中在冬春两季（中国驻乌兹别克斯坦大使馆经济商务参赞处，2014）。

（三）自然资源禀赋

1. 水资源

由于中亚地区五国的地形特征为东南高西北低，故而河流走向基本为西北走向，水量小，少水能。汛期在春夏气节，原因是冰山融化和夏季降雨。中亚地区所有河流都没有通向大洋的出口，河水除了被引走用于灌溉外，或者消失于荒漠，或者注入于内陆湖泊。吉尔吉斯斯坦境内间流湖泊众多，蕴藏量在独联体国家中居第三位，水力资源丰富。建有托克托古尔水电站（120万千瓦）。吉尔吉斯斯坦仅次于俄罗斯、塔吉克斯坦，潜在的水力发电能力为1450亿千瓦时，仅开发利用了10%左右。塔吉克斯坦和吉尔吉斯斯坦的水电资源丰富，尤其是塔吉克斯坦的水电资源达6400万千瓦。

塔吉克斯坦水利资源丰富，占整个中亚的60%左右，居世界第八位，人均拥有量居世界第一位，但开发量不足实际的10%。其水源主要来自冰川，主要有三大水系，分别属于阿姆河流域、泽拉夫尚河流域和锡尔河流域。长度500公里以上的河流有4条，长度在100～500公里的河流有15条。主要有阿姆—喷赤河（921公里）、泽拉夫尚河（877公里）、瓦赫什河（524公里）、锡尔河（110公里）。国内湖泊颇多，最大的湖泊为凯拉库姆湖（即喀拉湖，素有“塔吉克海”之称），最高的湖泊为恰普达拉湖（海拔4529米），也是独联体最高湖。

2. 荒漠草原植被

荒漠、半荒漠和草原占据从里海到天山山地之间的很大面积。阿姆河和卡拉捷詹河之间的卡拉库姆沙漠（35 万平方公里）和阿姆河与锡尔河之间的克孜尔库姆沙漠（30 万平方公里）是中亚最大的沙漠，地势平坦，海拔均在 300 米以下，大部分为沙垅、龟裂地，间有闭塞的洼地和孤山。极度干旱、贫瘠、缺少植被，如克孜尔库姆沙漠东南部就被称为“饥饿草原”。在哈萨克斯坦，草原覆盖长 1200 公里的哈萨克丘陵和长达 630 公里的图尔盖谷地，且海拔在 300 米左右。由于受到北冰洋湿气影响，比起中亚腹地的荒漠要湿润一些。在北部台地、丘陵与南部沙漠之间的是别克帕克达拉草原，其地貌处于草原、半荒漠、荒漠的过渡地带。1954 ~1960 年在中亚哈萨克斯坦、里海沿岸低地开展的大垦荒，使那里出现了大片农田和绿洲。吉尔吉斯斯坦境内生长着 3786 种植物，其中草本植物 3175 种，约 1600 种具有经济价值，包括具有药用价值的甘草、麻黄、沙棘等，并拥有世界上最大的野生核桃林和野苹果林。乌兹别克斯坦动物资源包括 97 种哺乳动物、379 种鸟类、58 种爬行类动物和 69 种鱼；植物资源有 3700 种。森林总面积为 860 多万公顷，森林覆盖率为 12%。

3. 矿产资源

中亚地区五国的各种矿藏丰富，特别是哈萨克斯坦品种比较齐全，石油资源和矿产资源丰富。已经探明哈萨克斯坦石油储量 48 亿吨，矿藏 90 多种，1200 多种矿物原料，已探明的黑色、有色、稀有和贵重金属矿产地超过 500 处。不少矿藏储量占全球储量的比例很高，例如，钨超过 50%、铀 25%、铬 23%、铅 19%、锌 13%、铜和铁 10%，许多品种按储量排名在全世界名列前茅。哈萨克斯坦石油储量非常丰富，已探明储量居世界第七位，独联体第二位。

根据哈萨克斯坦储量委员会公布的数据，目前哈萨克斯坦石油可采储量为 40 亿吨，天然气可采储量 3 万亿立方米。煤探明储量为 1767 亿吨，集中分布在卡拉干达、埃基巴、马斯图兹、图尔盖、日兰奇克、楚河、伊犁河大型煤田。此外，还有铁矿、锰矿、铜矿、钾盐等矿藏，其中铬铁矿探明储量有 2 亿吨，仅次于南非、津巴布韦居世界第三。吉尔吉斯斯坦的有色金属、黑色金属特别是稀有金属汞、锑的储量可观。乌兹别克斯坦的矿产资源主要是铜矿、铅矿、锌矿、钼矿、钨矿。中亚是世界上石油和天然气资源蕴藏最丰富的地区之一，石油资源主要分布在里海东岸及湖底。此外，费尔干纳的石油以及布哈拉和希瓦的天然气有比较丰富的储藏。然而，石油、天然气最丰富的储藏国是土库曼斯坦和哈萨克斯坦。吉尔吉斯斯坦的煤、汞、锑矿等矿产资源储藏较丰富。就其总量而言，虽不及邻国哈萨克斯坦和乌兹别克斯坦，但仍具有一定的优势。境内共发现各类矿产地 2000 多处，拥有化学元素周期表大多数元素。另外，境内得到工业开发的仅为部分矿产资源，许多资源的储量和分布情况有待于进一步勘探研究，以确定开发前景。

塔吉克斯坦矿产资源丰富，种类全、储量大。经过 1971 ~ 1990 年大规模的勘探，发掘出 400 多个矿带，已探明有铅、锌、铋、钼、钨、锑、锶、金、银、锡和铜等贵重金属，油气和石盐、硼、煤、萤石、石灰石、彩石、宝石等 50 多种矿物质，其中有 30 处金矿，总储量达 600 多吨；银矿多与铅、锌伴生，储量近 10 万吨，有世界上第二大银矿区，即大卡尼曼苏尔银矿区；锑矿在独联体占领先地位，在亚洲占第三位，仅次于中国和泰国；塔吉克斯坦铅锌矿储量在中亚地区占据主导地位，国内 90% 的矿藏分布在北部费尔干纳盆地附近的卡拉马扎尔矿区，仅大卡尼曼苏尔和阿尔登—托普坎两矿区就已探明超过 10 亿吨的铅锌矿储量。锡矿主要分布在泽拉尚河谷和帕米尔南部，初步探明储量 2 万吨。塔吉克斯坦共探明有 140 处建材原料矿，其中 40 处已经开采，多处的储量可维持 20 ~ 25 年甚至更长时间的开采，为生产砖、惰性材料、陶瓷石膏、面板、水泥等建材提供了原料保证。塔吉克斯坦有储量为 1.2 亿吨的石油和 8800 亿立方米的天然气，但无法得到有效开发。原因在于：一是资源埋藏较深，多为 7000 米以下；二是缺少战略投资商。因此，95% 以上的石油及天然气依赖进口。此外，塔吉克斯坦煤炭资源较为丰富，现有的 17 个煤矿区和 24 个含煤矿区已发现有褐煤、岩煤、焦炭和无烟煤等，探明储量约 45 亿吨，其中，无烟煤储量 515 万吨、焦碳储量近 13 亿吨（商务部，2018）。

土库曼斯坦矿产资源丰富，主要有天然气、石油、芒硝、碘、有色及稀有金属等，石油和天然气工业为土库曼斯坦的支柱产业。另有少量天青石、煤、硫黄、矿物盐、陶土、膨润土、地蜡等矿产资源。据其官方统计，天然气储量逾 50 万亿立方米，其中世界第二大单体气田——复兴气田及其周边气田天然气储量合计逾 27 万亿立方米，而其中天然气探明储量 19.5 万亿立方米，居世界第四位（英国石油公司（BP），2019）。土库曼斯坦具备每年开采天然气 2400 亿立方米、石油 8000 万吨的潜能。土库曼斯坦还储备着 70% 的碘和溴，以及硝、锶、钾盐（50 亿吨）、食用盐（18 亿吨）和硫酸钠等（商务部，2018）。

乌兹别克斯坦资源丰富，矿产资源储量总价值约 3.5 万亿美元。现探明有近 100 种矿产品。其中，黄金探明储量 3350 吨（世界第四），石油探明储量为 1 亿吨，凝析油探明储量为 1.9 亿吨，天然气探明储量为 1.1 万亿立方米，煤储量为 18.3 亿吨，铀储量为 18.58 万吨（世界第七，占世界铀储量的 4%），铜、钨等矿藏也较为丰富。森林覆盖率为 12%。截至 2016 年，乌兹别克斯坦天然气开采量居世界第 11 位，黄金开采量居第 9 位，铀矿开采量居第 5 位。非金属矿产资源有钾盐、岩盐、硫酸盐、矿物颜料、硫、萤石、滑石、高岭土、明矾石、磷钙土以及建筑用石料等。

三、与中国的交往情况

（一）哈萨克斯坦

中哈两国友谊源远流长。在西汉时期，张骞出使西域就到过哈萨克斯坦。两国有着1700多公里的共同边界。1992年1月3日中哈建交。2005年7月，中哈建立战略伙伴关系。双方全面彻底解决边界问题。2011年双方宣布发展全面战略伙伴关系。近年来，两国高层交往频繁，政治互信不断提升，哈萨克斯坦在涉藏、打击"东突"等问题上一贯支持中方立场，在联合国、上海合作组织等框架内同中国合作良好。

表3－3　哈萨克斯坦与中国外交大事件

时间	内　容
2013年9月	习近平主席首次对哈萨克斯坦进行国事访问，双方签署了《中哈关于进一步深化全面战略伙伴关系的联合宣言》，习近平在纳扎尔巴耶夫大学演讲时提出共建"丝绸之路经济带"倡议
2014年9月	国家主席习近平在上海合作组织杜尚别峰会会见哈萨克斯坦总统纳扎尔巴耶夫
2014年12月	李克强总理对哈萨克斯坦进行正式友好访问，双方领导人举行会晤并签署上百亿美元的合作协议
2015年3月	哈萨克斯坦总理马西莫夫对中国进行工作访问并出席博鳌亚洲论坛年会
2015年5月	习近平主席对哈萨克斯坦进行访问。此外，两国在国际事务中保持了良好的沟通和协调
2015年8月	哈萨克斯坦第一副总理萨金塔耶夫来华同张高丽副总理共同召开中哈合作委员会第七次会议。8月30日至9月3日，哈萨克斯坦总统纳扎尔巴耶夫对华进行国事访问并出席中国人民抗日战争暨世界反法西斯战争胜利70周年纪念活动
2015年12月	12月12～16日，哈萨克斯坦总理马西莫夫对中国进行正式访问并出席上海合作组织总理会议及世界互联网大会
2016年9月	哈萨克斯坦总统纳扎尔巴耶夫应邀访华并出席二十国集团杭州峰会
2016年11月	李克强总理访问哈萨克斯坦
2017年5月	哈萨克斯坦总统纳扎尔巴耶夫应邀访华并出席"一带一路"国际合作高峰论坛

续表

时间	内　容
2017 年 6 月	习近平主席成功对哈萨克斯坦进行了国事访问，并出席上海合作组织成员国元首理事会第十七次会议
2018 年 6 月	哈萨克斯坦总统纳扎尔巴耶夫对中国进行国事访问并出席上海合作组织成员国元首理事会第十八次会议
2018 年 11 月	哈萨克斯坦总理萨金塔耶夫访华，并与李克强总理举行中哈总理第四次定期会晤
2019 年 4 月	哈萨克斯坦首任总统纳扎尔巴耶夫访华并出席第二届“一带一路”国际合作高峰论坛
2019 年 6 月	哈萨克斯坦新当选总统托卡耶夫与习近平主席在上海合作组织比什凯克峰会期间举行会晤
2019 年 9 月	哈萨克斯坦总统托卡耶夫应邀对中国进行首次访问。中国全国人大常委会委员长栗战书访问哈萨克斯坦，并与哈萨克斯坦总统托卡耶夫举行会晤

资料来源：中华人民共和国外交部。

（二）吉尔吉斯斯坦

中吉 1992 年 1 月 5 日建交以来，双边关系健康顺利发展，彻底解决了历史遗留的边界问题，2002 年签署《中吉睦邻友好合作条约》，各领域合作不断扩大，在联合国和上海合作组织等多边领域互相支持，密切配合，维护了两国共同利益。2013 年 9 月，中国国家主席习近平访吉期间，两国元首签署《中吉关于建立战略伙伴关系的联合宣言》，标志着两国关系实现战略升级，进入历史发展新阶段。2018 年，中国副部级以上团组到访吉尔吉斯斯坦共 14 次。

表 3－4　吉尔吉斯斯坦与中国外交大事件

时间	内　容
2014 年 5 月	吉尔吉斯斯坦前总统阿塔姆巴耶夫访华，中吉两国元首共同发表《中吉关于进一步深化战略伙伴关系的联合宣言》，两国战略伙伴关系不断深入发展
2016 年 3 月	应中联部邀请，吉尔吉斯斯坦社民党主席图尔松别科夫率团访华
2016 年 4 月	吉尔吉斯斯坦外长阿布德尔达耶夫出席在北京举行的亚信第五次外长会议
2016 年 5 月	王毅外长访问吉尔吉斯斯坦
2016 年 6 月	习近平主席出席上合组织塔什干元首峰会期间与吉尔吉斯斯坦总统阿塔姆巴耶夫举行双边会见

续表

时间	内　　容
2016 年 9 月	中央军委联合总参谋部副参谋长徐粉林上将率团访吉并出席上合成员国总参谋长会议。9 月 27 日，中吉第五轮领事磋商在京举行
2016 年 10 月	商务部副部长房爱卿率团访吉，出席上合经贸部长会议和中吉经贸混委会
2016 年 11 月	李克强总理访吉尔吉斯斯坦，出席上合组织总理定期会晤
2017 年 1 月	吉尔吉斯斯坦前总统阿塔姆巴耶夫访华
2017 年 5 月	吉尔吉斯斯坦前总统阿塔姆巴耶夫出席在北京举行的“一带一路”国际合作高峰论坛
2017 年 7 月	山西省副省长王一新率团访问吉尔吉斯斯坦；2017 年 7 月国家质检总局局长支树平率团访问吉尔吉斯斯坦
2017 年 9 月	国家工商总局局长张茅率团访问吉尔吉斯斯坦；甘肃省委副书记、省长唐仁健率团访问吉尔吉斯斯坦
2017 年 11 月	全国人大农委副主任郭庚茂率团访问吉尔吉斯斯坦
2017 年 12 月	上合组织政府首脑理事会会议在俄罗斯索契召开，中国国务院总理李克强与吉尔吉斯斯坦前总理伊萨科夫在索契进行了双边会晤
2018 年 4 月	吉尔吉斯斯坦外长阿布德尔达耶夫出席在北京举行的上合组织外长会，并与国务委员兼外长王毅举行会谈。时任吉尔吉斯斯坦第一副总理沙季耶夫率团赴华参加中吉政府间合作委员会第十三次会议，会见中国国务院副总理胡春华
2018 年 6 月	吉尔吉斯斯坦总统热恩别科夫来华出席上海合作组织成员国元首理事会会议，并与习近平主席举行会见
2018 年 10 月	国务院总理李克强在塔吉克斯坦出席上海合作组织成员国政府首脑（总理）理事会第十七次会议期间，会见吉尔吉斯斯坦总理阿布尔加济耶夫
2019 年 5 月	吉尔吉斯斯坦总统热恩别科夫在比什凯克分别会见了国务委员、公安部部长赵克志和国务委员兼外交部长王毅
2019 年 6 月	国家主席习近平对吉尔吉斯斯坦进行国事访问并出席上海合作组织成员国元首理事会第十九次会议

资料来源：中华人民共和国外交部。

（三）塔吉克斯坦

塔吉克斯坦是中国的友好邻邦，中塔于 1992 年建交。近年来两国高层互访频繁，政治互信不断加强，两国领导人间建立起深厚的友谊。2017 年 8 月，拉赫蒙总统对中国进行国事访问，中塔两国建立全面战略伙伴关系，中塔政治经贸关系目前正处于历史最好时期，中塔经贸合作快速发展，规模和范围逐步扩大，合作水平不断加深。中塔经贸合作已成为推动中国“丝绸之路经济带”建设的重要力量，丝路古道再度焕发出蓬勃生机。

表3-5　塔吉克斯坦与中国外交大事件

时间	内　容
2013年5月	塔吉克斯坦总统拉赫蒙对中国进行国事访问。习近平主席与拉赫蒙总统举行会谈，双方签署了《中华人民共和国和塔吉克斯坦共和国关于建立战略伙伴关系的联合宣言》等8个文件
2014年9月	中国国家主席习近平出席上海合作组织成员国元首理事会第十四次会议并对塔吉克斯坦进行国事访问
2015年9月	拉赫蒙总统访华并出席“九三”纪念活动
2015年12月	塔吉克斯坦总理拉苏尔佐达赴华出席上海合作组织总理会议及世界互联网大会
2017年8月	拉赫蒙总统对中国进行国事访问，两国建立全面战略伙伴关系
2018年6月	拉赫蒙总统出席上合组织青岛峰会并对河南省进行工作访问
2018年10月	李克强总理出席上海合作组织成员国政府首脑（总理）理事会第十七次会议并对塔吉克斯坦进行正式访问
2019年4月	拉赫蒙总统赴华出席第二届“一带一路”国际合作高峰论坛

资料来源：中华人民共和国外交部。

（四）土库曼斯坦

中国和土库曼斯坦于1992年1月建交，27年来，两国高层互访频繁，中土两国关系健康稳定发展。2013年9月，中国国家主席习近平对土库曼斯坦进行了国事访问，两国元首共同决定将中土关系提升到战略合作伙伴关系，双边关系迈上了新的台阶。在两国领导人的亲自关怀下，中土经贸关系发展顺利。习近平主席提出共建“一带一路”伟大构想后，土库曼斯坦积极响应。2018年全年，中国副部级（含副部级）以上官员到访土库曼斯坦共计6人。

表3-6　土库曼斯坦与中国外交大事件

时间	内　容
2013年9月	国家主席习近平应邀访土库曼斯坦，两国元首签署了联合公报，将中土关系提升至战略合作伙伴水平
2014年5月	国家主席习近平在人民大会堂同土库曼斯坦总统别尔德穆哈梅多夫举行会谈
2014年8月	中土合作委员会中方主席、国务院副总理张高丽率团访问土库曼斯坦，并举行中土合作委员会第三次会议

续表

时间	内　　容
2014 年 9 月	国家主席习近平在杜尚别会见土库曼斯坦总统别尔德穆哈梅多夫，两国元首决定建立两国外交部门磋商机制，及时就重大国际和地区问题进行沟通和协作，加强在上海合作组织框架内合作，在阿富汗问题上保持沟通协调
2015 年 11 月	土库曼斯坦总统别尔德穆哈梅多夫访华，祝贺中国在世界反法西斯战争中取得的胜利
2015 年 12 月	国家副主席李源潮作为习近平主席特使，出席了土库曼斯坦中立国身份确立 20 周年大型庆典活动
2016 年 6 月	国家主席习近平在乌兹别克斯坦塔什干出席上合峰会期间，会见土库曼斯坦总统别尔德穆哈梅多夫
2016 年 8 月	中土合作委员会中方主席、国务院副总理张高丽与时任委员会土方主席、副总理卡卡耶夫在华举行中土合作委员会第四次会议
2017 年 5 月	应土库曼斯坦议会邀请，全国人大常委会副委员长兼秘书长王晨访问土库曼斯坦
2017 年 6 月	国家主席习近平在哈萨克斯坦阿斯塔纳出席上合峰会期间，会见土库曼斯坦总统别尔德穆哈梅多夫

资料来源：中华人民共和国外交部。

（五）乌兹别克斯坦

中乌于 1992 年 1 月 2 日建交以来，两国关系发展顺利，各领域合作不断展开。2005 年 5 月卡里莫夫总统访华期间，两国签署了《中乌友好合作伙伴关系条约》，使中乌关系迈上新的台阶。作为上海合作组织重要成员，双方在政治、经济、反恐等领域的合作成果显著。乌兹别克斯坦是共建“一带一路”的重要参与者和建设者。2013 年 9 月，习近平主席在访问中亚期间，提出共同建设丝绸之路经济带的倡议，得到包括乌兹别克斯坦在内的国际社会的广泛支持和积极响应，目前，中乌关系处于最好时期，政治互信、互利合作、战略协调全面推进，各领域务实合作不断取得丰硕成果。

表 3－7　乌兹别克斯坦与中国外交大事件

时间	内　　容
2010 年 6 月	胡锦涛主席赴乌兹别克斯坦参加上海合作组织峰会并对乌兹别克斯坦进行国事访问，进一步推动了中乌外交、经贸关系发展

续表

时间	内　容
2012年6月	卡里莫夫总统访华期间，中乌双边关系提升为战略伙伴关系
2013年9月	习近平主席成功访问乌兹别克斯坦，两国元首共同签署了《中乌关于进一步发展和深化战略伙伴关系的联合宣言》和《中乌友好合作条约》
2013年11月	李克强总理出席上海合作组织成员国政府首脑（总理）第12次会议并发表讲话
2014年5月	乌兹别克斯坦总统卡里莫夫赴上海出席亚信峰会，会议期间同习近平主席进行了坦诚交流
2014年8月	应中国国家主席习近平邀请，乌兹别克斯坦总统卡里莫夫对中国进行国事访问。两国元首决定，继续相互坚定支持，深化合作，携手共建平等互利、安危与共、合作共赢的中乌战略伙伴关系
2015年3月	中国国家主席习近平同卡里莫夫总统通电话，祝贺卡里莫夫再次当选乌兹别克斯坦总统，卡里莫夫总统感谢习近平主席的祝贺，并表示将在新任期内全力推动乌中关系发展
2015年9月	乌兹别克斯坦总统卡里莫夫来华出席中国人民抗日战争胜利70周年纪念活动，期间与习近平主席和李克强总理就深化两国各领域交流与合作深入交换了意见
2016年6月	中国国家主席习近平对乌兹别克斯坦进行国事访问。访问期间，习近平主席与乌兹别克斯坦总统卡里莫夫在首都塔什干进行会谈，共同决定将双边关系提升至全面战略伙伴关系水平，开启了两国互利合作的新篇章
2017年5月	米尔济约耶夫总统访华并参加“一带一路”合作高峰论坛，与习近平主席共续中乌友谊，共同推动中乌全面战略伙伴关系承前启后，继往开来
2018年6月	习近平主席在青岛会见来华出席上海合作组织成员国元首理事会第十八次会议的乌兹别克斯坦总统米尔济约耶夫
2018年10月	李克强总理在杜尚别会见乌兹别克斯坦总理阿里波夫
2019年4月	米尔济约耶夫总统赴华参加第二届“一带一路”国际合作高峰论坛并与习近平主席举行会晤。两国元首进行了坦诚友好、成果丰硕的会见，就发展中乌全面战略伙伴关系、深化各领域务实合作、推动中乌共建“一带一路”达成重要共识，为新时代中乌关系发展注入新的强劲动力
2019年8月	乌总理阿里波夫对华进行正式访问

资料来源：中华人民共和国外交部。

第四章　中亚地区五国经济和外贸情况

中亚地区五国资源禀赋与中国不同，进而导致产业结构和对外贸易结构相异，与中国经济和贸易互补性较强，彼此合作潜力和空间巨大。要探寻中国与中亚地区五国的贸易潜力，则需要对中亚地区五国的经济发展、产业结构、对外贸易结构等进行分析。

一、经济发展

（一）哈萨克斯坦

整体来看，哈萨克斯坦在中亚地区五国中属于经济发展最快、政治局势最稳定、社会秩序最良好的国家，农业和石油、天然气、煤炭以及有色金属等矿产资源丰富，地理位置优越、生态环境和人文环境良好，整体经济表现要比其他四个国家优秀。世界经济论坛《2019 年全球竞争力报告》显示，哈萨克斯坦在全球最具竞争力的 141 个国家和地区中排第 55 位。国际管理发展学院（IMD）全球竞争力研究中心发布，哈萨克斯坦在全球 63 个国家（地区）竞争力排名第 34 位。世界银行《2019 年营商环境报告》显示，哈萨克斯坦在 190 个经济体中排名第 28 位。截至 2019 年 3 月 22 日，国际评级机构惠誉对哈萨克斯坦主权信用评级为 BBB，展望为稳定。截至 2019 年 3 月 8 日，国际评级机构标普对哈萨克斯坦主权信用评级为 BBB－/A－3，展望为稳定。哈萨克斯坦的经济以石油、天然气、采矿、煤炭和农牧业为主，加工工业和轻工业相对落后，大部分日用消费品依靠进口。

哈萨克斯坦独立后实施经济改革，分阶段推行市场经济和私有化。由于受苏联影响，哈萨克斯坦在独立后才推行市场经济和私有化。在 2003 年之前 GDP 基本维持在 200 亿美元左右，曾在 1998 年亚洲金融危机时小幅度下降，到 2001 年才逐渐恢复到危机前水平。随后的几年经济发展速度非常快，GDP 以每年 10% 左右的速度迅速发展，到 2007 年末 GDP 达到 1048 亿美元，比 1992 年的 249 亿美元翻了5倍。但是2008年金融危机的爆发，对哈萨克斯坦经济也造成了一定影响。金融危机爆发后，哈萨克斯坦经济增长速度骤减。2008年GDP增幅降至3.3%。2009年上半年GDP为负增长，但进入下半年经济滑坡势头基本得到扼制，全年GDP维持在1.2%的增长。2010～2012年，随着世界经济的复苏、国际市场需求恢复以及能源和金属等国际价格稳定，哈萨克斯坦经济开始强劲反弹，出口开始增长。此外，主要贸易伙伴国的经济恢复、需求增长在一定程度上也促进了哈萨克斯坦的商品出口。但是2014年后GDP连续两年下降，增速仅为1.2%。原因与2015年大宗商品价格下跌、货币贬值、现行较高的利率遏制贷款增长以及俄罗斯经济增长放缓产生的溢出影响有关①。2015年哈萨克斯坦进行了汇率制改革。2015年8月20日，哈萨克斯坦宣布从当天起取消汇率波动区间限制，实行浮动汇率，当日坚戈对美元汇率暴跌30%，次日又猛跌至23%。同时，哈萨克斯坦由于受到能源与采矿业的拖累，相关工业生产放缓，原油开采下降1.7%、煤炭下降5%，铁矿石下降22%②。同时，俄罗斯与哈萨克斯坦通过汇款、贸易和外商直接投资建立了密切联系，哈萨克斯坦经济增长速度大幅下跌也受到俄罗斯的影响。

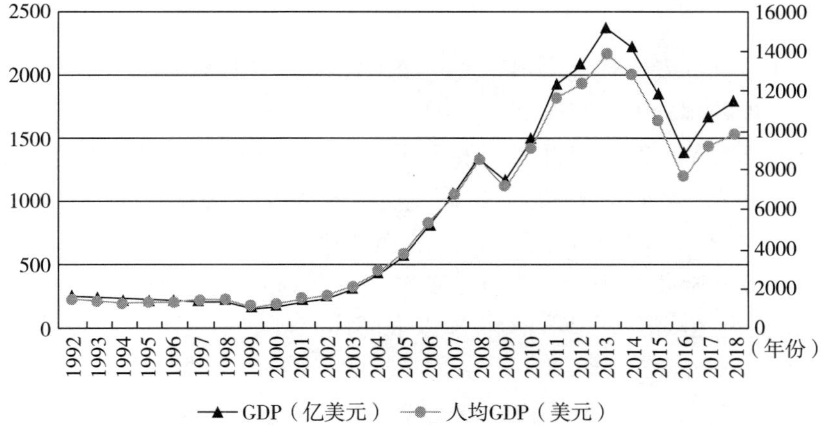

图4－1　1992～2018年哈萨克斯坦GDP和人均GDP变化情况

资料来源：世界银行WDI数据库。

2017年，哈萨克斯坦经济开始回暖，根据人均GDP的数据，哈萨克斯坦已

① 中国驻哈萨克斯坦大使馆经济商务处。

② 中华人民共和国商务部。

经迈入中高收入国家行列①。2017 年哈萨克斯坦的 GDP 增长了 4.1%，归因于贸易领域生产扩张、投资活动、哈萨克斯坦国内需求的逐步恢复。外部环境，如高油价及金属价格，主要贸易合作伙伴欧盟、俄罗斯、中国经济情况的改善等，对哈萨克斯坦经济增长产生了积极的影响。2017 年哈萨克斯坦共开采了 8620 万吨石油，打破了自苏联解体后哈萨克斯坦的石油开采纪录，石油产量增长对当年 GDP 增速贡献极大。同时，对经济复苏过程起关键作用的还有价格因素：通货膨胀相比 2016 年降低了 1.4%，失业率也由 7.1% 降低到 5%。而欧亚经济联盟国家向哈萨克斯坦的直接投资增长了 40.8%。

2017 年后哈萨克斯坦经济保持稳定发展的势头，2018 年哈萨克斯坦第一、第二、第三产业增加值占 GDP 的比重分别为 4.3%、40.42% 和 55.28%。2018 年度财政收入 313.38 亿美元，同比减少 6.6%。财政支出 328.97 亿美元，同比减少 9.1%，财政赤字 14.15 亿美元。2018 年通货膨胀达 5.3%，食品类商品上涨 5.1%，非食品类商品上涨 7.8%，有偿服务上涨 5.3%。2018 年哈萨克斯坦失业率为 4.9%，无业人口 44.51 万。2018 年哈萨克斯坦外债 1587.87 亿美元，同比减少 5.19%。主权外债 139.15 亿美元，占比 8.76%。非主权外债 1448.72 亿美元，占比 91.24%。其中，长期外债 1506.37 亿美元，短期外债 81.5 亿美元。

2019 年亚洲开发银行（ADB）发布《亚洲发展 2019》报告，将哈萨克斯坦 2019 年经济增速预期上调至 4.1%，2020 年预期上调至 3.8%。中亚是唯一经济增长前景优于上次（2019 年 9 月）预测的地区。这主要得益于该地区最大经济体——哈萨克斯坦增加预算拨款。哈萨克斯坦央行已将 2019 年 GDP 增速预期从 3.8% 提高至 4.2%，2020 年预期从 3.5% 提高到 3.8%②。

2020 年 6 月哈萨克斯坦工业与基础设施发展部发布消息称，政府正在制定《2030 年前提高经济能效长期规划》（以下简称《规划》）。《规划》制定将分五个阶段完成，包括确定组织架构、分析节能领域现状、遴选具体项目、确定量化指标、最终批准规划。2020 年内计划完成前 4 个阶段。德国经济和能源部将为该项目提供资金，世界银行提供技术支持。2020 年底前，政府将全面分析节能领域现状，确定各经济领域节能潜力，2020 年 8 月开始初步筛选项目，2021 年确定最终方案。《规划》的目标是制定提高能效的国家战略，大幅节省预算资金，降低单位 GDP 能耗。

① 按世界银行公布的数据，2018 年的最新收入分组标准为：人均国民总收入低于 995 美元为低收入国家，在 996～3895 美元为中等偏下收入国家，在 3896～12055 元为中等偏上收入国家，高于 12055 美元为高收入国家。

② 中国驻哈萨克斯坦使馆经商处。

（二）吉尔吉斯斯坦

吉尔吉斯斯坦政局相对稳定，法律基本健全，经济保持持续发展。世界经济论坛《2019 年全球竞争力报告》显示，吉尔吉斯斯坦在全球最具竞争力的 141 个国家和地区中，排名第 96 位。世界银行发布《2019 年营商环境报告》显示，吉尔吉斯斯坦在全球 190 个经济体中营商容易度排名第 70 位。美国智库传统基金会公布的 2019 年经济自由度指数报告显示，在参评的 180 个经济体中，吉尔吉斯斯坦排名第 79 位，属于“中等经济自由体”。截至 2019 年 3 月 1 日，国际评级机构穆迪对吉尔吉斯斯坦主权信用评级为 B2，展望为稳定。

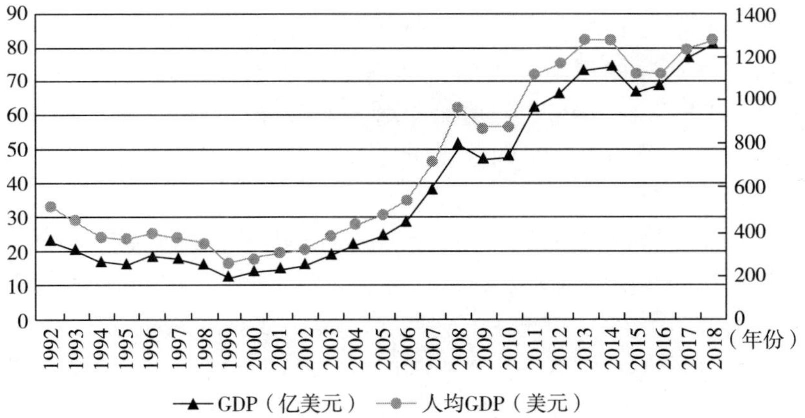

图 4－2　1992～2018 年吉尔吉斯斯坦 GDP 和人均 GDP 变化情况

资料来源：世界银行 WDI 数据库。

吉尔吉斯斯坦的国民经济以多种所有制为基础，农牧业为主，工业基础薄弱，主要生产原材料。苏联解体后的独立初期，由于同苏联各加盟共和国传统经济联系中断，在吉尔吉斯斯坦的进口和出口总量中，独联体国家占 96% 和 8%，其他国家仅占 4% 和 12%。最大的贸易伙伴是俄罗斯、哈萨克斯坦、乌兹别克斯坦、乌克兰、土库曼斯坦、塔吉克斯坦和白俄罗斯。由于这些国家也受到影响，经济联系尚未恢复正常，独联体各国之间的关税壁垒也给本就脆弱的经济关系雪上加霜，当时吉尔吉斯斯坦经济蒙受了很大损失。同时，吉尔吉斯斯坦实行激进改革，中央集权的计划体制崩溃，导致了恶性通货膨胀，经济一度出现大滑坡。1992～1995 年 GDP 增速分别为 －13.9%、15.5%、20% 和 －5.4%。

1996 年开始，吉尔吉斯斯坦政府开始出台了一系列政策措施来稳定生产，为经济发展建立条件，开展竞争，加快私有化，强化对市场价格的调控作用，逐步降低国家对生产企业的直接管理职能，为外国投资保证良好条件，发展地方自治，对住宅公用事业实行改革。吉尔吉斯斯坦经济取得了较大发展，1996 年和 1997 年 GDP 增速分别达到了 7.1% 和 9.9%。但是 1998 年由于世界金融危机和自然灾害所造成的严重困难，使吉尔吉斯斯坦未能达到当年政府预期的经济指标，GDP 实际增长仅为 2.1%。

21 世纪初，吉尔吉斯斯坦调整经济改革方针，稳步渐进地向市场经济转轨，推行以私有化和非国有化改造为中心的经济体制改革，经济保持了低增长态势，工业生产恢复性增长，物价相对稳定，通膨水平也降至独立以来最低水平。针对当时的国情，在制定 2000～2010 年发展战略规划时，吉政府将发展旅游业和扶持中小企业列为今后经济工作的重点方向。2007 年、2008 年吉尔吉斯斯坦国民经济取得较快发展。2009 年，受国际金融危机和俄罗斯、哈萨克斯坦等国经济形势的影响，吉尔吉斯斯坦经济增速减缓，但未出现剧烈波动，2009 年 GDP 总额为 46.9 亿美元，增速为 2.9%。2010 年吉尔吉斯斯坦爆发“4·7”革命，受国内政局动荡影响，吉尔吉斯斯坦经济又出现下滑。2010 年 GDP 增速为 -0.5%。

2011 年以来，吉尔吉斯斯坦逐渐走出政局动荡和国际金融危机的阴影，经济总量有所提升，失业率逐渐下降，贸易额大幅上升。2013 年国民经济全面向好，GDP 增速达 10.5%，是吉尔吉斯斯坦独立 20 余年来的最高纪录。不过，2014 年受俄罗斯遭遇西方制裁、俄罗斯卢布与哈萨克斯坦坚戈大幅贬值等外部因素影响，吉尔吉斯斯坦经济增速放缓，全年仅增长 4.0%。2015 年，吉尔吉斯斯坦国内矿产、加工和建筑等重点行业恢复生产，宏观经济呈平稳发展态势，全年增幅为 3.9%。2016 年，吉尔吉斯斯坦国家经济依靠工业、农业、建筑业和服务业等领域的拉动，GDP 增幅达 4.3%。2017 年，吉尔吉斯斯坦经济增长主要依靠工业、农业、建筑业和服务业等行业发展的拉动，GDP 增幅上升至 4.7%。2018 年，吉尔吉斯斯坦经济增长主要依靠工业、农业、建筑业和服务业等行业拉动，GDP 增长 3.5%（商务部国际贸易经济合作研究院，2019）。

据吉尔吉斯斯坦国家统计委员会网站公布的数据，2019 年，吉尔吉斯斯坦 GDP 达 84.59 亿美元，同比增长 4.5%（若不计库姆托尔金矿产值，则同比增长 3.8%）。其中，工业产值 39.94 亿美元，同比增长 6.9%（若不计库姆托尔金矿产值，则同比仅增长 2%）；农业产值 31.54 亿美元，同比增长 2.6%；固定资产投资 23.19 亿美元，同比增长 5.8%。

2020 年初，吉尔吉斯斯坦发布了 2020 年的工作方向及规划，2020 年被命名为“地方发展、国家数字化和儿童扶持年”。2020 年吉尔吉斯斯坦政府预计将拨款 20 亿索姆以支持专向领域企业的发展，支持地方通过修建供水和灌溉设施来改善基础设施，同时规划强调了国家数字化的问题，尤其是地方网络基础设施建设和提供高速互联网等问题。

（三）塔吉克斯坦

塔吉克斯坦近年来经济总体保持平稳增长，世界经济论坛《2019 年全球竞争力报告》显示，塔吉克斯坦在全球最具竞争力的 141 个国家和地区中，排名第 104 位。根据世界银行《2019 年营商环境报告》，塔吉克斯坦在全球 190 个经济体中营商环境便利度排名第 126 位。截至 2019 年 3 月 31 日，国际评级机构标普对塔吉克斯坦主权信用评级为 B－，展望为稳定。

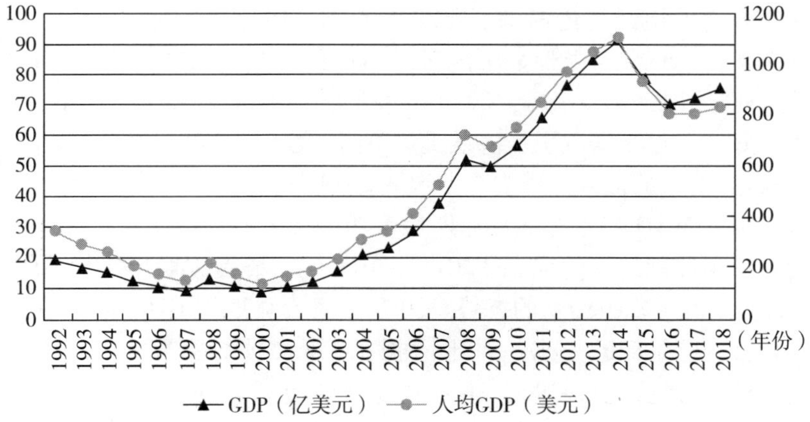

图 4－3　1992～2018 年塔吉克斯坦 GDP 和人均 GDP 变化情况

资料来源：世界银行 WDI 数据库。

苏联解体后的塔吉克斯坦经济形势急剧恶化，处于综合经济指标连年大幅下跌的危机状态。究其原因也是独立后与苏联其他共和国长期形成的经济联系中断，以及与 1992～1997 年长达 5 年的内战有关，塔吉克斯坦人口多、国土面积小，经济结构比较单一，对外依赖性很强，所需要的燃料、能源、轻工业产品、日用消费品和部分粮食食品都依赖从周边的国家进口，因此贸易中断对国家经济造成了巨大的破坏。1992～1996 年每年 GDP 都呈现出 15% 以上的负增长。1995 年开始实施《深化经济改革和加快向市场关系过渡的紧急措施》和《1995～2000 年经济改革纲要》，确立了以市场经济为导向的国家经济政策，并推行私有化改制。1997 年塔吉克斯坦国民经济开始步出低谷，呈现出恢复性增长。1997 年和 1998 年的 GDP 增速分别为 1.7% 和 5.3%。

内战结束后，政府集中精力恢复和发展本国经济，2000 年 10 月成功发行国家新币索莫尼，初步建立国家财政和金融系统，开始逐步完善税收、海关政策。2003 年，塔吉克斯坦政府制定国家工业发展政策，有效利用国家资源优势，加大生产技术革新力度，逐步提高产品加工水平和产品竞争力。之后几年的 GDP 连年快速增长，2002 年、2003 年和 2004 年每年 GDP 增速均在 10% 以上，截至 2004 年底，GDP 比 1996 年翻了一番，工业生产产值比 1997 年增长了 44%，农业产值比 1996 年增长了 25%①。

2005 年新一届议会选举之后，经济继续保持着平稳的发展态势，连续多年的通货紧缩局面得到改善，人均收入开始有所增加，各项经济指标均有所回升。2007 年末 GDP 达到 37.2 亿美元，2005 ~2007 年 GDP 平均增速维持在 7% 左右。2008 年全球金融危机对塔吉克斯坦经济造成一定冲击，政府采取一系列应对措施，随后塔吉克斯坦经济逐渐增长。2008 年末 GDP 为 51.6 亿美元，当年 GDP 增速达到 7.9%。2009 年受到金融危机滞后性的影响，塔吉克斯坦 GDP 增速降至 3.9%，通货膨胀率仅为 5%。2010 年各项宏观经济指标表明塔吉克斯坦的经济情况正在好转，逐步摆脱了经济危机的负面影响。

经过长达 11 年的谈判，塔吉克斯坦在 2013 年 3 月 2 日正式成为世界贸易组织成员方。加入 WTO 与建立塔吉克斯坦市场经济方向的改革目标相一致，可以巩固塔吉克斯坦体制改革的成果。2011 ~2018 年，塔吉克斯坦年均 GDP 增速均在 7% 左右，呈现了稳定增长的态势。2018 年塔吉克斯坦 GDP 为 75 亿美元，人均国内生产总值约 826 美元，同比增长 7.3%。通货膨胀率 5.5%，失业率 2.3%，整体经济形势运行良好，主要贸易伙伴有俄罗斯、哈萨克斯坦、中国、土耳其等。

2019 年塔吉克斯坦实际 GDP 为 81.17 亿美元，GDP 同比增长 7.5%，GDP 实现增长主要是因为工业产值增长了 13.6%，农业产值增长了 7.1%，货运量增长了 15.8%，国内贸易总额增长 9%，有偿服务总额增长 2.9%。2019 年塔吉克斯坦国民经济各部门保持积极发展态势，宏观经济整体平稳。2019 年塔吉克斯坦通胀率为 8%，主要原因是食品类价格上涨 10.9%，非食品类商品价格上涨 4.2%，有偿服务价格上涨 5.5%②。

（四）土库曼斯坦

土库曼斯坦在中亚地区五国中经济发展水平仅次于哈萨克斯坦。1992 年土库曼斯坦独立以来，秉持中立原则，奉行永久“中立国”地位，承诺不与任何国家结盟，不参与军事同盟，也不参加带有硬性规定职能和要承担集体责任的跨

---

① 塔吉克斯坦国家统计署。

② 中国驻塔吉克斯坦共和国大使馆经济商务处。

国同盟。经济改革上不采用休克疗法，而是采取平稳过渡的方式，经济转轨的原则奉行“建立国家强有力宏观调控下的以社会为优先取向的混合性市场经济”。市场关系由国家调控，因此国民经济实现较快发展。同时土库曼斯坦凭借丰富的资源禀赋，在实施能源立国战略的同时，大力推动经济多元化，加快工业化进程，建立国际交通运输走廊，打造地区交通运输枢纽，积极融入全球经济一体化。土库曼斯坦政局稳定，社会事业发展较迅速。但是并未出现在世界经济论坛《2019 年全球竞争力报告》和世界银行《2019 营商环境报告的排名中》。同时因为缺乏足够信息，世界主要评级机构均未对土库曼斯坦进行主权债务等级的评级。

土库曼斯坦独立后将生产最终产品作为经济发展的优先目标之一，当时的领导人认为实现这一目标是建立独立的国民经济体系的重要途径，也是在经济方面维护国家安全的根本保证。1991～1993 年，土库曼斯坦国民经济总产值增长了 30%，国民收入增长了 40%。财政较为稳定，通货膨胀率明显低于独联体其他国家，经济结构也发生了重大的积极变化。过去相当薄弱的加工工业开始在国民经济中发挥越来越大的作用，在这样的一个过程中，土库曼斯坦没有像绝大部分独联体国家那样全面放开价格，相当大一部分商品（特别是食品和生活用品）保留了严格的国家定价制度，有效地防止了在其他独联体国家司空见惯的赤贫和乞讨现象的发生。但是由于土库曼斯坦的经济改革是在苏联统一的经济空间突然破裂、原有的产供销关系严重瘫痪的险恶形势下进行的，该国的经济发展和改革同样未能摆脱全面危机的阴影，绝大多数居民生活水平明显下降。1992 年和 1994 年的 GDP 负增长，增速分别为 -15% 和 -17.3%。为了遏制这一趋势，土库曼斯坦从 1993 年开始有限度地免费向居民供应生活用水电煤气，这在全速转向市场经济关系的独联体各国是绝无仅有的。为加强经济改革和经济发展的社会性，土库曼斯坦在充分考虑市场经济现实的基础上，还制定和颁发了一系列旨在提高劳动者的社会保护的法律，这逐渐形成了别具一格的所谓“土库曼”现象（于洪君，1996）。

从 1996 年开始，土库曼斯坦经济衰退停止，逐步开始恢复增长，1996 年工业产值为 2.91 万亿马纳特，比上年增长了 17.9%，占国内生产总值的 44%。农业产值为 7118.37 亿马纳特，比上年减少 2%。国民收入增长 0.5%，国内生产总值为 6.6 万亿马纳特，增长 0.1%，年通胀率比上年下降一半，而由上年的 1100% 减少为 550%。1997 年初，土库曼斯坦政府制定了《1997～2000 年社会发展构想》，并拟定了旨在加速向市场经济过渡的“1000 天计划”，核心是深化农村改革和加速企业私有化进程。1997 年国内生产总值为 10.6 万亿马纳特，比上年增长了 0.3%。工业产值为 4.7 万亿马纳特，增长 19.6%，农业产值为 2.1 万亿马纳特，增长 14%。月均通胀率降至 1.6%，人们的生活水平也随之得到了改善和提高。

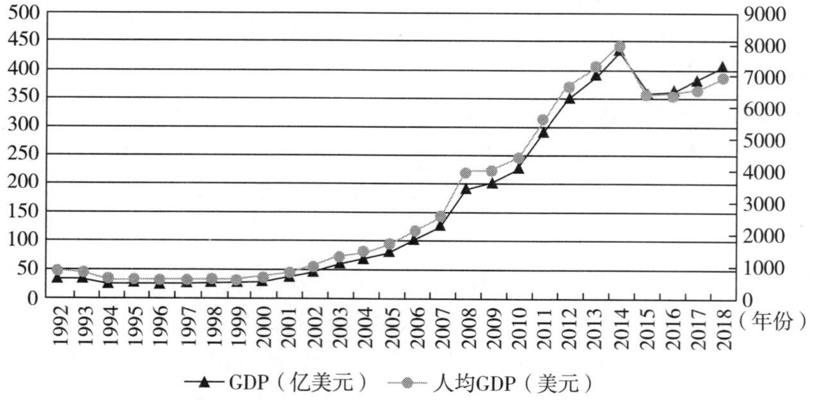

图 4-4　1992~2018 年土库曼斯坦 GDP 和人均 GDP 变化情况

资料来源：世界银行 WDI 数据库。

自 1996 年开始，土库曼斯坦经济连续保持稳定增长的势头，特别是农业发展形势较好，从 1998 年起首次从粮食进口国转为出口国。1999 年农业产值占国内生产总值的 26%，增长 26%。全年货币马纳特官方汇率稳定，但黑市汇价起跌幅较大，曾一度达 1 美元∶20000 马纳特。1999 年，尼亚佐夫总统又提出了“土库曼斯坦至 2010 年社会经济改革战略”，指出未来的战略目标是在市场经济和进行有效的国际合作基础上，建立保障居民有较高生活水平的经济发达国家；该战略的实施分为两个阶段进行：第一阶段（2000~2005 年），将对经济结构和技术设施进行改革和改造，提高部门和企业的效益和竞争能力，保证经济的增长速度（平均增长速度不低于 18%）。第二阶段（2006~2010 年）的任务是保持已经取得的经济增长速度，经济结构向资本含量低的领域调整，逐步形成合理的工业结构，保证经济的稳步增长。1999 年工业结构调整不断深入，并初见成效，加工领域产值进一步提高，国民经济发展严重依赖天然气出口拉动的状况初步得到改善（中国驻土库曼斯坦大使馆经济商务参赞处，2012）。1999 年之后，得益于石油与天然气能源价格的攀升、土库曼斯坦大力增加投资和引进外资的力度、农业连年丰收、外部经济环境好转（特别是俄罗斯、独联体国家总体经济形势趋于好转），土库曼斯坦政府采取发展经济的一系列措施初见成效，经济出现较快的增长，GDP 每年保持两位数的增幅，根据世界银行的统计，1999 年土库曼斯坦 GDP 增速高达 16.5%；2005~2008 年，平均 GDP 增速高达 12% 左右。国际货币基金组织（IMF）称土库曼斯坦是世界上 GDP 增速最快的国家之一。

2008～2013 年，土库曼斯坦 GDP 增长了 1.3 倍，其结构发生了巨大变化，成为以基础设施和贸易行业板块高速发展的工业投资型国家。在 GDP 份额中，工业占 48.6%，建筑占 16.6%，贸易和餐饮占 6.3%，交通和通信占 5.0%①。在此期间土库曼斯坦固定资产投资增长 2.3 倍，国家投资占 68.5%；近年来非国营部门投资份额显著增加，达 20.3%；个体开发商和私营企业主占投资比重达 11.2%。资本投资结构也在发生积极变化，按资金来源划分，占比较高的是信贷投资 21.4%，企业自有资金 20.0%，预算资金 17.5%，外国投资 15.7%。近年来，居民存款额也在增长，达 11.0%。这一切都是国家推行的市场经济改革和经济发展战略社会导向的直接结果。2013 年外国投资占总投资额的 21%，主要用于油气资源勘探和开采、轻工和建筑领域。2014 年，全球经济整体增长速度放缓，欧元区经济复苏乏力，俄罗斯经济动荡和卢布大跌，国际经济环境复杂多变，但土库曼斯坦经济依然能够逆势而上。GDP 增速高达 10.3%，在中亚地区五国中占领领先地位。这与土库曼斯坦政治局势稳定、不断扩大对固定资产的投资以及社会消费能力迅速提高有关。2015 年，由于国际经济形势复杂，土库曼斯坦遇到困难，但在社会经济发展方面仍取得巨大成就。GDP 增长 6.7%，建筑业增长 9.3%，贸易增长 10.4%，交通通信业增长 9.8%，农业增长 85%。固定资本投资增长 8.2%。各类产品生产与 2014 年同期相比，增长 4.8%。国家货币马纳特汇率保持稳定②。

2015～2018 年土库曼斯坦的 GDP 增速均维持在 6% 以上。2018 年，土库曼斯坦国内生产总值约 431 亿美元，比上年增长 6.2%。2019 年 GDP 同比增长 6.3%，其中工业增长 4.1%，贸易增长 14.2%，交通通信业增长 10.1%，商品出口额超过 25.8 亿美元，同比增长 4.6%。小麦和棉花产量分别超过 170 万吨和 100 万吨。政府大力推进工业现代化向市场经济过渡，并提高私营经济比重。全国商品产量中，65.3% 来自私营企业。2019 年 2 月，土库曼斯坦出台《2019～2025 年社会经济发展纲要》，将油气开采、工业、电力、电子、农业、交通、通信和旅游业等作为其未来 7 年经济发展的重要领域，并将发展数字经济、数字医疗、数字教育作为国家发展战略目标和迈向发达工业国家的关键因素。

（五）乌兹别克斯坦

乌兹别克斯坦自然资源丰富，是中亚地区五国中经济实力较强的国家，是中

①② 中国驻土库曼斯坦大使馆经济商务参赞处。

亚第一人口大国，自古以来就是比较富裕的地区，被称为“三金之国”[①]。世界银行发布的《2019 年营商环境报告》显示，在全球 190 个经济体中，乌兹别克斯坦营商环境便利度排名第 76 位。截至 2019 年 2 月 13 日，国际评级机构穆迪对乌兹别克斯坦主权信用评级为 B1，展望为稳定。截至 2019 年 5 月 24 日，国际评级机构惠誉对乌兹别克斯坦主权信用评级为 BB－，展望为稳定。截至 2019 年 6 月 14 日，国际评级机构标普对乌兹别克斯坦主权信用评级为 BB－/B，展望为稳定。

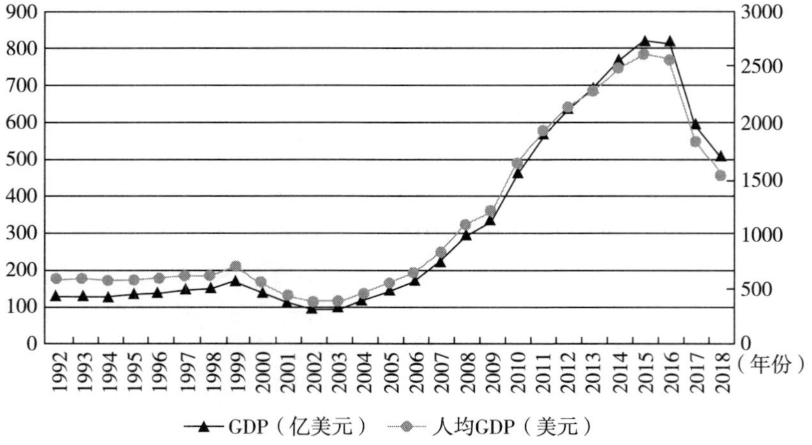

图 4－5　1992～2018 年乌兹别克斯坦 GDP 和人均 GDP 变化情况

资料来源：世界银行 WDI 数据库。

苏联解体后，乌兹别克斯坦独立，结合本国国情和经济传统以渐进的方式分阶段向市场经济过渡，开启了市场经济改革的进程。独立以后乌兹别克斯坦开始制定改革路线，一是明确规定国家向市场经济过渡；二是摆脱对外过度依赖，实现本国经济独立，逐步克服经济畸形发展，形成乌兹别克斯坦特有的国家调控下的混合所有制经济模式。乌兹别克斯坦经济在转型的头几年里有所下滑，1992～1995 年，国内生产总值基本维持在 130 亿美元左右，增速均为负增长，但负增长的幅度越来越小，1992 年 GDP 增速为－11.2%，1995 年 GDP 增速为－0.9%。由于过去乌兹别克斯坦经济结构单一，加工工业落后，所以国家通过宏观调控改善经济结构，为逐步建立市场经济环境创造了条件。1992 年乌兹别克斯坦从俄

① 黄金、白金—棉花、蓝金—天然气，这“三金”又称为“乌国三宝”，其年产量在世界排行榜上均列在前十几名以内。

罗斯进口500万吨石油产品，而从1997年起就向邻国出口石油，最多时出口量达200万吨。得益于政策改革的累积效应，乌兹别克斯坦经济从1995年开始复苏，国民经济一些重要领域已呈现结构性回升，当时是世界第六大棉花生产国和第二大棉花出口国，世界第七大黄金生产国，同时也是区域内重要的天然气、煤、铜、石油、银和铀生产国[①]。1995年乌兹别克斯坦外贸出口是独立以来首次出现顺差，盈余2.2亿美元。通过渐进式向市场经济过渡的方法，乌兹别克斯坦政府尽最大努力保障人民的生活水平，成为中亚各国中经济形势最稳定的国家，也是中亚国家中最早恢复经济的国家。乌兹别克斯坦为计划经济向市场经济道路平稳转型的独特范例。根据中亚地区五国独立初期的数据对比可以发现，乌兹别克斯坦的经济衰退幅度平均要小于其他中亚四国，1996～2000年，乌兹别克斯坦GDP增速平均每年在4%左右，2001年乌兹别克斯坦已经成为中亚地区五国中第一个在主要经济指标方面达到独立式水平的独联体国家。

进入21世纪，乌兹别克斯坦仍然保持着年均增长率在4%左右的经济增长，2000～2015年GDP逐年稳步上升，2015年末GDP达到818.5亿美元，增速为7.4%。这与乌兹别克斯坦选择了比较符合其国情的渐进式"乌兹别克斯坦模式"有关，避免了类似其他独联体国家雪崩式的大幅度经济衰退，其政策效果比较显著。但是，乌兹别克斯坦经济已失去改革初期的优势，经济发展中积累的深层次矛盾严重阻碍了乌兹别克斯坦经济的发展。在中亚国家的独立初期，乌兹别克斯坦与哈萨克斯坦实力相近，2000年以前乌兹别克斯坦的经济状况与哈萨克斯坦接近，但2000年以后哈萨克斯坦的经济体量已经远远领先于乌兹别克斯坦。过分强调稳定和国家宏观调控是乌兹别克斯坦经济的两大特点，这与市场经济的自身规律相违背，21世纪开始，乌兹别克斯坦经济出现了沉稳有余而活力不足的局面（秦放鸣，2006）。

2016年总统卡里莫夫因脑溢血救治无效去世，乌兹别克斯坦总体形势基本稳定，权力交接进程平稳有序。当选总统米尔济约耶夫上任伊始便进行密集的人事调整，各项改革得以继续推进，这显示出新任总统具有较强的政权掌控能力和政治自信。乌兹别克斯坦国内经济保持稳定发展态势，但受外部环境恶化、内部通货膨胀等因素的不利影响，经济增速继续放缓，但仍然保持了GDP增速6.1%的稳定增长。由于俄罗斯、哈萨克斯坦等乌兹别克斯坦主要劳动力输出目的地国经济不景气，大批劳动力返乡，2016年侨汇收入占乌兹别克斯坦GDP比重继续下降，苏姆对美元汇率持续下跌，货币加剧贬值（艾丽菲热·艾斯卡尔，2017）。乌兹别克斯坦颁布系统性国家发展计划《2015～2019年深化改革、结构调整和

① 乌兹别克斯坦政府网站。

经济多元化国家纲要》，旨在不断发掘国内潜力，扩大内需，以应对外部经济环境恶化带来的不利影响。

近年来，乌兹别克斯坦经济发展态势平稳，世界银行等各方均看好乌兹别克斯坦的经济形势。2017 年乌兹别克斯坦国内生产总值为 249.14 万亿苏姆，同比增长 5.3%；人均 GDP 为 769.2 万苏姆，同比增长 3.6%；私有经济对 GDP 的贡献率为 81%，国有经济对 GDP 的贡献率占 19%；全年通货膨胀率为 14.4%①。税收占 GDP 的 10.2%，如不单独计算税收，各产业占 GDP 的比重分别为：服务业占比 47.3%，同比增长 6.9%，其中，餐饮业占 GDP 的 11.5%，增长 5.3%；运输、保险和通信占比 11%，增长 8.9%；其他服务业占比 24.8%，增长 7.3%。工业占比 33.5%，增长 4.6%，其中，工业生产增长 1.1%，采矿业增长 14.6%，加工工业增长 2.8%，上述三类占 GDP 的 26.7%；建筑业占比 6.8%，增长 5.6%。农业占比 19.2%，增长 2%。2018 年，乌兹别克斯坦三大产业比重均衡，工业比重继续上升；黄金外汇储备有所回升，苏姆汇率基本稳定。GDP 为 407.5 万亿苏姆（按平均汇率 1 美元 = 8100 苏姆计算 503 亿美元），同比增长 5.1%，GDP 平减指数 28.1%。人均 GDP 约 1236.6 万苏姆（1526.6 美元），增长 3.3%；人均工资为 182.22 万苏姆（232 美元），增长 25%。

2019 年乌兹别克斯坦国内生产总值增速达 5.5%，略高于 5.4% 的市场预期和 2018 年 5.1% 的经济增速。乌兹别克斯坦经济和工业部的数据显示，2019 年乌兹别克斯坦通货膨胀率为 15.2%，略低于 15.5% 的市场预期；人均国内生产总值为 1741 美元，较 2018 年增长了 13.6%；建筑业呈高速增长态势，较 2018 年增长 11.8%（中国社会科学院，2020）。

二、产业结构②

（一）哈萨克斯坦

根据《哈萨克斯坦统计年鉴》，实行统计的产业分类为：种植业、畜牧业、采掘业、制造业、电力煤气蒸汽和水的生产与分配、建筑业、批发与零售业、宾馆酒店业、交通运输和通信业、财政金融活动、房地产租赁和服务业、国家机关和国防、教育、卫生和社会保障和其他产业（郭辉和依马木阿吉·艾比布拉，2017）。根据世界银行发展指数的分类方法，纳入统计的产业可划分为：第一产

① 乌兹别克斯坦统计委员会 2018 年 1 月发布。

② 本节数据来源如无特殊说明，均来自世界银行世界发展指数（WDI）数据库。

业（农林渔业），第二产业（电力、煤气蒸汽和水的生产与分配及建筑业、采掘业和制造业），第三产业（除第一和第二产业外的服务业）①。

哈萨克斯坦独立之初，1992 年，三大产业占 GDP 的比重分别为 23.3%、39% 和 25.1%，工业占比重最大。独立之后，哈萨克斯坦进行了比较激进的市场化改革，一系列相关的工业发展战略政策引导产业结构转型取得了一定成就。1993 年开始，服务业比重超过第二产业至今并持续一直占据 GDP 比重的最大份额，基本上每年都在 50% 以上，2018 年服务业产值增值占 GDP 比重为 55.5%。哈萨克斯坦第三产业发展很快，批发与零售业、交通运输和通信业、房地产租赁和服务业占比居前三位。这三类产业的总产值占第三产业产值之和超过 70% 左右，其他产业的比重相对较小，基本在 10% 以下，且保持稳定。同时，第三产业总就业率和男女就业率也均呈现逐年递增趋势，1992 年服务业就业率为 44.83%，2018 年就业率为 63.30%。其中女性就业率普遍高于男性就业率，2018 年女性就业率为 73.94%，男性就业率为 53.56%。

虽然第一产业在哈萨克斯坦 GDP 的比重逐年下降，但是哈萨克斯坦拥有丰富的农业资源，是世界粮食的主要种植区和出口国，全国可耕地面积超过 2000 万公顷，每年农作物播种面积在 1600 万～1800 万公顷，粮食产量 1800 万吨左右。主要农作物包括小麦、玉米、大麦、燕麦、黑麦。粮食主产区在北部的科斯塔奈州、北哈萨克斯坦州和阿克莫拉州。南方地区可种植水稻、棉花、烟草、葡萄和水果等。近几年哈萨克斯坦农业占 GDP 比重基本稳定在 4.5% 左右。同时，第一产业总就业率和男女就业率也均呈现逐年下降趋势，1992 年农业就业率为 38.63%，2018 年就业率为 16.26%。其中男性就业率高于女性，2018 年男性就业率为 17.63%，女性为 14.77%。

第二产业比重波动变化比较明显，独立之初的改革引起了第二产业增值占 GDP 比重的大幅度下降，从 1992 年的 39% 下降到 1997 年的 25.6%；随后由于 1997 年哈萨克斯坦确定优先发展石油天然气为主的能源工业、有色和黑色金属及其深加工业以及基础设施建设等战略规划，同时受益于当时国际市场能源和矿产品的价格上涨，第二产业呈现出增长趋势，从 1997 年的 25% 增加到 2010 年的 40.6%；后受到国际金融危机的影响和国际市场能源产品价格下跌，哈萨克斯坦相关行业受到严重打击，第二产业比重呈现明显下降趋势，下降到 2015 年的 30.9%；近年来逐渐回升，2018 年占 GDP 比重为 33.5%。第二产业就业率呈现出小幅增加态势，从 1992 年的 16.54% 增加到 2018 年的 20.43%；其中，男性就业率明显高于女性就业率，2018 年男性工业就业率为 28.81%，女性就业率

① 吉尔吉斯斯坦、塔吉克斯坦、土库曼斯坦和乌兹别克斯坦也按照此分类进行分析。

为 11.3%。

目前哈萨克斯坦的产业结构主要呈现出第三产业占据半壁江山、第二产业根据国际形势波动较明显以及第一产业相对稳定的产业结构状态。

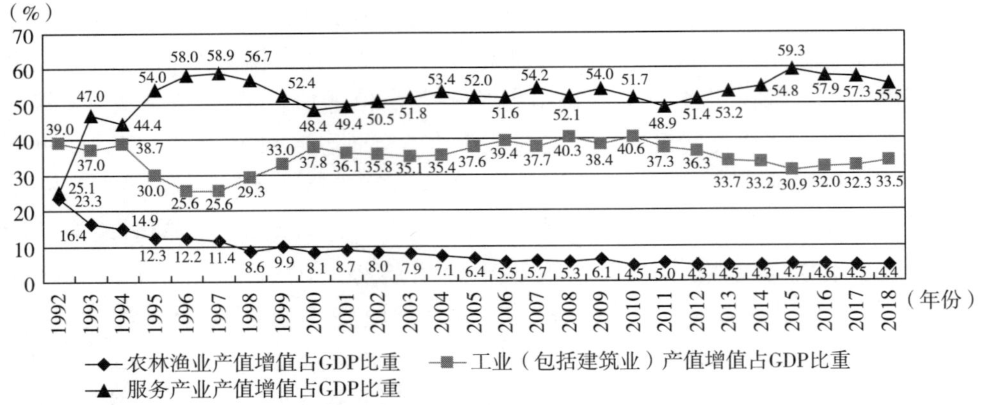

图 4-6　1992～2018 年哈萨克斯坦三大产业占 GDP 比重变化情况

表 4-1　1992～2018 年哈萨克斯坦各产业产值变化情况

年份	农林渔业产值增值（亿美元）	农林渔业产值增值占 GDP 比重（%）	农林渔业产值增值年增长率（%）	工业（包括建筑业）产值增值（亿美元）	工业（包括建筑业）产值增值占 GDP 比重（%）	工业（包括建筑业）产值增值年增长率（%）	中高技术产业（含建筑业）占制造业增加值比重（%）	服务产业产值增值（亿美元）	服务产业产值增值占 GDP 比重（%）	服务产业产值增值年增长率（%）
1992	58. 1	23. 3	28. 7	97. 1	39. 0	-22. 9	11. 2	—	25. 1	4. 0
1993	38. 5	16. 4	-6. 9	86. 6	37. 0	-16. 3	11. 2	110. 1	47. 0	0. 4
1994	31. 8	14. 9	-21. 0	82. 2	38. 7	-25. 6	11. 0	94. 3	44. 4	6. 8
1995	25. 1	12. 3	-24. 4	61. 1	30. 0	-14. 2	11. 8	109. 9	54. 0	0. 5
1996	25. 6	12. 2	-5. 0	53. 8	25. 6	-2. 8	8. 2	122. 1	58. 0	3. 9
1997	25. 3	11. 4	-0. 9	56. 8	25. 6	4. 5	5. 8	130. 5	58. 9	0. 3
1998	19. 0	8. 6	-18. 9	64. 9	29. 3	-0. 4	5. 7	125. 6	56. 7	0. 3
1999	16. 7	9. 9	21. 4	55. 6	33. 0	3. 4	4. 6	88. 5	52. 4	-0. 4
2000	14. 8	8. 1	-3. 2	69. 1	37. 8	15. 3	5. 2	88. 5	48. 4	8. 4
2001	19. 3	8. 7	17. 1	80. 1	36. 1	15. 4	6. 0	109. 4	49. 4	12. 3
2002	19. 7	8. 0	3. 2	88. 2	35. 8	12. 0	7. 1	124. 3	50. 5	9. 8

续表

年份	农林渔业产值增值（亿美元）	农林渔业产值增值占 GDP 比重（%）	农林渔业产值增值年增长率（%）	工业（包括建筑业）产值增值（亿美元）	工业（包括建筑业）产值增值占 GDP 比重（%）	工业（包括建筑业）产值增值年增长率（%）	中高技术产业（含建筑业）占制造业增加值比重（%）	服务产业产值增值（亿美元）	服务产业产值增值占 GDP 比重（%）	服务产业产值增值年增长率（%）
2003	24.2	7.9	2.2	108.2	35.1	9.2	7.9	159.8	51.8	11.0
2004	30.7	7.1	-0.1	152.5	35.4	11.3	6.7	230.3	53.4	10.8
2005	36.4	6.4	7.1	214.9	37.6	10.7	6.9	297.2	52.0	10.4
2006	44.5	5.5	6.0	318.8	39.4	13.4	6.6	418.2	51.6	10.9
2007	59.3	5.7	8.9	395.6	37.7	8.0	6.9	568.6	54.2	13.2
2008	70.9	5.3	-6.2	537.1	40.3	2.5	12.6	695.3	52.1	4.2
2009	70.9	6.1	13.2	443.1	38.4	1.5	11.6	622.6	54.0	-1.5
2010	66.8	4.5	-11.6	601.1	40.6	7.4	12.8	765.1	51.7	7.1
2011	96.1	5.0	26.5	717.8	37.3	3.5	13.0	941.7	48.9	9.0
2012	89.2	4.3	-17.4	755.1	36.3	1.9	14.0	1068.9	51.4	10.4
2013	106.6	4.5	11.2	797.4	33.7	3.1	16.5	1258.4	53.2	6.9
2014	95.9	4.3	1.3	735.3	33.2	1.8	16.6	1214.2	54.8	5.7
2015	86.9	4.7	3.5	568.9	30.9	0.1	14.2	1093.4	59.3	3.1
2016	62.5	4.6	5.4	439.0	32.0	1.7	14.2	794.3	57.9	0.9
2017	75.3	4.5	3.2	539.2	32.3	6.3	13.3	915.7	57.3	2.5
2018	78.8	4.4	3.8	600.7	33.5	4.5	—	—	55.5	3.9

表 4-2　1992~2018 年哈萨克斯坦各产业就业情况

年份	农业就业率（%）	女性农业就业百分比（%）	男性农业就业百分比（%）	工业就业率（%）	女性工业就业百分比（%）	男性工业就业百分比（%）	服务业就业率（%）	女性服务业就业百分比（%）	男性服务业就业百分比（%）
1992	38.63	37.72	39.47	16.54	10.18	22.40	44.83	52.10	38.13
1993	38.66	37.67	39.56	16.32	10.01	22.12	45.02	52.32	38.31
1994	38.76	37.48	39.93	16.09	9.86	21.74	45.14	52.67	38.33
1995	38.77	37.30	40.09	15.81	9.66	21.34	45.42	53.04	38.57
1996	38.50	36.91	39.93	15.69	9.56	21.20	45.82	53.53	38.87
1997	38.11	36.47	39.60	15.64	9.50	21.21	46.25	54.03	39.18

续表

年份	农业就业率（%）	女性农业就业百分比（%）	男性农业就业百分比（%）	工业就业率（%）	女性工业就业百分比（%）	男性工业就业百分比（%）	服务业就业率（%）	女性服务业就业百分比（%）	男性服务业就业百分比（%）
1998	37.72	36.07	39.23	15.58	9.42	21.21	46.70	54.51	39.56
1999	37.38	35.56	39.06	15.66	9.47	21.35	46.96	54.97	39.60
2000	36.60	35.00	38.07	15.99	9.60	21.91	47.41	55.40	40.02
2001	35.52	34.19	36.76	16.33	9.73	22.46	48.15	56.08	40.78
2002	35.48	34.67	36.23	16.28	9.70	22.37	48.24	55.62	41.41
2003	35.25	34.01	36.41	16.96	10.17	23.26	47.78	55.82	40.33
2004	33.50	31.96	34.93	17.41	10.39	23.90	49.09	57.65	41.18
2005	32.41	31.32	33.42	18.00	10.90	24.58	49.59	57.78	42.00
2006	31.54	30.16	32.83	18.43	11.53	24.85	50.03	58.31	42.32
2007	31.22	29.71	32.63	18.93	11.97	25.43	49.85	58.33	41.94
2008	30.16	29.15	31.10	18.93	11.53	25.88	50.92	59.32	43.01
2009	29.02	28.38	29.62	18.64	11.11	25.71	52.34	60.51	44.67
2010	28.28	27.41	29.11	18.71	11.43	25.56	53.01	61.17	45.34
2011	26.45	26.26	26.63	18.97	11.43	26.06	54.58	62.31	47.32
2012	25.54	25.00	26.04	19.39	11.60	26.64	55.07	63.40	47.32
2013	24.19	23.23	25.09	19.82	12.18	27.01	55.99	64.58	47.90
2014	20.95	20.05	21.79	20.27	11.87	28.14	58.78	68.07	50.07
2015	18.01	17.09	18.87	20.56	11.49	29.03	61.43	71.42	52.10
2016	17.45	16.17	18.64	20.46	11.48	28.76	62.09	72.35	52.60
2017	16.87	15.43	18.18	20.43	11.38	28.73	62.70	73.19	53.09
2018	16.26	14.77	17.63	20.43	11.29	28.81	63.30	73.94	53.56

注：根据国际劳工组织估算模型结果。

（二）吉尔吉斯斯坦

吉尔吉斯斯坦国民经济以多种所有制为基础，独立之初以农牧业为主，工业基础相对薄弱，主要生产原材料。但是随着被各方普遍认为“激进式”的经济体制改革，吉尔吉斯斯坦经济基本上形成了开放的市场经济模式，随之各产业结构也发生了比较大的调整。

吉尔吉斯斯坦水资源十分丰富，国土面积的4.4%均由水域覆盖，被誉为中亚地区五国的“水塔”，为本国的农业发展提供了便利条件。吉尔吉斯斯坦是一个种植业与畜牧业并重的国家，农业在国民经济中占有重要地位，半数以上的人口从事农业生产和农业服务。1992～1996 年农业产值增值占 GDP 的比重从 37.3%上升到 46.3%；1996 年，国家开始实行农业私有化改革，自此之后农业产值在 GDP 中比重逐年下降，到 2018 年所占比重已经降至 11.6%。本国主要种植玉米、小麦、燕麦、棉花、盐业和蔬菜等粮食作物以及经济作物，以土地密集型产品为主①。畜牧业历史悠久且较为发达，天然牧场和天然割草场以及充足的日照提供了畜牧业发展的得天独厚的条件，吉尔吉斯斯坦是中亚畜牧业大国，主要产品集中在牛羊肉等活动物产品和皮、毛、蛋奶等畜产品上。农业总就业率和男女就业率均呈现先增加后逐年下降的倒“U”形趋势，分界点是 2000 年，男女农业就业率很接近。1992 年农业就业率为 38.2%，2000 年为 53.1%，2018 年为 21.97%。

吉尔吉斯斯坦工业产值占 GDP 比重呈现波动趋势，这和不同时期国际能源市场供需和价格波动密切相关。主要工业涉及采矿、电力、燃料、化工、有色金属、机器制造、木材加工、建材、轻工业和农产品、食品加工业，是以黄金生产和开采促进国内经济发展效果最明显的国家。1992～1996 年呈现出占 GDP 比重下降的趋势，从 36.1%下降到 17%；1998～2000 年呈现出占 GDP 比重上升的趋势，从 21.1%上升到 29.2%；2001～2007 年呈现出占 GDP 比重下降的趋势，从 26.8%下降到 16.7%；2008 年之后，工业产值占 GDP 比重整体在波动中上升，到 2018 年为 27.5%。据吉尔吉斯斯坦共和国国家工业、土地和矿产资源部报告显示，2019 年吉尔吉斯斯坦工业产值为 2497 亿索姆，涨幅为 9.6%。产值增加的主要原因为黄金产量增加了 18.9%。去除黄金产业的份额，工业产值为 1323 亿索姆，涨幅为 1.1%。其中生产减少的部分为中大炼油厂产值减少 46%，纸类制品减少 63.1%。产值增加的领域有采矿业涨幅 29.4%，服装和纺织品涨幅 18.7%，原油和天然气涨幅 13.1%，机械零件产业涨幅 22.9%。总体而言，2019 年包括采矿冶金业在内的工业生产呈现出积极的发展态势。吉尔吉斯斯坦工业总就业率和男女就业率均呈现先下降后逐年上升的“U”形趋势，分界点是 2001 年，男性就业率高于女性。1992 年工业就业率为 22.53%，2001 年为 10.35%，2018 年为 23.60%。2018 年男性工业就业率为 29.85%，女性为 13.55%。

吉尔吉斯斯坦服务业呈现出逐年增加的态势，从 1992 年占 GDP 比重的 23%上涨到 2018 年的 49.8%，目前为吉尔吉斯斯坦占 GDP 比重最大的产业。除了少

① 李志芳等．吉尔吉斯斯坦农业发展概况［J］．世界农业，2015（4）：124－128.

数战略领域外，吉尔吉斯斯坦服务业整体市场几乎完全开放，对各个领域、各种方式的服务市场准入不设任何限制。本国服务业的发展主要归功于批发与零售贸易的增长、运输与通信体系的完善方面。2018 年，吉尔吉斯斯坦服务业市场总量为 7249. 24 亿索姆，同比增长 4. 9%。其中贸易、汽车与生活用品维修的市场总额为 5536. 23 亿索姆，同比增长 5. 5%；宾馆饭店的市场总额为 238. 34 亿索姆，同比增长 7. 6%。吉尔吉斯斯坦服务业总就业率和男女就业率均呈现逐年上升趋势，女性就业率高于男性就业率。1992 年服务业就业率为 39. 30%，2018 年服务就业率为 54. 44%。2018 年女性服务业就业率为 65. 33%，男性服务就业率为 47. 66%。

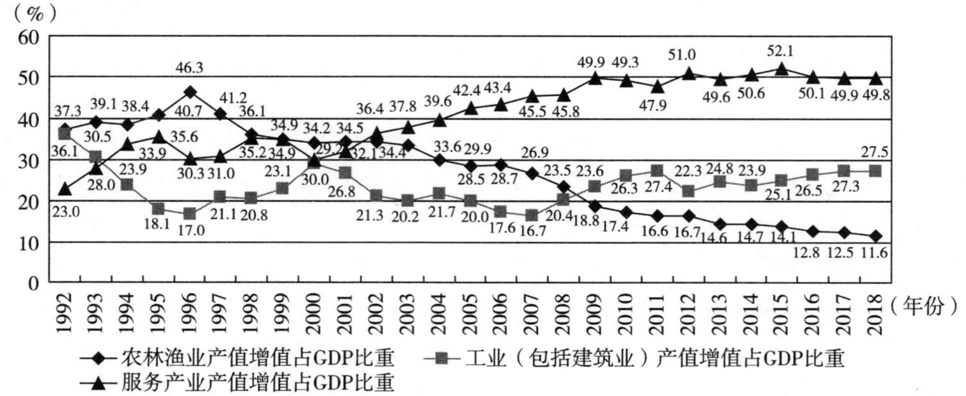

图 4 – 7　1992 ~ 2018 年吉尔吉斯斯坦三大产业占 GDP 比重变化情况

表 4 – 3　1992 ~ 2018 年吉尔吉斯斯坦各产业产值变化情况

年份	农林渔业产值增值（亿美元）	农林渔业产值增值占 GDP 比重（%）	农林渔业产值增值年增长率（%）	工业（包括建筑业）产值增值（亿美元）	工业（包括建筑业）产值增值占 GDP 比重（%）	工业（包括建筑业）产值增值年增长率（%）	制造业产值增值（亿美元）	中高技术产业（含建筑业）占制造业增加值比重（%）	服务产业产值增值（亿美元）	服务产业产值增值占 GDP 比重（%）	服务产业产值增值年增长率（%）
1992	8. 6	37. 3	–2. 6	8. 4	36. 1	–26. 1	7. 4	22. 5	5. 3	23. 0	–9. 2
1993	7. 9	39. 1	–8. 6	6. 2	30. 5	–22. 9	5. 1	20. 3	5. 7	28. 0	–15. 2
1994	6. 4	38. 4	–8. 6	4. 0	23. 9	–37. 3	3. 4	15. 0	5. 7	33. 9	–16. 6
1995	6. 8	40. 7	–2. 0	3. 0	18. 1	–12. 3	1. 4	15. 0	5. 9	35. 6	–4. 6
1996	8. 5	46. 3	15. 2	3. 1	17. 0	2. 6	1. 4	13. 9	5. 5	30. 3	–0. 9

续表

年份	农林渔业产值增值（亿美元）	农林渔业产值增值占GDP比重（%）	农林渔业产值增值年增长率（%）	工业（包括建筑业）产值增值（亿美元）	工业（包括建筑业）产值增值占GDP比重（%）	工业（包括建筑业）产值增值年增长率（%）	制造业产值增值（亿美元）	中高技术产业（含建筑业）占制造业增加值比重（%）	服务产业产值增值（亿美元）	服务产业产值增值占GDP比重（%）	服务产业产值增值年增长率（%）
1997	7.3	41.2	12.3	3.7	21.1	19.8	2.4	5.5	5.5	31.0	-0.2
1998	5.9	36.1	2.9	3.4	20.8	-1.8	2.3	5.9	5.8	35.2	3.9
1999	4.4	34.9	8.2	2.9	23.1	-3.8	1.6	5.9	4.3	34.7	3.1
2000	4.7	34.2	2.7	4.0	29.2	10.2	2.5	5.9	4.1	30.0	5.3
2001	5.3	34.5	7.3	4.1	26.8	4.5	2.7	5.9	4.9	32.1	3.6
2002	5.5	34.4	3.1	3.4	21.3	-9.0	2.1	5.7	5.8	36.4	4.2
2003	6.5	33.6	3.2	3.9	20.2	12.7	2.5	4.9	7.2	37.8	7.4
2004	6.6	29.9	4.1	4.8	21.7	3.0	3.4	7.8	8.8	39.6	11.7
2005	7.0	28.5	-4.2	4.9	20.0	-9.8	3.2	6.0	10.4	42.4	8.4
2006	8.1	28.7	1.7	5.0	17.6	-7.0	3.1	6.6	12.3	43.4	9.4
2007	10.2	26.9	1.6	6.3	16.7	10.3	3.8	8.9	17.3	45.5	12.5
2008	12.1	23.5	0.9	10.5	20.4	14.0	6.8	6.1	23.5	45.8	10.8
2009	8.8	18.8	6.7	11.1	23.6	-0.3	6.7	4.4	23.4	49.9	2.4
2010	8.4	17.4	-2.6	12.6	26.3	2.5	8.1	3.4	23.7	49.3	-1.2
2011	10.3	16.6	1.8	17.0	27.4	7.3	11.3	3.7	29.7	47.9	6.9
2012	11.0	16.7	1.2	14.7	22.3	-11.4	8.0	6.7	33.7	51.0	6.3
2013	10.7	14.6	2.7	18.2	24.8	30.2	11.6	6.6	36.4	49.6	4.8
2014	11.0	14.7	-0.5	17.8	23.9	5.7	10.2	4.1	37.8	50.6	4.5
2015	9.4	14.1	6.2	16.7	25.1	2.9	9.4	3.0	34.8	52.1	3.6
2016	8.7	12.8	2.9	18.1	26.5	7.1	10.5	2.7	34.2	50.1	3.3
2017	9.6	12.5	2.2	21.0	27.3	8.6	11.5	2.7	38.1	49.9	3.3
2018	9.4	11.6	2.7	22.2	27.5	6.2	12.3	—	—	49.8	2.1

表 4-4　1992~2018 年吉尔吉斯斯坦各产业就业情况

年份	农业就业率（%）	女性农业就业比重（%）	男性农业就业比重（%）	工业就业率（%）	女性工业就业比重（%）	男性工业就业比重（%）	服务业就业率（%）	女性服务业就业比重（%）	男性服务业就业比重（%）
1992	38. 16	38. 69	37. 78	22. 53	17. 13	26. 56	39. 30	44. 19	35. 67
1993	38. 98	38. 97	38. 98	21. 35	16. 35	25. 15	39. 68	44. 68	35. 87
1994	41. 98	41. 77	42. 15	19. 34	14. 76	22. 96	38. 68	43. 47	34. 89
1995	47. 19	47. 12	47. 25	16. 72	12. 54	20. 05	36. 09	40. 35	32. 70
1996	47. 15	47. 37	46. 97	14. 58	10. 76	17. 57	38. 28	41. 87	35. 46
1997	48. 28	48. 65	48. 00	13. 53	9. 99	16. 28	38. 18	41. 36	35. 72
1998	49. 00	48. 91	49. 07	13. 05	10. 21	15. 26	37. 95	40. 89	35. 67
1999	52. 39	53. 21	51. 76	11. 55	8. 37	14. 01	36. 06	38. 42	34. 23
2000	53. 08	54. 78	51. 76	10. 47	7. 24	12. 96	36. 45	37. 97	35. 28
2001	52. 92	54. 79	51. 49	10. 35	7. 05	12. 87	36. 73	38. 16	35. 64
2002	49. 10	48. 67	49. 43	11. 98	7. 43	15. 44	38. 91	43. 90	35. 13
2003	43. 24	42. 99	43. 43	15. 01	9. 90	18. 85	41. 75	47. 12	37. 72
2004	38. 91	38. 69	39. 07	17. 57	10. 91	22. 52	43. 52	50. 40	38. 41
2005	38. 50	37. 34	39. 34	17. 58	10. 26	22. 90	43. 92	52. 40	37. 76
2006	36. 27	35. 35	36. 93	19. 40	10. 74	25. 66	44. 33	53. 91	37. 41
2007	34. 49	33. 88	34. 92	20. 28	10. 98	26. 94	45. 24	55. 13	38. 14
2008	34. 02	33. 79	34. 18	20. 65	10. 98	27. 55	45. 33	55. 24	38. 27
2009	32. 99	32. 75	33. 17	21. 04	11. 06	28. 14	45. 97	56. 20	38. 69
2010	32. 34	31. 80	32. 71	20. 98	11. 10	27. 89	46. 68	57. 10	39. 40
2011	31. 06	30. 60	31. 38	21. 40	11. 24	28. 52	47. 54	58. 16	40. 10
2012	30. 09	29. 59	30. 44	21. 71	11. 37	28. 86	48. 20	59. 04	40. 70
2013	31. 67	32. 92	30. 85	20. 20	11. 04	26. 26	48. 13	56. 04	42. 90
2014	31. 59	34. 47	29. 61	20. 43	11. 64	26. 48	47. 98	53. 89	43. 92
2015	29. 31	31. 95	27. 52	20. 90	10. 78	27. 74	49. 79	57. 27	44. 73
2016	26. 79	27. 83	26. 11	22. 09	11. 36	29. 14	51. 12	60. 81	44. 76
2017	23. 03	22. 25	23. 51	23. 15	12. 91	29. 52	53. 83	64. 85	46. 96
2018	21. 97	21. 12	22. 49	23. 60	13. 55	29. 85	54. 44	65. 33	47. 66

（三）塔吉克斯坦

塔吉克斯坦经济自1997年内战结束后开始恢复和发展，在国际社会的援助下经济保持较快增长，产业结构得到不断调整，对经济增长的贡献持续改善。变动趋势表现为第三产业增加值比重逐步提高，对经济增长起到主导作用。

塔吉克斯坦是以农业生产为主的国家，农业占GDP比重表现为波动中下降的态势，1992年为29.5%，1992~2003年先上升后下降，2004年开始，呈现出小幅波动的情况，占GDP比重基本维持在20左右，2018年农业占GDP比重为19.2%。在农业结构中，种植业占有重要地位。粮食作物主要有小麦、黑麦、水稻、大麦、燕麦和玉米。在经济作物方面，塔吉克斯坦农业以种植优质细纤维棉花为主，在国民经济中举足轻重，且养蚕业较发达。塔吉克斯坦畜牧业以养牛业和养羊业为主，养牛业和养羊业是畜牧业中的传统部门，主要提供肉、奶、皮等畜产品。此外，还有一定数量的养禽业和养马业。塔吉克斯坦的气候及水质条件适合多种鱼类生长，主要为池塘和湖养鱼。同时，农业分为个体经济、集体农庄和公有经济；农业私有化改造之后，个体经济已逐渐占据塔吉克斯坦农牧业的主要地位。塔吉克斯坦农业就业率比工业和服务业都高，基本占到50%左右，但是农业总就业率和男女就业率均呈现逐年下降趋势，女性就业率要远高于男性就业率。1992年农业就业率为57.1%，2018年农业就业率为45.8%；2018年女性就业率为61.2%，男性就业率为36.4%，女性是男性的两倍。

塔吉克斯坦工业主要部门有采矿业、轻工、食品、有色冶金、化工、机器制造和电子工业。塔吉克斯坦工业产值占GDP比重的比例呈现出比较明显的波动趋势，1992~1998年从49.6%下降到25%，1998~2001年小幅上升至36.2%，随后连年下降，到2012年为最低点22%，随后连年小幅上升，2018年工业产值占GDP比重达到27.4%。塔吉克斯坦2019年工业生产总额达到276亿索莫尼，涨幅达13.6%。塔吉克斯坦共有249种国产工业主要产品，较2018年种类增加159种。此外，还新增了27种2018年没有生产的产品种类。与2018年相比，有59种工业产品的产量有所下降。工业产值近年来连年增加使得塔吉克斯坦GDP实现增长，被认为是实现本国第四项战略目标——塔吉克斯坦工业化所取得的阶段性成果①。塔吉克斯坦工业就业率是三大产业中最低的，且总就业率和男女就业率均呈现逐年小幅下降态势，男性就业率要高于女性。1992年工业就业率为20.1%，2018年工业就业率为15.5%；2018年女性就业率为7.1%，男性就业率为20.6%。

① 中国驻塔吉克斯坦大使馆经济商务处。

塔吉克斯坦服务业占 GDP 比重呈逐年上升趋势，受经济结构调整和居民收入购买力的增强影响，发展势头迅猛，1992 年所占比重为 28.6%，后经历了“下降—上升”的波动，1995 年比重降至 21.2%，1998 年升至 42.3%，2001 年又降至 31.2%；2003 年之后逐年稳定增加，2009 年达到历史高点 47%，2018 年比重维持在 42.1%，从 2004 年开始超过工业成为国内第一大产业并维持至今。但是服务部门发展基础比较薄弱和落后，且极易受外部环境的影响。塔吉克斯坦服务部门发展基本上停留在传统阶段，现代服务部门，如金融保险业、现代物流业、电子商务行业等还没有发展起来。以金融行业为例，金融体系发展滞后，不能有力地促进经济增长。塔吉克斯坦服务业总就业率和男女就业率均呈现逐年上升态势，男性就业率要高于女性。1992 年就业率为 22.8%，2018 年就业率为 38.7%；2018 年女性就业率为 31.66%，男性就业率为 43.04%。

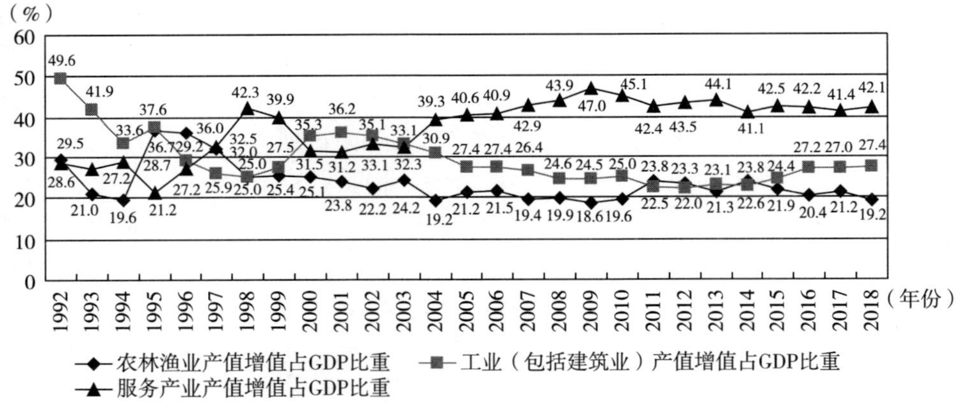

图 4-8　1992～2018 年塔吉克斯坦三大产业占 GDP 比重变化情况

表 4-5　1992～2018 年塔吉克斯坦各产业产值变化情况

年份	农林渔业产值增值（亿美元）	农林渔业产值增值占GDP比重（%）	农林渔业产值增值年增长率（%）	工业（包括建筑业）产值增值（亿美元）	工业（包括建筑业）产值增值占GDP比重（%）	工业（包括建筑业）产值增值年增长率（%）	制造业产值增值（亿美元）	中高技术产业（含建筑业）占制造业增加值比重（%）	服务产业产值增值（亿美元）	服务产业产值增值占GDP比重（%）	服务产业产值增值年增长率（%）
1992	5.6	29.5	-26.7	9.5	49.6	-28.5	7.0	2.70	5.5	28.6	-29.3
1993	3.5	21.0	-4.4	6.9	41.9	-10.1	4.8	2.70	4.5	27.2	-18.6
1994	3.0	19.6	-8.4	5.1	33.6	-26.0	3.5	2.70	3.8	28.7	-22.4

续表

年份	农林渔业产值增值（亿美元）	农林渔业产值增值占GDP比重（%）	农林渔业产值增值年增长率（%）	工业（包括建筑业）产值增值（亿美元）	工业（包括建筑业）产值增值占GDP比重（%）	工业（包括建筑业）产值增值年增长率（%）	制造业产值增值（亿美元）	中高技术产业（含建筑业）占制造业增加值比重（%）	服务产业产值增值（亿美元）	服务产业产值增值占GDP比重（%）	服务产业产值增值年增长率（%）
1995	4.5	36.7	-13.4	4.6	37.6	-13.6	3.3	2.70	2.6	21.2	-12.1
1996	3.8	36.0	-17.8	3.0	29.2	-21.9	2.0	2.70	2.8	27.2	-15.9
1997	3.0	32.0	3.6	2.4	25.9	-1.9	1.9	2.70	3.0	32.5	1.9
1998	3.3	25.1	6.3	3.3	25.0	7.3	2.6	2.70	5.6	42.3	4.9
1999	2.8	25.4	3.1	3.0	27.5	5.4	2.1	2.70	4.3	39.9	3.6
2000	2.2	25.1	12.9	3.0	35.3	8.7	—	2.70	2.7	31.5	7.4
2001	2.6	23.8	6.6	3.9	36.2	14.3	—	2.70	3.4	31.2	7.9
2002	2.7	22.2	16.8	4.3	35.1	8.1	—	2.70	4.0	33.1	9.6
2003	3.8	24.2	9.0	5.2	33.1	9.9	—	2.70	5.0	32.3	13.6
2004	4.0	19.2	11.3	6.4	30.9	14.6	—	2.70	8.2	39.3	15.2
2005	4.9	21.2	1.6	6.3	27.4	10.1	—	2.53	9.4	40.6	10.9
2006	6.1	21.5	5.4	7.7	27.4	5.5	—	3.28	11.6	40.9	10.9
2007	7.2	19.4	6.5	9.8	26.4	10.0	—	1.26	15.9	42.9	23.6
2008	10.3	19.9	7.9	12.7	24.6	-3.3	—	2.61	22.7	43.9	18.7
2009	9.2	18.6	10.5	12.2	24.5	-6.8	—	2.61	23.4	47.0	6.3
2010	11.1	19.6	6.8	14.1	25.0	9.8	—	3.65	25.4	45.1	10.7
2011	15.5	23.8	7.9	14.7	22.5	5.9	6.3	3.65	27.7	42.4	7.8
2012	17.8	23.3	10.4	16.8	22.0	8.7	7.2	2.95	33.2	43.5	5.8
2013	18.0	21.3	7.6	19.5	23.1	4.3	7.8	2.49	38.4	44.1	5.3
2014	21.7	23.8	4.5	20.6	22.6	5.8	6.9	1.86	38.5	41.1	10.1
2015	17.2	21.9	3.2	19.2	24.4	11.6	6.8	2.19	33.4	42.5	4.2
2016	14.2	20.4	5.2	18.9	27.2	16.2	6.8	2.19	29.4	42.2	1.1
2017	15.2	21.2	6.8	19.3	27.0	20.5	7.2	2.19	—	41.4	2.9
2018	14.4	19.2	4.0	20.6	27.4	10.4	7.9	—	—	42.1	7.0

表 4－6　1992～2018 年塔吉克斯坦各产业就业情况

年份	农业就业率（%）	女性农业就业比重（%）	男性农业就业比重（%）	工业就业率（%）	女性工业就业比重（%）	男性工业就业比重（%）	服务业就业率（%）	女性服务业就业比重（%）	男性服务业就业比重（%）
1992	57.08	78.64	45.07	20.08	5.66	28.11	22.84	15.70	26.82
1993	57.88	78.81	46.17	19.25	5.43	26.99	22.87	15.76	26.84
1994	58.95	79.08	47.65	18.25	5.14	25.61	22.80	15.78	26.74
1995	60.02	79.28	49.16	17.02	4.86	23.88	22.96	15.86	26.96
1996	61.24	79.56	50.85	15.88	4.55	22.29	22.89	15.89	26.85
1997	61.35	79.55	51.01	15.61	4.41	21.98	23.04	16.03	27.02
1998	61.04	79.32	50.60	15.59	4.33	22.03	23.36	16.35	27.37
1999	60.82	79.13	50.30	15.56	4.25	22.05	23.63	16.62	27.65
2000	60.24	78.90	49.53	15.77	4.23	22.40	23.99	16.88	28.07
2001	59.15	78.30	48.12	16.32	4.29	23.25	24.53	17.41	28.63
2002	58.03	77.68	46.70	16.85	4.36	24.05	25.11	17.95	29.25
2003	56.79	76.98	45.15	17.49	4.46	25.00	25.72	18.57	29.85
2004	55.71	76.33	43.73	17.99	4.53	25.81	26.30	19.14	30.47
2005	55.47	75.27	44.14	17.18	4.52	24.44	27.34	20.21	31.42
2006	55.03	74.13	44.30	16.68	4.58	23.48	28.29	21.29	32.22
2007	54.41	72.85	44.26	16.34	4.69	22.76	29.25	22.47	32.98
2008	53.71	71.47	44.12	16.08	4.83	22.16	30.21	23.70	33.72
2009	53.13	70.02	44.09	15.69	5.01	21.42	31.17	24.97	34.50
2010	52.43	69.22	43.29	15.63	5.16	21.33	31.94	25.62	35.38
2011	51.76	68.36	42.55	15.39	5.32	20.97	32.85	26.31	36.48
2012	50.91	67.40	41.58	15.41	5.52	21.00	33.68	27.08	37.42
2013	49.95	66.36	40.46	15.59	5.75	21.29	34.46	27.89	38.26
2014	49.11	65.31	39.53	15.54	5.97	21.21	35.34	28.72	39.26
2015	48.31	64.27	38.64	15.57	6.23	21.24	36.12	29.50	40.13
2016	47.43	63.21	37.62	15.69	6.52	21.39	36.88	30.27	40.99
2017	46.65	62.25	37.07	15.48	6.80	20.81	37.87	30.95	42.12
2018	45.76	61.22	36.36	15.50	7.11	20.60	38.74	31.66	43.04

（四）土库曼斯坦

土库曼斯坦虽然是世界上最干旱的地区之一，但自然资源丰富，盛产石油、天然气、芒硝、碘、有色金属及稀有金属、建筑原材料、棉花等。石油天然气资源丰富，为该国的支柱产业，天然气储备列世界第四。据土库曼斯坦官方统计，在其80%的领土上蕴藏着丰富的石油、天然气等重要能源。土库曼斯坦所属里海领域的油气资源更是世界各国关注的焦点，被西方国家称为21世纪的能源基地，在“能源大博弈”中占据十分重要的战略地位（赵乔和王彬，2018）。可见，土库曼斯坦的产业对自然资源有较强的依赖性，属于比较典型的资源型经济，产业结构单一，重工业发达而轻工业比较落后。

与农业和服务业相比，土库曼斯坦工业产值占GDP比重居于首位，占据国内生产总值的半壁江山。占GDP比重变化趋势呈现出“大幅增加—下降—平稳—大幅增加”的趋势，独立初期从1992年的12.2%快速增加至1996年的65.2%，之后下降到2000年的41%，并在2000~2007年保持了38%左右的比重；2008年开始大幅增加，2008年工业占GDP比重为60.6%，此后一直高位运行，2015年占GDP比重为60%。根据土库曼斯坦政府部门最新数据显示，2019年1~11月，制成品产值同比增长6.9%，石油加工完成计划的101.1%，汽油、柴油和液化气生产分别完成计划的100.1%、101.7%和100.3%；工业和通信部门完成生产和服务计划的120%，纺织工业部门产值增长43%；公路、铁路、航空和海运的货运量同比增长3.3%，客运量增长0.5%；建筑业完成生产计划的100.3%；工业家和企业家联盟所属企业工业产品产值增长16.3%。同时，土库曼斯坦工业就业率呈现出先下降后快速增加的形势，1992年工业就业率为38%，2003年为35.9%，2018年升至42.2%。男性就业率高于女性，2018年男性就业率为45%，女性就业率为38%。

土库曼斯坦农业产值占GDP比重呈先增加后下降的态势，1992年占GDP比重为10.9%，1998年达到历史最高点25.2%，后小幅下降至2007年为18.9%，从2008年开始比重下降到个位数，到2015年比重占GDP降至9.3%。主要种植棉花、小麦和稻米，亦有畜牧业（阿哈尔捷金马等）。土库曼斯坦人善于编织地毯，以细羊毛编织的地毯闻名于世。独立后制订发展经济的“十年稳定”纲领和“1000天计划”，分阶段进行以承包责任制为主的农村改革和企业私有化进程，逐步向市场经济过渡。根据土库曼斯坦政府部门最新数据显示，2019年1~11月，农工综合体产值同比增长7.8%，农业和环保部门产值增长7.2%，农产品和食品产值增加16.4%，食品出口总量同比增长45.2%。土库曼斯坦农业就业率和男女就业率逐年下降，1992年就业率为31.3%，2018年就业率为

20.3%；男性就业率略高于女性，2018 年女性就业率为 19.4%，男性就业率为 20.9%。

由于世行的土库曼斯坦服务业统计数据不完整，根据 2010 年之前的数据显示，土库曼斯坦服务业占 GDP 的比重呈现出先增加后下降的趋势，从 1993 年占 GDP 的 15.5% 增加至 2006 年的 45.6%，后下降至 2010 年的 28%。土库曼斯坦服务业就业率和男女就业率逐年增加，1992 年就业率为 30.7%，2018 年就业率为 37.5%；女性就业率高于男性，2018 年女性就业率为 42.4%，男性就业率为 34.01%。

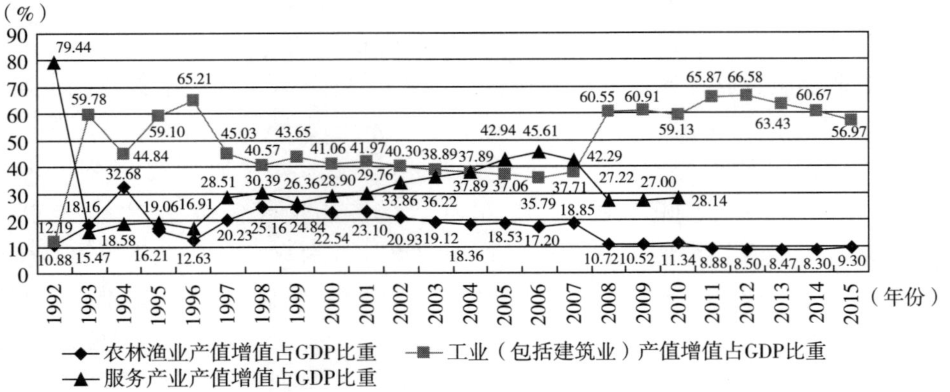

图 4-9　1992~2015 年土库曼斯坦三大产业占 GDP 比重变化情况

表 4-7　1992~2017 年土库曼斯坦各产业产值变化情况

年份	农林渔业产值增值（亿美元）	农林渔业产值增值占 GDP 比重（%）	农林渔业产值增值年增长率（%）	工业（包括建筑业）产值增值（亿美元）	工业（包括建筑业）产值增值占 GDP 比重（%）	工业（包括建筑业）产值增值年增长率（%）	制造业产值增值（亿美元）	中高技术产业（含建筑业）占制造业增加值比重（%）	服务产业产值增值（亿美元）	服务产业产值增值占 GDP 比重（%）	服务产业产值增值年增长率（%）
1992	3.48	10.88	-9.00	3.90	12.19	-15.00	—	22.49	25.42	79.44	-9.00
1993	5.77	18.16	8.00	19.01	59.78	4.00	1.64	20.29	4.92	15.47	8.00
1994	8.37	32.68	-11.00	11.48	44.84	-25.00	7.05	14.95	4.76	18.58	-11.00
1995	4.02	16.21	-7.00	14.67	59.10	-6.00	9.48	14.98	4.73	19.06	-7.00
1996	3.00	12.63	-49.00	15.51	65.21	19.00	5.76	13.87	4.02	16.91	-49.00
1997	4.96	20.23	14.00	11.03	45.03	-20.00	5.69	5.49	6.99	28.51	14.00

续表

年份	农林渔业产值增值（亿美元）	农林渔业产值增值占GDP比重（%）	农林渔业产值增值年增长率（%）	工业（包括建筑业）产值增值（亿美元）	工业（包括建筑业）产值增值占GDP比重（%）	工业（包括建筑业）产值增值年增长率（%）	制造业产值增值（亿美元）	中高技术产业（含建筑业）占制造业增加值比重（%）	服务产业产值增值（亿美元）	服务产业产值增值占GDP比重（%）	服务产业产值增值年增长率（%）
1998	6. 56	25. 16	24. 40	10. 57	40. 57	4. 70	4. 52	5. 92	7. 92	30. 39	24. 40
1999	6. 09	24. 84	25. 50	10. 70	43. 65	13. 20	4. 20	5. 89	6. 46	26. 36	13. 80
2000	6. 55	22. 54	17. 00	11. 93	41. 06	24. 40	2. 86	5. 92	8. 39	28. 90	11. 80
2001	8. 16	23. 10	23. 00	14. 84	41. 97	17. 30	4. 91	5. 92	10. 52	29. 76	22. 50
2002	9. 34	20. 93	0. 10	17. 98	40. 30	13. 20	6. 47	5. 70	15. 11	33. 86	40. 20
2003	11. 43	19. 12	0. 10	23. 24	38. 89	16. 20	10. 45	4. 92	21. 65	36. 22	24. 90
2004	12. 55	18. 36	19. 30	25. 90	37. 87	25. 80	13. 99	7. 78	26. 12	38. 19	18. 60
2005	15. 02	18. 53	13. 96	30. 04	37. 06	29. 32	—	5. 96	34. 80	42. 94	13. 60
2006	17. 67	17. 20	30. 89	36. 78	35. 79	22. 16	—	6. 64	46. 87	45. 61	7. 90
2007	23. 88	18. 85	—	47. 76	37. 71	—	—	8. 92	53. 56	42. 29	—
2008	20. 66	10. 72	—	116. 68	60. 55	—	—	6. 14	52. 45	27. 22	—
2009	21. 26	10. 52	—	123. 13	60. 91	—	—	4. 39	54. 58	27. 00	—
2010	25. 61	11. 34	—	133. 54	59. 13	—	—	3. 45	63. 56	28. 14	—
2011	25. 97	8. 88	—	192. 56	65. 87	—	—	3. 71	—	—	—
2012	29. 89	8. 50	—	234. 12	66. 58	—	—	6. 74	—	—	—
2013	33. 22	8. 47	—	248. 62	63. 43	—	—	6. 61	—	—	—
2014	36. 11	8. 30	—	264. 06	60. 67	—	—	4. 13	—	—	—
2015	33. 29	9. 30	—	203. 94	56. 97	—	—	2. 96	—	—	—
2016	—	—	—	—	—	—	—	2. 71	—	—	—
2017	—	—	—	—	—	—	—	2. 71	—	—	—

表4-8 1992~2018年土库曼斯坦各产业就业情况

年份	农业就业率（%）	女性农业就业比重（%）	男性农业就业比重（%）	工业就业率（%）	女性工业就业比重（%）	男性工业就业比重（%）	服务业就业率（%）	女性服务业就业比重（%）	男性服务业就业比重（%）
1992	31.29	27.68	33.85	37.99	39.27	37.08	30.73	33.05	29.07
1993	31.21	27.62	33.78	37.82	39.02	36.96	30.97	33.36	29.26
1994	31.13	27.47	33.81	37.49	38.69	36.62	31.38	33.84	29.57
1995	31.02	27.35	33.75	37.24	38.37	36.40	31.74	34.28	29.85
1996	31.04	27.29	33.85	36.86	38.02	35.98	32.10	34.69	30.17
1997	30.95	26.87	34.04	36.13	37.56	35.05	32.92	35.57	30.92
1998	30.40	26.07	33.67	36.09	37.53	34.99	33.51	36.39	31.33
1999	30.32	26.27	33.38	36.10	37.24	35.24	33.58	36.49	31.38
2000	30.33	26.50	33.22	36.02	36.89	35.36	33.65	36.62	31.42
2001	29.98	26.05	32.93	36.05	36.79	35.49	33.97	37.16	31.58
2002	29.52	25.70	32.41	35.90	36.50	35.45	34.58	37.80	32.14
2003	29.06	25.34	31.87	35.94	36.35	35.63	35.00	38.31	32.51
2004	28.58	24.93	31.33	36.03	36.27	35.84	35.40	38.81	32.83
2005	28.09	24.68	30.65	36.29	36.24	36.32	35.63	39.08	33.03
2006	27.62	24.48	29.96	36.58	36.23	36.85	35.80	39.29	33.19
2007	26.86	24.23	28.82	37.46	36.47	38.20	35.68	39.30	32.98
2008	26.11	24.06	27.63	38.46	36.75	39.72	35.42	39.19	32.65
2009	25.32	23.31	26.81	38.86	36.94	40.26	35.82	39.75	32.93
2010	24.81	22.85	26.25	39.15	37.06	40.68	36.03	40.08	33.07
2011	24.24	22.78	25.30	39.89	37.23	41.83	35.87	40.00	32.86
2012	23.62	22.36	24.53	40.38	37.40	42.55	36.00	40.23	32.92
2013	23.05	21.92	23.86	40.69	37.52	42.99	36.26	40.57	33.14
2014	22.41	21.42	23.13	41.04	37.65	43.49	36.54	40.93	33.38
2015	21.86	20.80	22.62	41.23	37.78	43.72	36.92	41.43	33.67
2016	21.18	20.18	21.90	41.70	38.00	44.36	37.12	41.82	33.74
2017	20.81	19.86	21.49	41.90	38.06	44.66	37.29	42.08	33.86
2018	20.32	19.44	20.94	42.16	38.15	45.04	37.52	42.40	34.01

（五）乌兹别克斯坦

乌兹别克斯坦的第一、第二、第三产业近年来占 GDP 比重逐渐比较接近，国民经济支柱产业是“四金”：黄金、“白金”（棉花）、“黑金”（石油）、“蓝金”（天然气）。乌兹别克斯坦农业、畜牧业相对比较发达，工业在中亚地区占有举足轻重的地位，天然气、机械制造、有色金属、黑色金属、轻纺和丝绸等工业都比较发达。但经济结构单一，加工工业较为落后，轻工业不发达。

乌兹别克斯坦所处气候带有利于发展农业经济，农业支柱产业是棉花种植业、桑蚕业、畜牧业、蔬菜瓜果种植业。乌兹别克斯坦是世界主要的棉花生产大国，棉花年产量居世界前十位，被誉为“白金之国”，该国最大的生产部门和出口产品均为棉花。虽然乌兹别克斯坦一开始就选择了经济多元化的发展道路，但当初并没有重视利用丰富的棉花原料和果蔬产品发展相关加工业，从 2004 年起逐步形成系统的纺织业发展政策。根据经济部公布的预测数据，至 2021 年，将实现所产棉花 100% 国产化加工。乌兹别克斯坦畜牧业较发达，以养羊为主，养蚕业也较发达。农业产值增值占 GDP 比重呈现出波动的趋势，1992 年比重为 35.1%，2009 年达到历史最低点 18.6%，后持续小幅增长，2018 年占 GDP 比重为 28.8%。乌兹别克斯坦的农业就业率和男女就业率逐年下降，1992 年就业率为 41.1%，2018 年就业率为 24.6%；女性就业率略高于男性就业率，2018 年女性就业率为 25.3%，男性就业率为 24.1%。

乌兹别克斯坦工业产业结构调整首先是侧重于传统工业部门的产品多样化生产。如化学工业，乌兹别克斯坦化工业企业分布在全国多个地州市，是主要的出口创汇部门；但是也存在无法解决国内多样化需求的产品种类和化工原材料未得到充分利用的问题。因此，乌兹别克斯坦采取矿物原料的深加工、扩大出口导向的化工产品生产规模及其产品种类的 2017～2021 年发展规划，以满足国民经济各部门对化工材料和产品的需求。同时，将高新技术产业纳入整体产业发展规划，乌兹别克斯坦从 2005 年起将信息技术列入享受投资优惠政策的产业目录中。总统米尔济约耶夫执政后采取包括从立法到国际合作在内的多项措施着手发展国防工业、核能工业和航天航空工业。但因涉及行业众多且对私人和外国资本的吸引力以及国家安全影响程度的差异，近年来将高新技术产业政策与传统产业部门的政策相剥离。各高新技术产业部门根据行业特点分别立法和制定发展规划。高新技术产业享受的财税支持政策在具体行业上有差别（韩增华、薛凤珍，2018）。乌兹别克斯坦工业占 GDP 比重也呈现出“下降—上升”的两轮波动趋势，1992 年工业占 GDP 比重为 36.1%，2002 年降至 19.4%，2009 年上升至 30.4%，2018 年为 28.4%。乌兹别克斯坦工业就业率和男女就业率逐年上升，1992 年就业率为 24.1%，2018 年为 29%；男性就业率高于女性就业率，2018 年男性就业率为 37.5%，女性就业率为 16.9%。

在乌兹别克斯坦的产业结构中，服务业的增加值和就业人数均独占鳌头，随着经济结构调整，三大产业间比例、产业内劳动力比重不断优化，产业结构逐步向合理化迈进。但也存在内部发展不协调的问题，乌兹别克斯坦服务业中教育、健康和社会公共活动、公共管理、交通和仓储以及其他未列出的服务部门的从业人数较多，而从事其他行业的人数较少。从乌兹别克斯坦服务业占 GDP 比重来看，服务业从 1995 年开始为国内第一大产业，呈现出先增加后下降的变动趋势，1992 年占 GDP 比重为 29.6%，后逐年递增，2009 年增至 41.4%，之后所占比重逐年下降到 2018 年为 31.6%。乌兹别克斯坦服务业就业率和男女就业率逐年攀升，1992 年的就业率为 34.8%，2018 年的就业率为 46.4%；女性就业率高于男性就业率，2018 年女性就业率为 57.8%，男性就业率为 38.5%。

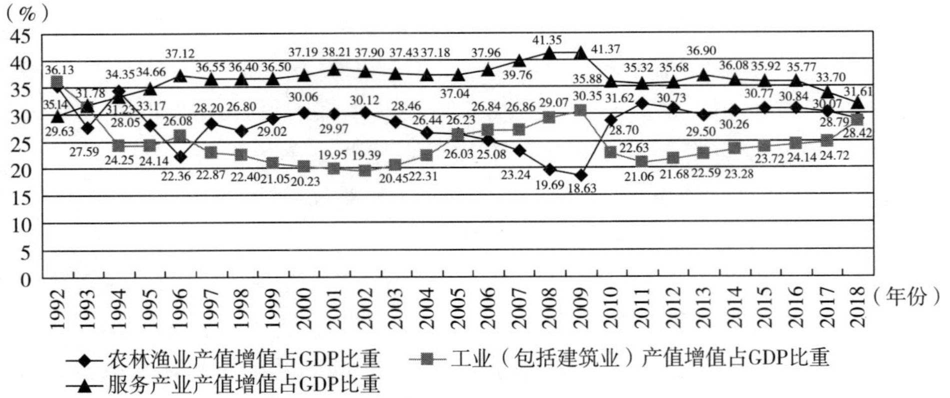

图 4-10　1992～2018 年乌兹别克斯坦三大产业占 GDP 比重变化情况

表 4-9　1992～2018 年乌兹别克斯坦各产业产值变化情况

年份	农林渔业产值增值（亿美元）	农林渔业产值增值占 GDP 比重（%）	农林渔业产值增值年增长率（%）	工业（包括建筑业）产值增值（亿美元）	工业（包括建筑业）产值增值占 GDP 比重（%）	工业（包括建筑业）产值增值年增长率（%）	制造业产值增值（亿美元）	服务产业产值增值（亿美元）	服务产业产值增值占 GDP 比重（%）	服务产业产值增值年增长率（%）
1992	45.5	35.14	-6.47	46.8	36.13	-18.94	0.0	38.3	29.63	-5.41
1993	36.1	27.59	1.50	40.9	31.23	-6.30	0.0	41.6	31.78	-2.03
1994	44.3	34.35	-3.40	31.3	24.25	-11.01	0.0	42.8	33.17	-3.12

续表

年份	农林渔业产值增值（亿美元）	农林渔业产值增值占 GDP 比重（%）	农林渔业产值增值年增长率（%）	工业（包括建筑业）产值增值（亿美元）	工业（包括建筑业）产值增值占 GDP 比重（%）	工业（包括建筑业）产值增值年增长率（%）	制造业产值增值（亿美元）	服务产业产值增值（亿美元）	服务产业产值增值占 GDP 比重（%）	服务产业产值增值年增长率（%）
1995	37. 4	28. 05	2. 00	32. 2	24. 14	-5. 15	0. 0	46. 3	34. 66	-0. 51
1996	31. 2	22. 36	-5. 70	36. 4	26. 08	1. 45	0. 0	51. 8	37. 12	4. 79
1997	41. 6	28. 20	5. 80	33. 7	22. 87	2. 66	0. 0	53. 9	36. 55	5. 32
1998	40. 2	26. 80	4. 10	33. 6	22. 40	2. 32	0. 0	54. 6	36. 40	5. 49
1999	49. 6	29. 02	5. 50	35. 9	21. 05	2. 10	0. 0	62. 3	36. 50	4. 85
2000	41. 4	30. 06	3. 16	27. 8	20. 23	1. 78	0. 0	51. 2	37. 19	5. 42
2001	34. 2	29. 97	4. 14	22. 7	19. 95	2. 90	0. 0	43. 6	38. 21	5. 11
2002	29. 2	30. 12	6. 00	18. 8	19. 39	3. 40	0. 0	37. 2	37. 90	3. 29
2003	28. 8	28. 46	6. 80	20. 7	20. 45	3. 18	0. 0	37. 9	37. 43	3. 21
2004	31. 8	26. 44	8. 33	26. 8	22. 31	5. 88	0. 0	44. 7	37. 18	7. 35
2005	37. 7	26. 33	5. 85	37. 2	26. 01	5. 32	0. 0	62. 5	37. 04	7. 56
2006	43. 5	25. 08	7. 11	46. 5	26. 84	7. 88	0. 0	65. 8	37. 96	7. 79
2007	51. 8	23. 24	6. 46	59. 9	26. 86	8. 39	0. 0	88. 7	39. 76	12. 50
2008	58. 2	19. 69	4. 72	85. 9	29. 07	6. 51	0. 0	122. 2	41. 35	12. 34
2009	62. 8	18. 63	5. 82	102. 3	30. 35	9. 89	0. 0	139. 4	41. 37	6. 78
2010	134. 0	28. 70	5. 66	105. 7	22. 63	26. 07	50. 7	167. 3	35. 88	5. 76
2011	178. 7	31. 62	6. 08	119. 0	21. 06	5. 20	61. 7	199. 8	35. 32	11. 21
2012	195. 6	30. 73	6. 96	137. 9	21. 68	7. 74	71. 1	227. 1	35. 68	8. 65
2013	203. 5	29. 50	6. 44	155. 8	22. 59	10. 16	85. 0	253. 0	36. 90	7. 62
2014	232. 0	30. 26	5. 98	178. 4	23. 28	7. 96	102. 6	273. 1	36. 08	8. 40
2015	251. 9	30. 77	6. 10	194. 1	23. 72	9. 18	110. 4	288. 4	35. 92	8. 41
2016	252. 2	30. 84	6. 17	197. 4	24. 14	6. 00	117. 6	304. 2	35. 77	6. 46
2017	177. 9	30. 07	1. 15	146. 3	24. 72	5. 47	85. 8	206. 9	33. 70	6. 29
2018	145. 4	28. 79	0. 26	143. 5	28. 42	10. 39	82. 5	0. 0	31. 61	5. 39

表 4-10 1992～2018 年乌兹别克斯坦各产业就业情况

年份	农业就业率（%）	女性农业就业比重（%）	男性农业就业比重（%）	工业就业率（%）	女性工业就业比重（%）	男性工业就业比重（%）	服务业就业率（%）	女性服务业就业比重（%）	男性服务业就业比重（%）
1992	41.12	42.63	40.04	24.09	18.30	28.18	34.79	39.07	31.78
1993	41.41	42.79	40.44	23.61	17.83	27.71	34.98	39.38	31.86
1994	41.96	43.04	41.19	22.81	17.22	26.80	35.23	39.74	32.01
1995	42.06	43.00	41.39	22.39	16.78	26.39	35.55	40.22	32.23
1996	41.93	42.79	41.32	22.11	16.39	26.19	35.96	40.81	32.49
1997	41.84	42.74	41.20	21.94	16.08	26.14	36.21	41.19	32.65
1998	41.14	41.99	40.54	21.83	15.74	26.19	37.03	42.26	33.27
1999	40.27	41.05	39.72	22.21	16.02	26.66	37.51	42.92	33.63
2000	39.94	40.77	39.35	22.18	15.76	26.81	37.88	43.47	33.84
2001	39.42	40.23	38.83	22.19	15.53	27.00	38.39	44.24	34.17
2002	38.83	39.57	38.30	22.14	15.32	27.08	39.03	45.12	34.62
2003	38.17	38.86	37.67	22.24	15.18	27.35	39.59	45.96	34.98
2004	37.18	37.95	36.62	22.56	15.15	27.93	40.26	46.90	35.45
2005	36.20	37.02	35.61	22.88	15.15	28.48	40.92	47.83	35.91
2006	35.23	36.15	34.57	23.33	15.18	29.21	41.44	48.67	36.22
2007	34.06	35.13	33.29	23.92	15.25	30.16	42.02	49.62	36.55
2008	32.99	34.15	32.17	24.44	15.37	30.95	42.56	50.49	36.88
2009	31.89	33.10	31.02	25.03	15.47	31.87	43.08	51.43	37.11
2010	30.94	32.12	30.10	25.43	15.57	32.46	43.62	52.31	37.44
2011	30.07	31.24	29.24	25.91	15.70	33.15	44.02	53.06	37.60
2012	29.20	30.38	28.37	26.36	15.79	33.83	44.44	53.83	37.80
2013	28.33	29.51	27.50	26.85	15.91	34.55	44.82	54.58	37.96
2014	27.51	28.64	26.72	27.26	16.02	35.15	45.22	55.33	38.13
2015	26.67	27.75	25.92	27.73	16.18	35.81	45.60	56.07	38.26
2016	25.93	26.91	25.25	28.15	16.35	36.38	45.92	56.74	38.37
2017	25.29	26.15	24.70	28.55	16.59	36.86	46.16	57.26	38.44
2018	24.59	25.33	24.08	29.01	16.85	37.45	46.40	57.82	38.46

三、对外贸易[①]

（一）哈萨克斯坦

哈萨克斯坦目前已与世界190多个国家和地区建立了贸易关系，2015年12月哈萨克斯坦成为世界贸易组织第162个正式成员国。

哈萨克斯坦货物和服务贸易额在2000年之前变化幅度不太大，基本维持在100亿美元以下。2000年开始大幅增加，2008年进出口贸易额达到高点，出口额为762.6亿美元，进口额为495.7亿美元，其中货物贸易出口额为711.7亿美元，服务出口额为42.9亿美元，货物进口额为378.9亿美元，服务进口额为110.1亿美元，货物和服务贸易额顺差266.9亿美元。2009年由于受到世界金融危机的影响，经历了短暂的下滑之后，2010年货物和服务贸易额继续增加。2013年达到历史高点，货物和服务出口额为913.8亿美元，进口额为634亿美元。随后几年出现波动的下降和上升趋势，2018年哈萨克斯坦货物和服务贸易出口额为673亿美元，进口额为453.6亿美元。其中，货物和服务贸易出口占GDP比重为37.5%。进口占GDP比重为25.3%，出口年增长率约为11.5%，进口年增长率为3.2%。哈萨克斯坦货物和服务贸易2003年之后均保持贸易顺差。

在出口货物贸易结构中，燃料占货物出口比重占据主导地位，1995年占货物出口比重为24.9%，2018年比重为70%。制造业占货物出口比重高于农产品和食品，同时制造业、农产品、食品、矿石和金属占货物出口比重逐年在下降。2018年，农产品、食品、矿石和金属以及制造业占货物出口比重分别为0.3%、5%、11.6%以及13.1%。在出口服务贸易结构中，运输服务比重最高，2018年运输服务占服务出口比重为56.7%。其次为旅游服务，2018年比重为32%。运输服务和旅游服务占出口的比重呈现出此消彼长的态势。保险和金融、通信计算机、信息通信技术所占服务出口比重较小。按照欧亚经济联盟（以下简称联盟）海关编码统计，与2017年相比，能矿产品和农产品出口额大幅增长，增幅分别达37%和27%，在出口结构中的占比也分别扩大6%和0.1%；能源产品出口额增幅高达39%，占比扩大15%。化工产品出口额小幅增长3%，占比下降0.9%；金属及其制品出口额和占比双双出现下降，降幅

① 本节数据来源如无特殊说明，均来自世界银行发展指数（WDI）数据库。由于加入数据表篇幅较大，相关数据见附录一。

分别为 5% 和 4. 5% 。

在进口货物贸易结构中，制造业进口比重占主导地位并且连年维持在 75% 左右，2018 年比重为 77. 6% 。其次为食品和燃料，2018 年占货物进口比重分别为 10. 5% 和 7. 8% 。在进口服务贸易结构中，通信计算机占据主导地位，2000 ~ 2017 年比重在 60% 左右波动，其次为旅游和运输服务，2018 年分别占服务进口比重为 22. 7% 和 17. 8% 。哈萨克斯坦主要进口商品为机械设备（131. 01 亿美元，占 40. 3%）、化工产品（51. 65 亿美元，占 15. 9%）、金属及其制品（40. 77 亿美元，占 12. 5%）、农产品及食品（36. 25 亿美元，占 11. 1%）、能矿产品（26. 14 亿美元，占 8%）。与 2017 年相比，机械设备和金属及其制品进口增幅显著，同比均增长 19%，在进口结构中的比重也分别扩大 2. 6% 和 0. 8% 。农产品及食品和化工产品进口额同比分别增长 6% 和 5%，占比则分别降低 0. 6% 和增长 0. 8% 。能矿产品进口额和占比均有所下降，分别降低 5% 和 1. 3% 。

从主要经济体进出口变化来看，哈萨克斯坦主要出口目的地是高收入国家，2018 年占所有经济体比重为 64. 5%，进口主要来源国是欧洲和中亚中低收入国家以及高收入国家，2018 年所占比重分别为 47. 5% 和 31% 。从国别构成来看，哈萨克斯坦前五大贸易国分别为俄罗斯（175. 5 亿美元，占 18. 8%）、意大利（132. 3 亿美元，占 14. 2%）、中国（116. 6 亿美元，占 12. 5%）、荷兰（65. 0 亿美元，占 7. 0%）和法国（45. 0 亿美元，占 4. 8%）（商务部，2019）。

（二）吉尔吉斯斯坦

吉尔吉斯斯坦共和国于 1998 年 10 月 14 日加入世界贸易组织，是世界贸易组织的第 134 个成员，也是独联体国家中最先加入世界贸易组织的国家。吉尔吉斯斯坦是古丝绸之路的重要枢纽，是连接欧亚的重要通道，对乌兹别克斯坦、哈萨克斯坦、塔吉克斯坦等中亚邻国辐射作用明显，同时吉尔吉斯斯坦既是世贸组织成员国，又是欧亚经济联盟成员国，产品出口独联体、欧洲、西亚国家比较便利。吉尔吉斯斯坦目前以矿业为主要国民经济支柱，但是能源短缺、加工业落后，导致吉尔吉斯斯坦以工业制成品进口为主的外贸结构在中短期内难以发生显著改变。出口产品主要为贵金属、农产品等，进口商品主要有机械设备、化工产品、石油产品、天然气、纺织品等。

吉尔吉斯斯坦货物和服务贸易额 2001 年之前变化不大，出口额和进口额均在 10 亿美元以下。2002 年之后开始有较大幅度的增加，2008 年货物和服务出口额为 27. 5 亿美元，进口额为 47. 6 亿美元，其中货物出口额 18. 6 亿美元，进口额 40. 7 亿美元，服务出口额 7. 9 亿美元，进口额 9 亿美元。货物和服务贸易逆差为 19. 8 亿美元，为净进口国。2009 年，受国际金融危机和国内经济增速放缓影响，吉尔吉斯斯坦对外贸易出现大幅度下降。2010年，贸易额有所回升。2013年货物和服务贸易额达到历史高点，进口额为67.3亿美元，出口额为31美元，出现短暂下降之后2016年恢复增加态势。2018年货物服务贸易出口额和进口额分别为26.5亿美元和55.3亿美元，其中，货物和服务贸易出口占GDP比重为32.7%。进口占GDP比重为68.4%，出口年增长率约-1.8%，进口年增长率为6.7%。从历史趋势来看吉尔吉斯斯坦是净进口国。

在出口货物贸易结构中，制造业占货物出口比重占据主导地位，1995年占货物出口比重为40.1%，2018年占货物出口比重为42.7%。制造业、农产品、食品、矿石和金属、燃料占货物出口比重波动比较大，矿石和金属近年来比重增长较快。2018年，农产品、食品、燃料以及矿石和金属占货物出口比重分别为3.7%、16.8%、12%以及24.3%。在出口服务贸易结构中，旅游服务比重最高，2018年旅游服务占服务出口比重为56.5%。其次为通信计算机等服务出口，旅游服务和通信计算机等服务占出口的比重呈现此消彼长的态势。从出口商品结构来看，2018年主要出口国为欧亚经济联盟成员国，出口额为5.68亿美元，其中向俄罗斯出口服装1.29亿美元、棉纤维1770万美元、鞋1460万美元，向哈萨克斯坦出口矿石和精矿砂9770万美元、奶制品1590万美元、鞋800万美元。向英国出口以黄金为主，出口额为6.64亿美元①。

在进口货物贸易结构中，制造业进口比重占主导地位且近年来有增加趋势，2018年比重为70.5%。其次为燃料和食品，2018年占货物进口比重分别为17.1%和11.1%。在进口服务贸易结构中，运输服务占据主导地位，2018年占服务进口比重为52.2%，波动幅度较大；其次为旅游服务且逐年增加，2000年旅游服务占服务进口比重只有10.8%，2018年占服务进口比重增至33.2%。2018年，吉尔吉斯斯坦进口服装增长44.2%，水泥增长47.8%，蔬菜增长5.7%，水果增长53.9%，黑色金属制品增长23.2%，汽车轮胎增长6.5%，香皂及洗涤用品增长42.9%，鞋增长23.9%。同期，进口大米下降63.1%，白糖下降10.9%，植物油下降11.7%，陶瓷制品下降50.4%②。

2018年，吉尔吉斯斯坦与126个国家有贸易关系，向其中86个国家出口，从120个国家进口。与独联体国家贸易额占比41.8%，独联体外国家占比58.2%。主要国家占比情况：中国30%、俄罗斯23.3%、哈萨克斯坦11.2%、英国10.2%、土耳其5.9%、乌兹别克斯坦5%、美国2%。吉尔吉斯斯坦主要出口目的地是欧洲和中亚中低收入国家和高收入国家，2018年占所有经济体比重分别为50.5%和44.3%；主要出口国为欧亚经济联盟成员国，出口额5.68亿

①② 吉尔吉斯斯坦国家统计委员会。

美元，占比32.2%；其次为英国，出口额6.7亿美元，占比38%。进口主要来源国是欧洲和中亚中低收入国家和东亚及太平洋中低收入国家，2018年所占比重分别为47.4%和40.7%。2018年，从欧亚经济联盟成员国的进口额为17.77亿美元，占比36.24%（其中从俄罗斯进口12.4亿美元，占比69.8%，从哈萨克斯坦进口5.02亿美元，占比28.25%）；从中国进口19.42亿美元，占比39.6%；从土耳其进口2.9亿美元，占比5.9%；从美国进口1.29亿美元，占比2.6%。

（三）塔吉克斯坦

塔吉克斯坦经济相对比较落后，产品技术含量低，传统出口产品只有铝锭、棉花及干鲜水果，对中亚及独联体地区贸易格局影响较小。进口方面石油产品非常依赖俄罗斯，其中约90%的石油产品由俄罗斯进口。2013年3月，塔吉克斯坦正式成为世界贸易组织的第159个成员国。

塔吉克斯坦货物和服务贸易额2003年之前变化不大，出口额和进口额均在10亿美元以下。2004年之后开始小幅增加，2004年之后贸易逆差额逐年增加，2008年货物和服务出口额为17.6亿美元，进口额为41.5亿美元，其中货物出口额14.1亿美元，进口额32.7亿美元；服务出口额1.3亿美元，进口额4.5亿美元。货物和服务贸易逆差为23.9亿美元，为净进口国。2009年受国际金融危机和国内经济增速放缓影响，对外贸易出现下降；2010年贸易额有所回升。2013年后，货物和服务贸易进口额逐年下降，出口额出现小幅上升，2017年货物服务贸易出口额和进口额分别为11.3亿美元和29.3亿美元，其中，货物和服务贸易出口占GDP比重为15.7%，进口占GDP比重为40.9%，从历史趋势来看吉尔吉斯斯坦是净进口国。

从商品贸易结构来看，塔吉克斯坦出口产品结构单一，主要为贱金属及其制品、矿产品和棉花制品等。同时，塔吉克斯坦从国外进口商品数量较大，种类也较多，主要为矿产品、车辆、机械设备、粮食作物、化工产品等。2019年1～11月，塔吉克斯坦对外贸易总额约为40亿美元，同比增长5.9%。其中，出口额约为10亿美元，进口额约为30亿美元，外贸逆差约为19亿美元。主要出口商品有：矿产品（占比38%）、贱金属及其制品（18%）、纺织材料（16%）；主要进口产品有：车辆及机械设备（占比22%）、矿产品（18%）、化工产品（10%）①。

塔吉克斯坦服务贸易尚处于起步阶段。主要行业包括：金属原料加工、铁路

① 塔吉克斯坦统计署。

运输、公路运输、航空运输、酒店服务、邮政服务、手机服务、外事管理服务等。在出口服务贸易结构中，通信计算机服务比重最高，2018 年占服务出口比重为 17.6%。在进口服务贸易结构中，运输服务比重最高，2018 年占服务进口比重为 78.8%。主要服务贸易伙伴包括：俄罗斯、哈萨克斯坦、土耳其、中国、乌兹别克斯坦、阿联酋、德国、印度等。

塔吉克斯坦主要出口目的地是欧洲和中亚中低收入国家，2018 年占所有经济体比重分别为 47.7%；进口主要来源地区也是欧洲和中亚中低收入国家，2018 年所占比重为 59.7。2019 年，塔吉克斯坦与 105 个国家有贸易关系。主要贸易伙伴为：俄罗斯（贸易额为 9.53 亿美元）、哈萨克斯坦（8.32 亿美元）、中国（5.82 亿美元）、土耳其（3.43 亿美元）、乌兹别克斯坦（3.21 亿美元）。中国为塔吉克斯坦第三大贸易伙伴[①]。

（四）土库曼斯坦

土库曼斯坦于 1992 年 11 月加入经济合作组织，先后与该组织各成员国建立了广泛的联系和合作关系。土库曼斯坦尚未加入世界贸易组织，市场容量相对较小，市场辐射能力有限。

土库曼斯坦货物和服务贸易额 2006 年之前变化不大，出口额和进口额均在 20 亿美元以下。2007 年之后开始有比较大幅度的增加，2014 年货物和服务出口额为 203.6 亿美元，进口额为 192.9 亿美元，其中货物出口额 175 亿美元，进口额 100 亿美元。2014 年之后贸易额出现下降，2018 年货物服务贸易出口额和进口额分别为 92.4 亿美元和 50.9 亿美元，其中，货物和服务贸易出口占 GDP 比重为 22.7%。进口占 GDP 比重为 12.5%。土库曼斯坦主要出口商品：天然气、石油产品、原油、皮棉、液化气、纺织品等；主要进口商品：机械设备、交通工具、日用消费品和食品等。

土库曼斯坦主要出口目的地是东亚及太平洋中低收入国家，2018 年占所有经济体比重为 80%。进口主要来源地区是欧洲和中亚中低收入国家和高收入国家，2018 年所占比重分别为 46.9% 和 35.1%。主要贸易伙伴国有中国、土耳其、伊朗、俄罗斯、阿联酋、意大利、阿富汗、英国、日本和韩国。中国是土库曼斯坦最大的贸易伙伴，约占其外贸总值的 72.6%。其中，中国是土库曼斯坦第一大出口市场，约占其出口总值的 88.4%；第三大进口来源地，约占其进口总值的 12.9%。除中国外，土库曼斯坦主要出口市场还有土耳其、格鲁吉亚、乌克兰、俄罗斯、塞浦路斯、希腊等，但出口值均较小；主要进口来源地还有土耳其、伊

① 中国驻塔吉克斯坦使馆经济商务处。

朗、俄罗斯、德国、荷兰等。

（五）乌兹别克斯坦

乌兹别克斯坦目前与世界150个国家和地区建立了贸易关系，产品出口到138个国家，给予包括中国在内的45个国家最惠国待遇。乌兹别克斯坦对外贸易辐射市场主要为独联体国家。乌兹别克斯坦与所有独联体成员国签有双边自由贸易协议，且相互免征进口关税。其中土库曼斯坦仅按两国确定的商品清单执行（商务部，2019）。乌兹别克斯坦主要出口商品有：黄金、服务（交通运输、旅游、通信、金融等）、天然气、棉纺织品、黑色和有色金属、食品（主要为新鲜水果和蔬菜）；主要进口商品有：机械设备、化工产品、服务（旅游、交通运输、建筑、通信和金融等）、食品和石油产品等。

从历史趋势来看，乌兹别克斯坦货物和服务贸易额在波动中逐年增加，2008年之前出口额和进口额均分别少于100亿美元。2008年货物和服务贸易进出口额分别突破100亿美元大关，2018年货物和服务出口额为147亿美元，增长10.7%，进口额为195.6亿美元，增长39.4%，其中货物出口额112.2亿美元，进口额173.1亿美元；服务出口额27.3亿美元，进口额51.7亿美元。货物和服务贸易出口占GDP比重为56.5%，进口占GDP比重为15.7%。乌兹别克斯坦大部分年份为净进口国。2019年乌兹别克斯坦对外贸易额为422亿美元，较上年同期增加了87亿美元，增长率为26.2%。其中，对外出口较上年同期增加了39亿美元，出口总额达到179亿美元，增长率为28%①。

2019年乌兹别克斯坦主要出口商品为贵金属和次贵金属产品，共计51亿美元，占出口总额的28.5%；其次是服务，共计36亿美元，占19.9%；最后是能源，共计25亿美元，占14.1%。主要进口商品为机械设备，共计56亿美元，占进口总额的23.1%；其次是汽车和配件，共计26亿美元，占10.8%；最后是服务，总计24亿美元，占10%。其他主要进口商品还有：黑色金属及制品、电气设备、食品、能源、制药、木材及木制品、化工产品、塑料及塑料制品等。

乌兹别克斯坦主要出口目的地是欧洲和中亚中低收入国家和东亚及太平洋中低收入国家，2018年占所有经济体比重分别为41.5%和20%。进口主要来源国是欧洲和中亚中低收入国家和高收入国家，2018年所占比重分别为42.4%和33.2%。2019年，乌兹别克斯坦与中国的贸易额最大，共计76亿美元，占18.1%；其次是俄罗斯，66亿美元，占15.7%；哈萨克斯坦位列第三，33亿美元，占8%。紧随其后的是：韩国（27亿美元，占6.5%）、土耳其（25亿美元，占6%）、德国

① 乌兹别克斯坦投资贸易部。

(9.8 亿美元，占 2.3%)、吉尔吉斯斯坦（8.29 亿美元，占 2%)、阿富汗（6.18 亿美元，占 1.5%）和美国（5.96 亿美元，占 1.4%)。与独联体国家的贸易额 146 亿美元，比上年增长 20%。其中，俄罗斯占独联体所有国家贸易总额的 46%，其次是哈萨克斯坦（23%)、吉尔吉斯斯坦（6%）和土库曼斯坦（4%)。

第五章　中国与中亚地区五国贸易结构分析

一、贸易趋势分析

中国与中亚地区五国贸易整体呈现快速增长态势，整体可以分为以下三个阶段：第一阶段，快速增长期，1998 年中国与中亚地区五国贸易进出口总额为 9.55 亿美元，2006 年突破 100 亿美元达到 120.58 亿美元，是 1998 年的近 13 倍；第二阶段，波动期，2008 年达到 308.23 亿美元，2009 年由于金融危机的影响下降到 237.44 亿美元；第三阶段，稳步调整期，2010 年后呈现稳步上升趋势，2014 年中国与中亚地区五国进出口总额为 450.12 亿美元。

出口额和进口额与贸易总额相比，变化趋势比较相似。但是贸易顺差和逆差出现波动的情况，2003 年之前中国与中亚地区五国呈现贸易逆差情况（平均逆差为 2.83 亿美元），2003 ~2010 年中国对中亚地区五国为贸易顺差（平均顺差为 47.89 亿美元），其中，2008 年贸易顺差额达到历史最大值 143.69 亿美元；2011 ~2013 表现为贸易逆差情况（平均逆差为 32.04 亿美元），2014 年则重新变回贸易顺差。

分国别来看，在中亚地区五国中，哈萨克斯坦是中国最大的贸易伙伴，并且贸易总额呈现不断增加态势。1998 ~2008 年增长迅猛，2008 年贸易总额达到 175.52 亿美元，2009 年下降之后仍然呈现稳步增长态势，2014 年中国与哈萨克斯坦贸易总额为 224.52 亿美元。中国与哈萨克斯坦贸易额约占中国与中亚地区五国的一半以上，可见，哈萨克斯坦是中国很重要的贸易伙伴国；然而，中国与哈萨克斯坦贸易额占中亚地区五国比重却呈现下降趋势，2000 年中国与哈萨克斯坦贸易总额占与中亚地区五国总额的 85.58%，之后逐步下降，2008 年达到 56.95%，2009 年和 2010 年比重虽有短暂上升，但是 2011 年之后仍然无法改变比重下降的局面，到 2014 年中国与哈萨克斯坦贸易总额占与中亚地区五国总额的 49.88%。

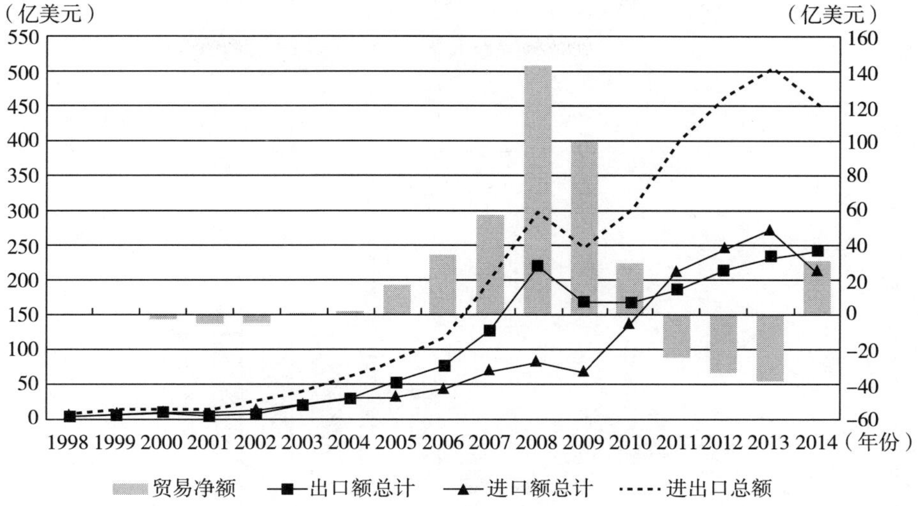

图 5－1　1998～2014 年中国与中亚地区五国贸易总额变化趋势

资料来源：《中国统计年鉴》。

中国同哈萨克斯坦出口和进口额变化趋势相似，但是变现为顺差逆差交替现象，2004 年之前中国与中亚地区五国呈现轻微贸易逆差情况（平均逆差为 3.35 亿美元），2005～2009 年中国对中亚地区五国为贸易顺差（平均顺差为 13.56 亿美元）；2010～2013 年表现为贸易逆差情况（平均逆差为 37.06 亿美元），2014 年则重新变回贸易顺差。

吉尔吉斯斯坦是中国出口到中亚地区五国中第二大贸易伙伴国，但是中国从其进口规模较小。2008 年之前，中国出口到吉尔吉斯斯坦额度快速增加，2008 年达到历史最高点 92.12 亿美元，2008 年之后出口额呈现出下降趋势，于 2010 年开始在 50 亿美元上下小幅波动。进口额波动趋势与出口额相似，金额较小，大多数年份在 1 亿美元以下。中国与吉尔吉斯斯坦贸易额占中亚地区五国的比重变化趋势同贸易额相似，具有“降低—增加—降低并保持平稳”的特征，2010 年后基本在 10% 左右波动。

中国与土库曼斯坦之间贸易呈现出逐年递增态势，2004 年之前，贸易额进口在 1 亿美元以下，2005 年开始大幅增加，2014 年达到 104.7 亿美元。对中土之间贸易的贡献来源于中国从土库曼斯坦的进口方面，2014 年中国从土方进口额达到 95.16 亿美元，占到总贸易额的 91%。出口方面，与哈萨克斯坦和吉尔吉斯斯坦出口变化趋势相似，2012 年达到最大值 16.99 亿美元后下降，2014 年为 9.54 亿美元。中国与土库曼斯坦贸易额占中亚地区五国的比重变化趋势同贸易额相似，2010 年之前快速增长，但是在 10% 以下，2011 年后快速增长，到 2014 年为 23. 26% 。

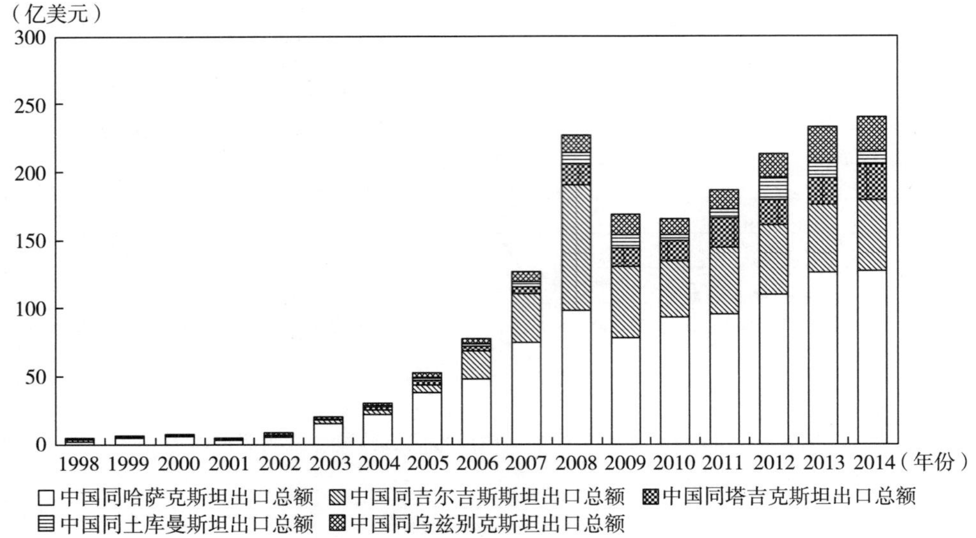

图 5－2　1998～2014 年中国与中亚地区五国出口总额变化趋势

资料来源：《中国统计年鉴》。

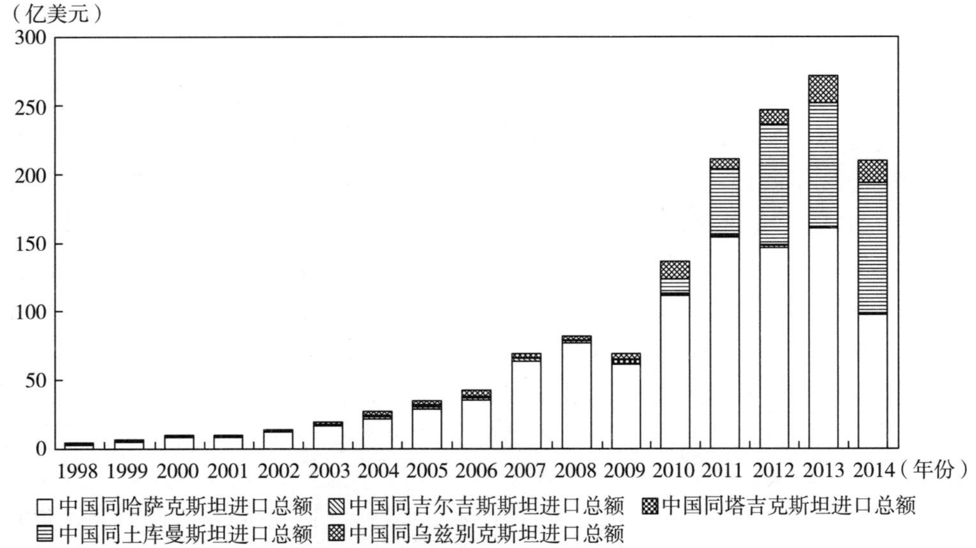

图 5－3　1998～2014 年中国与中亚地区五国进口总额变化趋势

资料来源：《中国统计年鉴》。

中国同乌兹别克斯坦贸易规模虽然比较小，但是也呈现出快速增加趋势。1998 年为 0.89 亿美元，十几年间增速迅猛，到 2014 年达到 42.76 亿美元，增加了近 50 倍。中国与乌兹别克斯坦贸易额占中亚地区五国的比重变化基本在 10% 以下波动，2014 年为 9.5%。进口方面和出口方面均呈现快速增加趋势，总体来说，出口额大于进口额，2014 年贸易顺差为 10.8 亿美元。

中国同塔吉克斯坦贸易规模也比较小，但是也呈现出在波动中快速增加的态势。1998 年为 0.19 亿美元，十几年间增速迅猛，到 2014 年达到 25.16 亿美元。中国与塔吉克斯坦贸易额占中亚地区五国的比重变化呈现出逐渐增加并保持稳定的趋势，2009 年之前比重增加，之后波动调整，基本维持在 4% ~6%。中国与塔吉克斯坦之间贸易贡献主要来源于出口方面，而进口规模很小。出口规模同总贸易规模变化趋势相似，呈现快速增长态势，2014 年达到 24.68 亿美元，而进口规模除了 2008 年均在 1 亿美元之下。

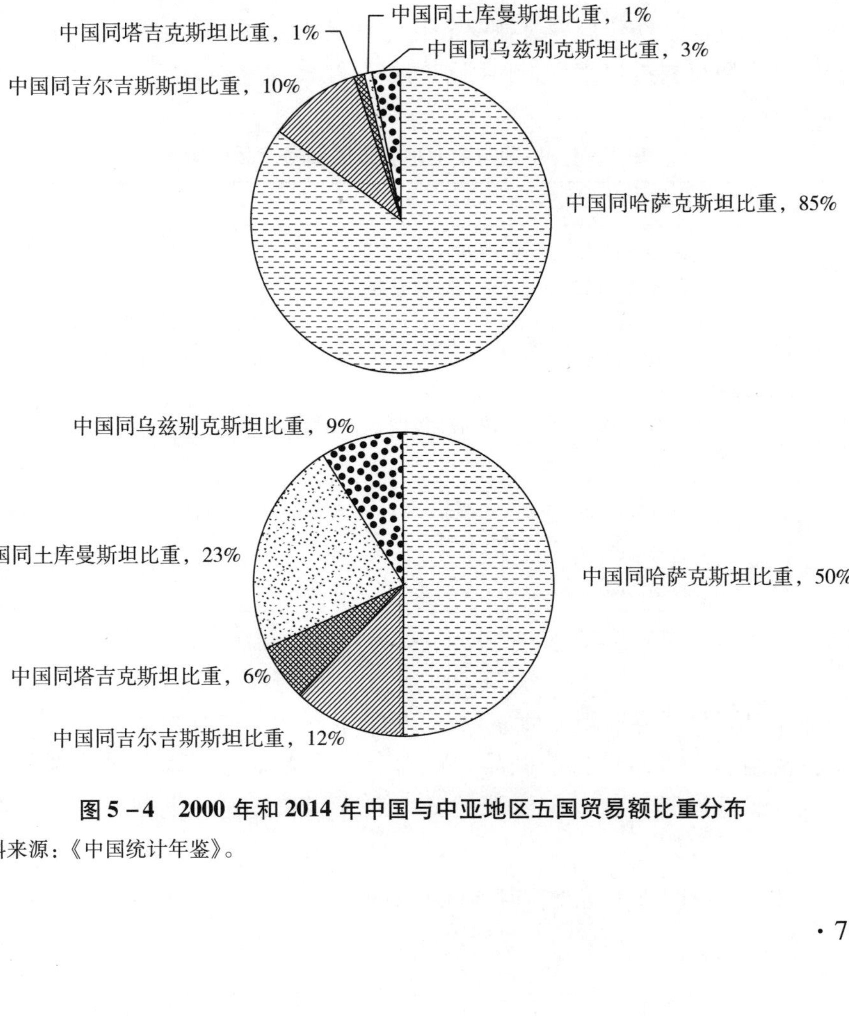

图 5-4　2000 年和 2014 年中国与中亚地区五国贸易额比重分布

资料来源：《中国统计年鉴》。

根据上述对于中国和中亚地区五国贸易趋势的分析，可以得出以下特点：第一，中国与中亚地区五国贸易规模呈现出波动上升态势，表现为顺逆差交替出现；第二，国别发展具有不平衡性，哈萨克斯坦和吉尔吉斯斯坦是中国主要的出口国，哈萨克斯坦和土库曼斯坦是中国主要的进口国；第三，出口和进口发展具有不平衡性。

二、贸易国别和商品结构分析

中国与中亚地区五国之间商品贸易产品结构比较集中，主要在劳动、资源密集型产品，存在产业内贸易现象。中国对中亚地区五国出口商品主要涉及日用消费品和机器设备类产品，包括纺织原料及制品、机器设备、贱金属及制品、车辆航空等运输设备、鞋帽伞羽毛等制品；中国从中亚地区五国进口产品主要为矿产品、贱金属及制品、纺织原料及制品和化工产品等。同时，中亚地区五国是中国重要的能源和原材料进口市场，但国别间仍存在较大差异。

表 5－1　中国与中亚地区五国贸易商品结构

中亚地区五国	出口	进口
哈萨克斯坦	纺织原料及制品、机器设备等制品、鞋帽伞羽毛等制品、碱金属等制品以及车辆、航空等运输设备	矿产品、贱金属及制品、化工产品及制品
吉尔吉斯斯坦	纺织原料及制品、鞋帽伞羽毛等制品	贱金属及制品、皮毛制品
塔吉克斯坦	纺织原料及制品、机器设备、鞋帽伞羽毛等制品、贱金属及制品	矿产品、纺织原料及制品
乌兹别克斯坦	机器设备等制品、贱金属及制品、塑料橡胶及制品、纺织原料及制品和车辆航空等运输设备	矿产品、纺织原料及制品和化工产品
土库曼斯坦	机器设备、贱金属及制品、车辆航空等运输设备	矿产品

资料来源：联合国商品贸易统计数据库（http：//comtrade. un. org/）①。

中国出口到哈萨克斯坦的商品额从 2002 年开始不同程度上升，主要集中在纺织原料及制品、机器设备等制品、鞋帽伞羽毛等制品、碱金属等制品以及车辆、航空等运输设备，范围主要涉及日用消费品和运输、机器设备两大类。其

① 本节数据如无特殊说明，均来源于联合国商品贸易统计数据库（http：//comtrade. un. org/）。

中，纺织原料及制品为中国对哈萨克斯坦主要出口商品，2002～2008 年出口幅度大幅增加，2008 年对哈萨克斯坦出口额达到 38.2 亿美元，但之后震荡调整，2013 年之后下降速度较快。

对比 2002 年、2008 年和 2015 年的出口产品结构得到表 5－2。可见，主要出口商品虽然仍然集中于传统出口商品类别，但是比例出现了变化，纺织原料及制品和贱金属出现了较大幅度下降，而机器设备等出口出现了大幅上升。

表 5－2　2002 年、2008 年与 2015 年中国出口到哈萨克斯坦商品结构

单位：%，亿美元

产品类别	2002 年		2008 年		2015 年	
	比例	金额	比例	金额	比例	金额
动物产品	0.00	0.00	0.03	0.03	0.01	0.01
植物产品	2.70	0.16	0.78	0.76	2.07	1.74
动物油脂类产品	0.06	0.00	0.00	0.00	0.00	0.00
食品烟酒等	2.15	0.13	0.52	0.51	0.75	0.63
矿产品	2.77	0.17	1.06	1.04	1.29	1.09
化学工业制品	6.25	0.38	1.69	1.66	2.56	2.16
塑料橡胶制品	6.74	0.40	4.09	4.02	5.13	4.32
皮毛制品	1.85	0.11	1.67	1.64	2.66	2.24
木制品	0.08	0.00	0.16	0.16	0.22	0.18
纸制品	0.95	0.06	0.60	0.59	0.51	0.43
纺织原料及制品	26.84	1.61	38.87	38.20	18.76	15.80
鞋帽伞羽毛等制品	17.51	1.05	6.54	6.43	16.39	13.80
石料陶瓷玻璃等制品	1.93	0.12	5.20	5.11	3.67	3.09
宝石贵金属等	0.00	0.00	0.00	0.00	0.14	0.11
贱金属及制品	6.65	0.40	15.77	15.50	10.00	8.42
机器设备	17.51	1.05	13.23	13.00	25.65	21.60
车辆航空等运输设备	1.05	0.06	3.65	3.59	4.67	3.93
光学电影医疗等设备	0.84	0.05	0.79	0.78	1.52	1.28
武器弹药等	0.11	0.01	0.01	0.01	0.00	0.00
杂项制品	4.00	0.24	5.33	5.24	4.00	3.37

中国从哈萨克斯坦进口商品主要集中在三类：矿产品、贱金属及制品、化工产品及制品。其中，矿产品及其制品2005年之后增长幅度较快，2013年从哈萨克斯坦进口额为116亿美元，2015年下降到24.8亿美元。对比2002年、2008年和2015年的出口产品结构得到表5－3。矿产品结构出现了下降，从2008年的69.61%下降到2015年的44.61%；化工产品出现大幅上升，从2008年的1.69%上升到2015年的26.8%；贱金属及制品占所有商品进口比例变化不太大，维持在25%左右。

表5－3　2002年、2008年与2015年中国从哈萨克斯坦进口商品结构

单位：%，亿美元

产品类别	2002年		2008年		2015年	
	比例	金额	比例	金额	比例	金额
动物产品	0.03	0.00	0.03	0.03	0.10	0.05
植物产品	0.17	0.02	0.05	0.04	1.85	1.03
动物油脂类产品	0.00	0.00	0.00	0.00	0.23	0.13
食品烟酒等	0.00	0.00	0.00	0.00	0.02	0.01
矿产品	15.47	2.04	69.61	53.00	44.61	24.80
化学工业制品	2.96	0.39	1.69	1.29	26.80	14.90
塑料橡胶制品	0.02	0.00	0.02	0.01	0.08	0.05
皮毛制品	1.00	0.13	0.46	0.35	0.34	0.19
木制品	0.30	0.04	0.00	0.00	0.00	0.00
纸制品	0.00	0.00	0.00	0.00	0.00	0.00
纺织原料及制品	0.39	0.05	0.14	0.11	0.15	0.09
鞋帽伞羽毛等制品	0.00	0.00	0.00	0.00	0.00	0.00
石料陶瓷玻璃等制品	0.00	0.00	0.00	0.00	0.00	0.00
宝石贵金属等	0.00	0.00	0.00	0.00	0.09	0.05
贱金属及制品	79.64	10.50	27.97	21.30	25.72	14.30
机器设备	0.01	0.00	0.01	0.01	0.00	0.00
车辆航空等运输设备	0.00	0.00	0.01	0.01	0.00	0.00
光学电影医疗等设备	0.00	0.00	0.00	0.00	0.00	0.00
武器弹药等	0.00	0.00	0.00	0.00	0.00	0.00
杂项制品	0.00	0.00	0.00	0.00	0.00	0.00

2002 年后中国出口到吉尔吉斯斯坦商品大幅增加，主要为纺织原料及制品、鞋帽伞羽毛等制品。其中，纺织原料及制品 2008 年出口额达到 62.4 亿美元，之后下降并维持在 32 亿美元左右。根据中国出口到吉尔吉斯斯坦的产品结构和历史变化来看，纺织产品一直居于主导地位，并且比重不断增加；鞋帽伞羽毛等制品比重也不断增加。

表 5-4　2002 年、2008 年与 2015 年中国出口到吉尔吉斯斯坦商品结构

单位：%，亿美元

产品类别	2002 年		2008 年		2015 年	
	比例	金额	比例	金额	比例	金额
动物产品	0.03	0.00	0.54	0.50	2.01	0.86
植物产品	2.65	0.04	0.38	0.35	1.39	0.60
动物油脂类产品	0.08	0.00	0.02	0.02	0.00	0.00
食品烟酒等	0.76	0.01	0.05	0.05	0.20	0.09
矿产品	0.13	0.00	0.06	0.05	0.08	0.03
化学工业制品	5.30	0.08	0.47	0.44	1.12	0.48
塑料橡胶制品	6.24	0.09	1.49	1.37	2.73	1.17
皮毛制品	1.55	0.02	3.77	3.47	1.58	0.68
木制品	0.15	0.00	0.01	0.01	0.13	0.06
纸制品	1.69	0.02	0.45	0.42	0.39	0.17
纺织原料及制品	48.70	0.71	67.78	62.40	56.95	24.40
鞋帽伞羽毛等制品	10.26	0.15	17.16	15.80	15.29	6.55
石料陶瓷玻璃等制品	2.92	0.04	0.83	0.76	1.54	0.66
宝石贵金属等	0.00	0.00	0.00	0.00	0.02	0.01
贱金属及制品	4.63	0.07	1.78	1.64	4.69	2.01
机器设备	8.47	0.12	2.09	1.92	7.24	3.10
车辆航空等运输设备	1.59	0.02	0.84	0.77	2.75	1.18
光学电影医疗等设备	0.67	0.01	0.08	0.08	0.49	0.21
武器弹药等	0.01	0.00	0.00	0.00	0.00	0.00
杂项制品	4.16	0.06	2.19	2.02	1.38	0.59

中国从吉尔吉斯斯坦进口商品主要集中在贱金属及制品、皮毛制品，波动幅度较大。2015 年与 2008 年和 2002 年相比，皮毛制品超过贱金属及制品成为主导

进口产品，进口额为0.27亿美元，占所有进口商品额比重为47.51。

表5-5　2002年、2008年与2015年中国从吉尔吉斯斯坦进口商品结构

单位：%，亿美元

产品类别	2002年		2008年		2015年	
	比例	金额	比例	金额	比例	金额
动物产品	0.01	0.00	0.00	0.00	0.83	0.00
植物产品	1.12	0.01	0.45	0.01	5.31	0.03
动物油脂类产品	0.00	0.00	0.00	0.00	0.00	0.00
食品烟酒等	0.00	0.00	1.61	0.02	0.77	0.00
矿产品	0.08	0.00	4.68	0.06	7.26	0.04
化学工业制品	3.40	0.02	7.79	0.09	0.00	0.00
塑料橡胶制品	0.03	0.00	0.43	0.01	0.00	0.00
皮毛制品	12.67	0.07	50.02	0.61	47.51	0.27
木制品	0.00	0.00	0.00	0.00	0.00	0.00
纸制品	0.00	0.00	0.00	0.00	0.00	0.00
纺织原料及制品	4.17	0.02	3.55	0.04	2.62	0.01
鞋帽伞羽毛等制品	0.00	0.00	0.67	0.01	0.00	0.00
石料陶瓷玻璃等制品	0.00	0.00	0.00	0.00	0.01	0.00
宝石贵金属等	0.00	0.00	0.00	0.00	0.65	0.00
贱金属及制品	78.50	0.44	30.70	0.37	35.02	0.20
机器设备	0.00	0.00	0.01	0.00	0.03	0.00
车辆航空等运输设备	0.01	0.00	0.00	0.00	0.00	0.00
光学电影医疗等设备	0.02	0.00	0.08	0.00	0.00	0.00
武器弹药等	0.00	0.00	0.00	0.00	0.00	0.00
杂项制品	0.00	0.00	0.00	0.00	0.00	0.00

中国出口到塔吉克斯坦的产品从2005年开始大幅增加，主要是纺织原料及制品、机器设备、鞋帽伞羽毛等制品、贱金属及制品等。根据历史结构变化对比发现，纺织原料及制品总体比例增加，2015年占总出口的26.32%；机器设备比例下降，2015年占总出口的23.48%；贱金属及制品比例上升到2015年为11.63%。

表5-6　2002年、2008年与2015年中国出口到塔吉克斯坦商品结构

单位：%，亿美元

产品类别	2002年		2008年		2015年	
	比例	金额	比例	金额	比例	金额
动物产品	2.21	0.00	0.05	0.01	0.40	0.07
植物产品	7.99	0.01	0.30	0.04	0.44	0.08
动物油脂类产品	0.19	0.00	0.08	0.01	0.02	0.00
食品烟酒等	7.15	0.00	0.19	0.03	0.13	0.02
矿产品	2.63	0.00	0.76	0.11	0.24	0.04
化学工业制品	1.57	0.00	1.68	0.25	1.79	0.32
塑料橡胶制品	3.58	0.00	2.57	0.38	4.22	0.76
皮毛制品	0.35	0.00	2.35	0.35	1.36	0.24
木制品	0.08	0.00	0.08	0.01	0.47	0.08
纸制品	0.29	0.00	0.63	0.09	0.63	0.11
纺织原料及制品	13.95	0.01	51.02	7.55	26.32	4.73
鞋帽伞羽毛等制品	9.85	0.01	12.50	1.85	9.74	1.75
石料陶瓷玻璃等制品	1.57	0.00	3.70	0.55	4.82	0.87
宝石贵金属等	0.00	0.00	0.00	0.00	0.00	0.00
贱金属及制品	0.80	0.00	7.10	1.05	11.63	2.09
机器设备	41.02	0.03	9.73	1.44	23.48	4.22
车辆航空等运输设备	2.29	0.00	4.24	0.63	7.18	1.29
光学电影医疗等设备	0.94	0.00	0.53	0.08	3.04	0.55
武器弹药等	0.00	0.00	0.00	0.00	0.00	0.00
杂项制品	3.54	0.00	2.49	0.37	4.09	0.74

中国从塔吉克斯坦进口商品主要为矿产品、纺织原料及制品。进口产品比较单一，并且金额数量较小。从历史结构变化来讲，矿产品比重不断攀升，从2002年的6.66%增加到2015年的59.4%；纺织原料及产品2015年所占进口商品比重为28.11%；贱金属及制品震荡剧烈，2002年比重为61.43%，2008年比重为46.19%，而2015年几乎为零。皮毛制品比重逐渐增加，2015年比重为8.88%。

表 5－7　2002 年、2008 年与 2015 年中国从塔吉克斯坦进口商品结构

单位：%，亿美元

产品类别	2002 年		2008 年		2015 年	
	比例	金额	比例	金额	比例	金额
动物产品	0.00	0.00	0.00	0.00	0.00	0.00
植物产品	0.43	0.00	0.00	0.00	1.35	0.01
动物油脂类产品	0.00	0.00	0.00	0.00	0.00	0.00
食品烟酒等	0.00	0.00	0.00	0.00	0.00	0.00
矿产品	6.66	0.00	32.73	0.07	59.40	0.30
化学工业制品	0.00	0.00	0.00	0.00	1.48	0.01
塑料橡胶制品	0.00	0.00	0.36	0.00	0.00	0.00
皮毛制品	0.00	0.00	17.49	0.04	8.88	0.04
木制品	0.00	0.00	0.00	0.00	0.00	0.00
纸制品	0.00	0.00	0.00	0.00	0.00	0.00
纺织原料及制品	30.77	0.02	3.18	0.01	28.11	0.14
鞋帽伞羽毛等制品	0.00	0.00	0.00	0.00	0.00	0.00
石料陶瓷玻璃等制品	0.00	0.00	0.00	0.00	0.00	0.00
宝石贵金属等	0.00	0.00	0.00	0.00	0.58	0.00
贱金属及制品	61.43	0.04	46.19	0.09	0.00	0.00
机器设备	0.00	0.00	0.02	0.00	0.16	0.00
车辆航空等运输设备	0.71	0.00	0.01	0.00	0.00	0.00
光学电影医疗等设备	0.00	0.00	0.01	0.00	0.03	0.00
武器弹药等	0.00	0.00	0.00	0.00	0.00	0.00
杂项制品	0.00	0.00	0.00	0.00	0.00	0.00

中国出口到乌兹别克斯坦的产品从 2002 年之后均有不同程度的增加，主要商品为机器设备等制品、贱金属及制品、塑料橡胶及制品、纺织原料及制品和车辆航空等运输设备，主要涉及原料和设备两大类。从产品结构变化上看，机器设备为主要出口商品，比重基本在 40% 左右；贱金属及制品不断增加，2015 年为 14.8%；塑料橡胶及制品比重增加到 2015 年为 10.51%，纺织原料及制品和车辆航空等运输设备结构比例也不断增加，2015 年分别为 9.66% 和 6.04%。

表 5-8 2002 年、2008 年与 2015 年中国出口到乌兹别克斯坦商品结构

单位：%，亿美元

产品类别	2002 年		2008 年		2015 年	
	比例	金额	比例	金额	比例	金额
动物产品	0.64	0.01	0.19	0.02	0.15	0.03
植物产品	9.48	0.10	2.67	0.34	2.41	0.54
动物油脂类产品	0.03	0.00	0.00	0.00	0.01	0.00
食品烟酒等	1.18	0.01	0.32	0.04	0.45	0.10
矿产品	0.92	0.01	0.38	0.05	0.24	0.05
化学工业制品	7.27	0.08	4.99	0.64	5.10	1.14
塑料橡胶制品	8.23	0.09	8.16	1.04	10.51	2.35
皮毛制品	0.54	0.01	0.16	0.02	0.13	0.03
木制品	0.01	0.00	1.78	0.23	1.18	0.26
纸制品	0.01	0.00	0.83	0.11	1.25	0.28
纺织原料及制品	7.73	0.08	4.96	0.63	9.66	2.16
鞋帽伞羽毛等制品	0.81	0.01	0.50	0.06	0.76	0.17
石料陶瓷玻璃等制品	0.47	0.00	3.32	0.42	2.80	0.63
宝石贵金属等	0.00	0.00	0.00	0.00	0.00	0.00
贱金属及制品	1.10	0.01	20.31	2.59	14.80	3.31
机器设备	41.31	0.43	41.32	5.27	38.36	8.58
车辆航空等运输设备	4.29	0.04	4.66	0.59	6.04	1.35
光学电影医疗等设备	14.95	0.16	2.82	0.36	2.54	0.57
武器弹药等	0.00	0.00	0.00	0.00	0.00	0.00
杂项制品	1.02	0.01	2.63	0.34	3.61	0.81

中国从乌兹别克斯坦进口商品主要集中在矿产品、纺织原料及制品和化工产品上。主要产品进口额波动比较大，从结构上看，纺织原料及制品比例在下降，2002 年为 89.51%，2015 年为 43.4%；矿产品和化学工业制品比例在上升，2002 年分别为 3.3% 和 0.36%，2015 年增加了 29.43% 和 22.57%。

表 5-9 2002 年、2008 年与 2015 年中国从乌兹别克斯坦进口商品结构

单位：%，亿美元

产品类别	2002 年		2008 年		2015 年	
	比例	金额	比例	金额	比例	金额
动物产品	0.00	0.00	0.00	0.00	0.02	0.00
植物产品	2.22	0.01	5.13	0.17	2.12	0.27
动物油脂类产品	0.00	0.00	0.00	0.00	0.00	0.00
食品烟酒等	0.00	0.00	0.00	0.00	0.20	0.03
矿产品	3.30	0.01	8.72	0.29	29.43	3.73
化学工业制品	0.36	0.00	1.09	0.04	22.57	2.86
塑料橡胶制品	0.00	0.00	0.97	0.03	0.11	0.01
皮毛制品	0.08	0.00	0.23	0.01	1.53	0.19
木制品	0.00	0.00	0.00	0.00	0.00	0.00
纸制品	0.00	0.00	0.27	0.01	0.00	0.00
纺织原料及制品	89.51	0.25	83.53	2.75	43.40	5.50
鞋帽伞羽毛等制品	0.00	0.00	0.00	0.00	0.00	0.00
石料陶瓷玻璃等制品	0.00	0.00	0.00	0.00	0.00	0.00
宝石贵金属等	0.00	0.00	0.00	0.00	0.00	0.00
贱金属及制品	0.60	0.00	0.00	0.00	0.30	0.04
机器设备	0.01	0.00	0.01	0.00	0.32	0.04
车辆航空等运输设备	3.92	0.01	0.05	0.00	0.00	0.00
光学电影医疗等设备	0.01	0.00	0.00	0.00	0.00	0.00
武器弹药等	0.00	0.00	0.00	0.00	0.00	0.00
杂项制品	0.00	0.00	0.00	0.00	0.00	0.00

中国出口到土库曼斯坦商品额基本也在 2005 年后开始大幅上涨，但出口金额较小，主要集中在机器设备、贱金属及制品、车辆航空等运输设备。从历史结构变化来讲，机器设备占主导出口地位，但是比例在下降，从 2002 年的 77.69% 下降到 2015 年的 51.63%；贱金属及制品和车辆航空等运输设备比例在上升，从 2002 年的 5.32% 和 5.61% 上升到 2015 年的 18.81% 和 7.63%。

表 5－10 2002 年、2008 年与 2015 年中国出口到土库曼斯坦商品结构

单位：%，亿美元

产品类别	2002 年		2008 年		2015 年	
	比例	金额	比例	金额	比例	金额
动物产品	0.54	0.00	0.04	0.00	0.10	0.01
植物产品	2.09	0.02	0.43	0.03	0.96	0.08
动物油脂类产品	0.00	0.00	0.00	0.00	0.00	0.00
食品烟酒等	0.16	0.00	0.29	0.02	0.47	0.04
矿产品	0.08	0.00	1.55	0.12	0.39	0.03
化学工业制品	0.17	0.00	2.84	0.23	2.42	0.20
塑料橡胶制品	0.09	0.00	1.92	0.15	4.57	0.37
皮毛制品	0.03	0.00	0.09	0.01	0.07	0.01
木制品	0.00	0.00	0.38	0.03	1.24	0.10
纸制品	0.01	0.00	0.14	0.01	0.19	0.02
纺织原料及制品	4.47	0.04	6.66	0.53	5.34	0.43
鞋帽伞羽毛等制品	2.43	0.02	0.24	0.02	0.34	0.03
石料陶瓷玻璃等制品	0.57	0.00	1.00	0.08	1.18	0.10
宝石贵金属等	0.00	0.00	0.00	0.00	0.01	0.00
贱金属及制品	5.32	0.05	23.91	1.91	18.81	1.53
机器设备	77.69	0.67	44.57	3.56	51.63	4.20
车辆航空等运输设备	5.61	0.05	10.28	0.82	7.63	0.62
光学电影医疗等设备	0.22	0.00	2.70	0.22	1.76	0.14
武器弹药等	0.00	0.00	0.00	0.00	0.00	0.00
杂项制品	0.52	0.00	2.94	0.24	2.89	0.24

中国从土库曼斯坦进口产品结构逐渐走向单一，矿产品占主要地位，其他产品进口金额很小，到 2015 年中国从土库曼斯坦进口产品 99.48% 均为矿产品。

表 5－11 2002 年、2008 年与 2015 年中国从土库曼斯坦进口商品结构

单位：%，亿美元

产品类别	2002 年		2008 年		2015 年	
	比例	金额	比例	金额	比例	金额
动物产品	3.14	0.00	0.00	0.00	0.00	0.00
植物产品	16.84	0.00	46.48	0.13	0.25	0.20

续表

产品类别	2002 年		2008 年		2015 年	
	比例	金额	比例	金额	比例	金额
动物油脂类产品	0.00	0.00	0.00	0.00	0.00	0.00
食品烟酒等	0.00	0.00	0.00	0.00	0.00	0.00
矿产品	0.00	0.00	0.44	0.00	99.48	77.90
化学工业制品	3.08	0.00	12.18	0.03	0.18	0.14
塑料橡胶制品	28.92	0.00	0.00	0.00	0.00	0.00
皮毛制品	7.17	0.00	1.56	0.00	0.01	0.01
木制品	0.00	0.00	0.00	0.00	0.00	0.00
纸制品	0.00	0.00	0.00	0.00	0.00	0.00
纺织原料及制品	37.82	0.00	39.09	0.11	0.07	0.06
鞋帽伞羽毛等制品	0.00	0.00	0.00	0.00	0.00	0.00
石料陶瓷玻璃等制品	0.00	0.00	0.00	0.00	0.00	0.00
宝石贵金属等	0.00	0.00	0.00	0.00	0.00	0.00
贱金属及制品	2.69	0.00	0.00	0.00	0.00	0.00
机器设备	0.00	0.00	0.24	0.00	0.01	0.01
车辆航空等运输设备	0.34	0.00	0.00	0.00	0.00	0.00
光学电影医疗等设备	0.00	0.00	0.01	0.00	0.00	0.00
武器弹药等	0.00	0.00	0.00	0.00	0.00	0.00
杂项制品	0.00	0.00	0.00	0.00	0.00	0.00

三、贸易结构潜力指数分析

本部分从贸易结合度指数、显性比较优势指数和贸易互补性指数分别来探讨中国和中亚地区五国双边贸易竞争和互补潜力。

（一）贸易结合度

中国与中亚地区五国双边贸易合作情况可以用贸易结合度指数来考察，贸易结合度是用来衡量两国贸易依存程度的综合性指标，是指国家 i 对国家 j 出口额占 i 国出口总额的比重与该国进口总额占世界进口总额的比重之比。数值越大表明两国之间联系越发紧密。具体如式（5－1）所示。

$$TCD_{ij} = \frac{EX_{ij}/EX_i}{IM_j/IM_w} \tag{5-1}$$

其中，TCD_{ij}表示 i 和 j 两国间的贸易结合度，EX_{ij}表示 i 国对 j 国出口额，EX_i 表示 i 国总出口额，IM_j 表示 j 国总进口额，IM_w 表示世界进口总额。

如果 $TCD < 1$，则 i 国和 j 国在贸易方面联系松散，如果 $TCD = 1$，则为平均水平，如果 $TCD > 1$，则 i 国和 j 国在贸易方面联系紧密。此时需注意，式（5－1）更倾向于说明 j 国与 i 国贸易结合是否紧密，即 j 国从世界进口比例中有多少来源于 i 国对 j 出口占 i 国总出口比例。若变换式（5－1），考察倾向于说明 i 国与 j 国贸易结合是否紧密，即 i 国从世界进口比例中有多少来源于 j 国对 i 出口占 j 国总出口比例，则得到式（5－2）：

$$TCD_{ji} = \frac{EX_{ji}/EX_j}{IM_i/IM_w} \tag{5-2}$$

中亚地区五国与中国双边贸易结合度结果如表 5－12 所示。

根据表 5－12 中的数值可以发现，哈萨克斯坦和吉尔吉斯斯坦对中国一直贸易联系紧密，尤其是 2005～2011 年吉尔吉斯斯坦对中国的贸易结合度很高。塔吉克斯坦贸易对中国结合度从 2005 年开始大于 1，且通过数值发现贸易结合度越发紧密；土库曼斯坦贸易对中国结合度大部分年份小于 1，贸易联系相对松散；乌兹别克斯坦对中国贸易结合度从 2006 年开始大于 1，表明由此贸易联系紧密。

表 5－12　中亚地区五国对中国双边贸易结合度

年份	哈萨克斯坦对中国 TCD	吉尔吉斯斯坦对中国 TCD	塔吉克斯坦对中国 TCD	土库曼斯坦对中国 TCD	乌兹别克斯坦对中国 TCD
1992	2.63	2.07	0.68	0.35	0.62
1993	1.87	3.61	0.59	0.33	0.64
1994	1.10	3.46	0.05	0.09	0.72
1995	0.70	7.31	0.64	0.29	0.61
1996	0.83	3.01	0.42	0.24	0.30
1997	0.69	3.13	0.46	0.30	0.46
1998	1.47	6.34	0.48	0.32	0.53
1999	4.11	5.10	0.11	0.15	0.27
2000	3.21	5.33	0.27	0.18	0.39
2001	1.24	4.00	0.19	0.34	0.44
2002	1.89	5.16	0.19	0.85	0.89
2003	3.36	6.14	0.42	0.56	0.99
2004	2.79	8.45	0.73	0.41	0.82

续表

年份	哈萨克斯坦对中国 TCD	吉尔吉斯斯坦对中国 TCD	塔吉克斯坦对中国 TCD	土库曼斯坦对中国 TCD	乌兹别克斯坦对中国 TCD
2005	3. 20	11. 23	1. 54	0. 44	0. 90
2006	2. 58	14. 07	2. 28	0. 82	1. 19
2007	2. 67	15. 43	2. 46	0. 98	1. 42
2008	3. 00	26. 20	5. 24	1. 66	1. 60
2009	2. 93	18. 48	5. 06	1. 44	1. 85
2010	2. 95	12. 59	5. 09	0. 91	1. 34
2011	2. 53	11. 16	6. 07	1. 01	1. 27
2012	2. 17	8. 62	4. 22	1. 57	1. 35
2013	2. 21	7. 20	3. 88	0. 98	1. 71
2014	2. 51	7. 46	4. 68	0. 78	1. 68
2015	2. 03	7. 75	3. 85	0. 75	1. 43
2016	2. 55	11. 06	4. 30	0. 37	1. 35

注：横线表示数值小于 1，即贸易结合松散情况。

中国对中亚地区五国双边贸易结合度结果如表 5 – 13 所示。

根据表 5 – 13 中贸易结合度数值可以发现，中国对哈萨克斯坦一直保持着非常紧密的贸易联系；中国对吉尔吉斯斯坦贸易结合度指数从 2008 年开始小于 1 且贸易联系紧密度有下降趋势；中国对塔吉克斯坦贸易一直处于松散联系状态；中国对土库曼斯坦贸易结合度指数从 2010 年开始大于 1 并呈现出增加趋势，意味着贸易联系越发紧密；中国对乌兹别克斯坦贸易结合度指数从 2012 年开始大于 1 并逐渐增加，说明贸易联系越发紧密。

表 5 – 13　中国对中亚地区五国双边贸易结合度

年份	中国对哈萨克斯坦 TCD	中国对吉尔吉斯斯坦 TCD	中国对塔吉克斯坦 TCD	中国对土库曼斯坦 TCD	中国对乌兹别克斯坦 TCD
1992	2. 11	2. 54	0. 35	0. 02	0. 24
1993	3. 01	7. 27	0. 63	0. 03	0. 16
1994	2. 34	8. 50	0. 20	0. 14	1. 09
1995	2. 40	12. 09	0. 49	0. 13	0. 83
1996	2. 46	2. 91	0. 21	0. 07	1. 44
1997	2. 69	2. 40	0. 50	0. 15	1. 42
1998	3. 27	2. 03	0. 56	0. 15	0. 37
1999	3. 92	2. 47	0. 30	0. 06	0. 14

续表

年份	中国对哈萨克斯坦 TCD	中国对吉尔吉斯斯坦 TCD	中国对塔吉克斯坦 TCD	中国对土库曼斯坦 TCD	中国对乌兹别克斯坦 TCD
2000	3.25	3.94	0.40	0.05	0.13
2001	2.96	2.36	0.22	0.01	0.07
2002	3.20	2.62	0.18	0.01	0.25
2003	2.54	2.27	0.43	0.02	1.20
2004	1.94	2.60	0.29	0.06	1.61
2005	1.72	2.57	0.26	0.06	1.56
2006	1.48	2.00	0.20	0.04	1.59
2007	2.02	1.29	0.10	0.08	0.68
2008	1.59	0.96	0.21	0.03	0.47
2009	1.85	0.37	2.33	0.10	0.42
2010	2.06	0.46	0.52	1.79	1.24
2011	1.94	0.53	0.61	3.83	0.65
2012	1.75	0.48	0.82	5.41	1.00
2013	1.85	0.30	0.75	5.16	1.58
2014	1.20	0.28	0.48	5.30	1.35
2015	1.27	0.40	0.58	5.57	1.26
2016	1.34	0.47	0.35	5.17	1.64

注：横线表示数值小于1，即贸易结合松散情况。

（二）显示性比较优势

显示性比较优势指数（RCA）。RCA指数由Balassa于1965年提出，是指一国某类产品出口在世界该产品出口中的份额与该国所有产品出口在世界所有产品出口中的份额的比率。其公式为：

$$RCA = \frac{X_{ij}/X_{tj}}{X_{iw}/X_{tw}} \tag{5-3}$$

其中，X代表出口，i和j代表两个国家，w代表世界，t代表总值。一般认为，$RCA>1$表明该国在该类产品上具有比较优势，$RCA>2.5$表明具有极强的比较优势，而$RCA<1$则不具有比较优势。

由于中亚地区五国中，塔吉克斯坦、乌兹别克斯坦和土库曼斯坦分类产品数据的不可获得性，RCA指数计算仅能计算出SITC分类标准0～4类的显性比较优势①。

① 笔者同样计算了按照HS海关编码下中国1～20大类产品的出口和进口显性比较优势指数，详见附录三。

从表5－14可以看到中国具有出口比较优势的产品主要集中在SITC6、STTC7和STTC8三类产品，分别涉及主要以原材料分类的制成品（皮革及制品、橡胶制品、木制品、纸制品纺织制品、钢铁、有色金属及制品等）、机械和运输设备以及杂项制成品（服装鞋、摄影仪器、钟表等）。进口比较优势（出口比较劣势）的产品主要集中在SITC2和SITC4类别，分别涉及除燃料外的非食用未加工材料（皮毛、天然橡胶、木材、纸浆、纺织纤维、原油肥料、金属矿砂即原有动物和植物材料等）以及动物及植物油、脂肪及蜡。

可以发现，中国具有出口比较优势的产品从原来集中在原材料或初级加工品逐渐转移到工业制成品，反映了我国产业战略的调整变化趋势。进口比较优势产品逐渐向原料类产品转移，且其中SITC2类产品进口比较优势越来越大。

从表5－15可以看到哈萨克斯坦具有出口比较优势的产品主要集中在SITC2、STTC3和STTC6三类产品，分别涉及除燃料外的非食用未加工材料、矿物燃料、润滑油及有关物质（煤、石油和天然气）以及主要以材料分类的制成品。进口比较优势（出口比较劣势）的产品主要集中在SITC0和SITC1类别，分别涉及粮食及活动物以及饮料及烟叶，且随着时间推移，此两类产品出口劣势增加，进口优势增强；2005年之前SITC 3和SITC 4类也成为哈萨克斯坦进口比较优势产品，2005年之后这两类产品转为具有出口比较优势产品。

可以发现，哈萨克斯坦具有出口比较优势的产品主要集中在矿产等原材料产品，其中SITC3类一直是哈萨克斯坦强优势产品，反映了哈萨克斯坦资源禀赋决定的产品贸易模式。进口比较优势产品。进口主要集中在粮食类和烟草类产品。

从表5－16可以看到吉尔吉斯斯坦具有出口比较优势的产品主要集中在SITC0、SITC1、SITC2和SITC9四类产品，分别涉及粮食及活动物、饮料及烟叶、除燃料外的非食用未加工材料以及未列入前述类别产品。进口比较优势（出口比较劣势）的产品主要集中在SITC0、SITC1、SITC3和SITC4类别，分别涉及粮食及活动物、饮料及烟叶、矿物燃料、润滑油及有关物质以及动物及植物油、脂肪及蜡。

从表5－17可以看到塔吉克斯坦、土库曼斯坦和乌兹别克斯坦具有出口比较优势的产品主要集中在SITC2和SITC3类产品，分别涉及除燃料外的非食用未加工材料以及矿物燃料、润滑油及有关物质。而进口RCA指数基本上都小于1。

根据RCA指数分析发现，中亚地区五国出口优势产品虽然具有国别差异，但是集中在SITC2和SITC3类，即除燃料外的非食用未加工材料（皮毛、天然橡胶、木材、纸浆、纺织纤维、原油肥料、金属矿砂即原有动物和植物材料等）和矿物燃料、润滑油及有关物质（煤、石油和天然气），与商品结构分类具有一致性，符合中亚地区五国的资源禀赋结构。

表 5-14 中国 SITC 分类产品的 RCA 指数

年份	出口 RCA										进口 RCA				
	SITC0	SITC1	SITC2	SITC3	SITC4	SITC5	SITC6	SITC7	SITC8	SITC9	SITC0	SITC1	SITC2	SITC3	SITC4
1992	1.12	0.61	0.84	0.52	0.35	0.45	0.96	0.35	2.61	0.16	0.46	0.23	1.32	0.41	1.35
1993	1.09	0.75	0.80	0.44	0.48	0.45	0.93	0.38	2.76	0.10	0.27	0.19	1.01	0.54	1.02
1994	1.03	0.64	0.82	0.37	0.77	0.46	1.02	0.41	2.82	0.08	0.35	0.05	1.24	0.39	2.95
1995	0.88	0.78	0.70	0.44	0.55	0.55	1.17	0.49	2.68	0.07	0.63	0.27	1.50	0.47	3.60
1996	0.90	0.73	0.71	0.44	0.51	0.55	1.08	0.55	2.74	0.04	0.56	0.33	1.66	0.54	2.46
1997	0.85	0.49	0.62	0.45	0.69	0.52	1.09	0.55	2.78	0.06	0.44	0.21	1.86	0.79	2.43
1998	0.83	0.46	0.56	0.41	0.31	0.50	1.02	0.60	2.73	0.00	0.40	0.12	1.83	0.68	2.02
1999	0.82	0.36	0.64	0.30	0.15	0.48	1.04	0.66	2.68	0.03	0.34	0.12	1.96	0.69	1.80
2000	0.86	0.32	0.58	0.30	0.14	0.48	1.10	0.74	2.65	0.05	0.38	0.17	2.32	0.86	1.28
2001	0.78	0.33	0.52	0.31	0.12	0.46	1.06	0.81	2.44	0.05	0.35	0.17	2.42	0.69	0.91
2002	0.73	0.30	0.45	0.27	0.07	0.41	1.04	0.89	2.33	0.05	0.30	0.13	2.11	0.66	1.38
2003	0.67	0.24	0.38	0.25	0.06	0.39	1.04	1.01	2.22	0.05	0.25	0.12	2.28	0.67	1.68
2004	0.57	0.23	0.31	0.22	0.06	0.39	1.11	1.10	2.14	0.04	0.30	0.11	2.59	0.75	1.77
2005	0.55	0.19	0.31	0.17	0.09	0.42	1.15	1.17	2.15	0.06	0.27	0.14	2.85	0.71	1.33
2006	0.52	0.16	0.24	0.13	0.10	0.42	1.21	1.21	2.15	0.06	0.25	0.16	2.73	0.77	1.31
2007	0.48	0.15	0.21	0.13	0.06	0.45	1.20	1.25	2.18	0.04	0.23	0.18	3.01	0.78	1.83
2008	0.43	0.14	0.23	0.13	0.07	0.52	1.29	1.34	2.23	0.03	0.24	0.23	3.46	0.86	1.76
2009	0.43	0.15	0.20	0.13	0.05	0.43	1.15	1.39	2.09	0.02	0.24	0.21	3.55	0.86	1.46
2010	0.45	0.16	0.18	0.12	0.05	0.49	1.17	1.40	2.14	0.02	0.27	0.22	3.32	0.88	1.24
2011	0.46	0.16	0.19	0.10	0.05	0.55	1.26	1.44	2.25	0.02	0.29	0.27	3.33	0.91	1.11
2012	0.44	0.16	0.18	0.09	0.05	0.51	1.28	1.42	2.36	0.01	0.35	0.31	3.28	0.96	1.24
2013	0.42	0.15	0.17	0.09	0.05	0.50	1.29	1.41	2.32	0.01	0.37	0.29	3.30	0.94	1.04
2014	0.40	0.15	0.18	0.09	0.06	0.52	1.33	1.33	2.23	0.02	0.40	0.30	3.18	1.01	0.89
2015	0.39	0.17	0.18	0.10	0.06	0.49	1.30	1.24	1.99	0.02	0.47	0.40	3.06	0.99	0.86

表 5-15 哈萨克斯坦 SITC 分类产品的 RCA 指数

年份	出口 RCA										进口 RCA				
	SITC0	SITC1	SITC2	SITC3	SITC4	SITC5	SITC6	SITC7	SITC8	SITC9	SITC0	SITC1	SITC2	SITC3	SITC4
1992	0.00	0.00	0.00	0.00	0.00	0.00	0.00	0.00	0.00	0.00	0.00	0.00	0.00	0.00	0.00
1993	0.00	0.00	0.00	0.00	0.00	0.00	0.00	0.00	0.00	0.00	0.00	0.00	0.00	0.00	0.00
1994	0.00	0.00	0.00	0.00	0.00	0.00	0.00	0.00	0.00	0.00	0.00	0.00	0.00	0.00	0.00
1995	1.25	0.19	1.78	3.06	0.08	0.93	2.17	0.14	0.08	0.00	1.01	1.67	1.16	3.02	0.82
1996	1.45	0.66	1.97	3.71	0.05	0.85	1.78	0.15	0.07	0.00	1.10	3.27	0.77	2.07	1.43
1997	1.54	0.95	2.29	4.02	0.06	0.63	1.84	0.11	0.04	0.44	1.25	3.60	0.60	1.63	1.33
1998	1.09	0.38	2.46	5.20	0.02	0.58	1.84	0.08	0.06	0.92	1.06	2.00	0.74	2.12	1.47
1999	1.06	0.18	1.87	5.43	0.03	0.53	1.77	0.10	0.04	1.08	1.18	1.63	0.74	1.23	1.81
2000	1.15	0.24	2.40	4.90	0.03	0.11	1.71	0.05	0.04	0.45	1.25	1.39	0.73	1.05	2.29
2001	0.79	0.30	2.57	5.48	0.12	0.13	1.60	0.05	0.03	0.28	1.05	1.01	0.65	1.19	2.25
2002	0.74	0.24	2.35	6.05	0.07	0.23	1.53	0.04	0.02	0.31	1.01	1.13	0.48	1.17	2.16
2003	0.95	0.20	2.18	6.04	0.13	0.17	1.39	0.04	0.02	0.24	1.07	0.97	0.55	1.04	1.25
2004	0.68	0.17	2.36	5.85	0.13	0.16	1.31	0.03	0.02	0.22	1.05	1.16	0.50	1.16	0.78
2005	0.41	0.19	2.12	5.30	0.08	0.17	1.13	0.03	0.02	0.19	1.09	1.28	0.52	0.87	1.00
2006	0.51	0.16	1.80	4.90	0.09	0.25	1.13	0.04	0.01	0.28	1.13	1.27	0.43	0.88	0.68
2007	0.78	0.17	1.77	4.90	0.08	0.26	1.19	0.05	0.01	0.20	1.03	1.45	0.45	0.79	0.63
2008	0.75	0.12	1.78	4.17	0.02	0.25	1.09	0.05	0.01	0.19	1.14	1.52	0.35	0.83	1.11
2009	0.56	0.14	1.74	5.16	0.12	0.38	1.03	0.02	0.01	0.27	1.10	1.30	0.29	0.70	0.85
2010	0.52	0.14	1.28	4.69	0.13	0.37	0.92	0.02	0.01	0.28	1.09	0.98	0.22	0.50	0.67
2011	0.33	0.13	1.68	4.51	0.06	0.31	1.06	0.03	0.03	0.23	1.57	1.52	0.29	0.76	0.82
2012	0.53	0.18	1.65	4.30	0.10	0.38	1.17	0.04	0.07	0.19	1.33	1.35	0.49	0.58	0.58
2013	0.45	0.21	1.27	4.51	0.10	0.34	0.78	0.04	0.03	0.09	1.33	1.38	0.35	0.65	0.57
2014	0.43	0.24	1.34	4.82	0.13	0.33	0.71	0.07	0.02	0.07	1.43	1.50	0.46	0.35	0.66
2015	0.69	0.27	0.65	5.20	0.16	0.44	0.94	0.02	0.02	0.01	0.86	0.64	0.26	0.13	0.18

表 5－16　吉尔吉斯斯坦 SITC 分类产品的 RCA 指数

年份	出口 RCA										进口 RCA				
	SITC0	SITC1	SITC2	SITC3	SITC4	SITC5	SITC6	SITC7	SITC8	SITC9	SITC0	SITC1	SITC2	SITC3	SITC4
1992	0. 00	0. 00	0. 00	0. 00	0. 00	0. 00	0. 00	0. 00	0. 00	0. 00	0. 00	0. 00	0. 00	0. 00	0. 00
1993	0. 00	0. 00	0. 00	0. 00	0. 00	0. 00	0. 00	0. 00	0. 00	0. 00	0. 00	0. 00	0. 00	0. 00	0. 00
1994	0. 00	0. 00	0. 00	0. 00	0. 00	0. 00	0. 00	0. 00	0. 00	0. 00	0. 00	0. 00	0. 00	0. 00	0. 00
1995	1. 93	6. 61	4. 12	1. 37	0. 31	1. 08	1. 21	0. 22	0. 38	0. 22	2. 01	2. 23	0. 90	4. 35	1. 86
1996	2. 95	4. 55	3. 85	1. 74	0. 16	1. 21	0. 89	0. 23	0. 29	0. 11	2. 44	2. 23	0. 54	3. 11	1. 08
1997															
1998	1. 10	9. 46	2. 55	0. 82	0. 11	0. 37	0. 56	0. 27	0. 20	12. 73	1. 57	1. 60	0. 69	3. 49	2. 93
1999	0. 79	9. 03	3. 56	1. 44	0. 24	0. 30	0. 27	0. 21	0. 24	13. 89	1. 34	1. 96	0. 84	2. 55	2. 07
2000	0. 60	7. 10	4. 83	1. 53	0. 24	0. 28	0. 24	0. 22	0. 24	8. 94	1. 95	3. 32	0. 66	2. 17	1. 59
2001	0. 66	6. 03	3. 20	1. 14	0. 00	0. 35	0. 26	0. 26	0. 16	11. 08	1. 30	3. 97	0. 96	2. 50	1. 93
2002	1. 05	4. 33	5. 65	1. 25	0. 10	0. 14	0. 45	0. 23	0. 21	7. 94	1. 52	3. 17	1. 11	2. 63	1. 62
2003	1. 08	2. 42	3. 81	1. 14	0. 04	0. 11	0. 64	0. 18	0. 33	10. 30	1. 35	3. 69	1. 03	2. 38	2. 96
2004	1. 56	2. 56	3. 43	1. 03	0. 03	0. 27	0. 71	0. 17	0. 48	9. 23	1. 59	4. 01	0. 85	2. 39	2. 83
2005	1. 58	3. 38	3. 56	0. 89	0. 04	0. 09	0. 87	0. 19	0. 58	9. 95	2. 00	4. 41	0. 88	2. 12	2. 17
2006	1. 83	1. 84	2. 51	1. 19	0. 00	0. 14	0. 72	0. 21	0. 76	6. 32	1. 96	3. 00	0. 62	1. 78	1. 72
2007	2. 02	1. 57	1. 74	1. 57	0. 03	0. 09	0. 70	0. 22	0. 73	4. 52	1. 95	3. 15	0. 66	1. 89	1. 76
2008	1. 59	1. 40	1. 17	0. 20	0. 02	0. 09	0. 53	0. 13	0. 68	11. 09	1. 87	3. 07	0. 51	0. 31	1. 73
2009	1. 26	1. 44	0. 75	0. 18	0. 00	0. 03	0. 19	0. 14	0. 46	7. 39	2. 05	2. 83	0. 48	0. 26	2. 31
2010	1. 58	2. 21	0. 75	0. 46	0. 00	0. 04	0. 22	0. 14	0. 72	9. 29	2. 25	3. 37	0. 38	1. 73	2. 88
2011	1. 70	1. 73	1. 04	0. 56	0. 01	0. 09	0. 40	0. 19	0. 81	10. 72	2. 23	3. 22	0. 40	1. 31	2. 30
2012	1. 85	1. 20	1. 69	0. 54	0. 00	0. 10	0. 53	0. 34	0. 88	5. 85	1. 97	2. 90	0. 47	1. 21	1. 92
2013	1. 72	1. 38	0. 90	0. 48	0. 02	0. 11	0. 63	0. 26	0. 64	6. 59	1. 80	2. 84	0. 50	1. 22	2. 07
2014															
2015	1. 16	2. 39	1. 27	0. 41	0. 04	0. 09	0. 38	0. 34	0. 45	9. 93	1. 59	2. 85	0. 40	1. 60	2. 41

表 5－17　塔吉克斯坦、土库曼斯坦和乌兹别克斯坦合计 SITC 分类产品的 RCA 指数

年份	出口 RCA										进口 RCA				
	SITC0	SITC1	SITC2	SITC3	SITC4	SITC5	SITC6	SITC7	SITC8	SITC9	SITC0	SITC1	SITC2	SITC3	SITC4
1992	0.00	0.00	0.00	0.00	0.00	0.00	0.00	0.00	0.00	0.00	0.00	0.00	0.00	0.00	0.00
1993	0.00	0.00	0.00	0.00	0.00	0.00	0.00	0.00	0.00	0.00	0.00	0.00	0.00	0.00	0.00
1994	0.00	0.00	0.00	0.00	0.00	0.00	0.00	0.00	0.00	0.00	0.00	0.00	0.00	0.00	0.00
1995															
1996	0.01	0.28	0.66	0.98	0.01	0.01	0.11	0.01	0.03						
1997															
1998	0.03	0.33	1.27	1.10	0.01	0.01	0.19	0.01	0.05						
1999	0.03	0.25	1.68	1.90	0.00	0.02	0.24	0.02	0.05		0.51	1.73	0.05	0.15	0.32
2000	0.09	0.52	2.08	3.31	0.13	0.04	0.66	0.04	0.09	0.28	0.84	0.53	0.10	0.48	0.57
2001	0.03	0.70	1.70	3.36	0.12	0.02	0.24	0.02	0.10	0.22	0.53	0.44	0.07	0.04	0.20
2002	0.04	0.79	1.67	3.49	0.10	0.02	0.37	0.01	0.12	0.47	0.58	0.47	0.07	0.04	0.19
2003	0.04	0.85	1.34	2.64	0.08	0.02	0.42	0.01	0.13	0.22	0.51	0.42	0.07	0.03	0.15
2004	0.05	0.77	1.24	2.06	0.07	0.01	0.34	0.01	0.10	0.23	0.42	0.35	0.05	0.02	0.11
2005	0.05	1.01	0.97	1.46	0.07	0.01	0.45	0.01	0.09	0.19	0.44	0.37	0.05	0.02	0.13
2006	0.05	0.75	0.83	1.03	0.11	0.01	0.31	0.01	0.08	0.17	0.42	0.37	0.04	0.02	0.12
2007	0.04	0.90	0.67	0.82	0.03	0.01	0.26	0.01	0.07	0.07	0.28	0.25	0.03	0.01	0.07
2008	0.04	0.91	0.50	0.52	0.02	0.01	0.20	0.01	0.05	0.04	0.19	0.18	0.02	0.01	0.04
2009	0.04	0.60	0.68	0.90	0.03	0.01	0.19	0.01	0.04	0.07	0.16	0.15	0.02	0.01	0.04
2010	0.04	0.78	0.67	0.73	0.02	0.01	0.20	0.01	0.03	0.09	0.19	0.19	0.02	0.01	0.04
2011	0.04	0.79	0.49	0.46	0.02	0.01	0.16	0.01	0.03	0.09	0.15	0.15	0.01	0.01	0.03
2012	0.05	1.01	0.49	0.42	0.02	0.01	0.14	0.01	0.03	0.08	0.12	0.13	0.01	0.00	0.03
2013	0.06	1.15	0.50	0.42	0.02	0.01	0.14	0.01	0.04	0.06	0.11	0.12	0.01	0.00	0.03
2014															
2015	0.06	1.29	0.75	0.68	0.02	0.01	0.13	0.00	0.05	0.11	0.12	0.13	0.02	0.01	0.03

（三）贸易互补性

贸易互补性指数（Trade Complementarity Index，TCI。Peter Drysdale，1967）用来测度一国或地区与另一国或地区之间贸易关系的密切程度，它是一国或地区某产品或行业的出口显示性比较优势指数与另一国进口显示性比较优势指数之乘积，其计算公式为：

$$TCI_j = RCA_{xj} \times RCA_{mj} \quad (5-4)$$

假设有 a、b 两国，a 国 j 产品的出口显性比较优势指数 =（a 国 j 产品的出口额/a 国出口总额）/（世界 j 产品出口额/世界出口总额），即 $RCA_{xj} = (X_j/X_t)/(X_{wj}/X_{wt})$。$b$ 国 j 产品进口显性比较优势指数 =（b 国 j 产品进口额/b 国进口总额）/（世界 j 产品进口额/世界进口总额），即 $RCA_{mj} = (M_j/M_{jt})/(M_{wj}/M_{wt})$。$TCI$ 大于 1 说明互补性强且 TCI 越大，两国互补性越强。反之，TCI 小于 1 则说明互补性弱，数值越小则越弱。

为了准确地反映各类产品互补性大小，武敬云（2012）将其分成四个级别：将贸易互补性指数大于 1 的定义为“一级互补”，将贸易互补性指数介于 0.5 ~ 0.99 的定义为“二级互补”，将贸易互补性指数介于 0.2 ~ 0.49 的定义为“三级互补”，将贸易互补性指数小于 0.2 的定义为“四级互补”。其中定义一级和二级贸易互补为“高度贸易互补”，我们将重点分析高度贸易互补的分布状况。

根据互补性指数定义，本节计算了中国与中亚地区五国按照 SITC 编码分类[①]的 TCI 指数，根据贸易流向不同分为从中方出口角度计算的中国与中亚地区五国各国某类产品 TCI 指数和从中亚地区五国各国出口角度计算的中亚地区五国各国与中国某类产品 TCI 指数。

需要说明的是，由于 UN Comtrade 数据库关于塔吉克斯坦、乌兹别克斯坦和土库曼斯坦的数据严重缺失，本部分采用的是 UN 亚太经社会数据库（ESCAP Database）[②] 中关于中亚贸易数据的统计，在亚太经社会数据库中，将中南亚国家当作一个整体，包括亚美尼亚、阿塞拜疆、格鲁吉亚、俄罗斯、哈萨克斯坦、吉尔吉斯斯坦、塔吉克斯坦、乌兹别克斯坦和土库曼斯坦 9 个国家，虽然塔吉克斯坦、乌兹别克斯坦和土库曼斯坦 SITC 分类贸易数据仍然缺失，但是通过中南

① 由于世界分类产品 SITC5 – 9 缺失，只能考察 SITC0 – 4 类产品互补性指数。

② 联合国亚洲及太平洋经济社会委员会（以下简称“亚太经社会”，U. N. Economic and Social Commission for Asia and the Pacific，ESCAP）是联合国经济社会理事会下属的五个区域委员会之一，是亚太地区建立最早、代表性最为广泛的政府间多边经济社会发展组织。其主要职能是通过区域和次区域合作促进本地区社会经济的发展，是联合国在亚太地区的主要经济和社会发展事务的论坛。亚太经社会是联合国的附属组织，工作包括通过在区内收集、评估和分发有关经济、科技及统计资料，进行研究并提出制定新措施，以促进亚太地区对最大成员国的经济发展。

亚整体减去亚美尼亚、阿塞拜疆、格鲁吉亚、俄罗斯、哈萨克斯坦、吉尔吉斯斯坦6国可以得到其余三个中亚国家的SITC贸易分类数据，与以往仅用哈萨克斯坦代表中亚地区五国等研究相比，更能从国家和产业层面进行互补性分析。

计算结果见表5－18、表5－19、表5－20。

从表5－18可以看到，对哈萨克斯坦来讲，高度贸易互补的产品主要为中国SITC0“粮食及活物”产品，但是互补性在不断下降；SITC1－4类产品基本在1999年之前是高度互补，但是2000年开始互补性不断下降甚至在2005年之后互补性指数小于0.2变为微弱互补。对于中国来说，互补性行业强的产品主要集中在SITC2类和SITC3类，即除燃料外的非食用加工材料和矿物燃料、润滑油及有关物质等。

表5－18　中国与哈萨克斯坦之间互补性指数

年份	中对哈互补指数0	中对哈互补指数1	中对哈互补指数2	中对哈互补指数3	中对哈互补指数4	哈对中互补性指数0	哈对中互补性指数1	哈对中互补性指数2	哈对中互补性指数3	哈对中互补性指数4
1995	0.89	1.30	0.82	1.33	0.45	0.79	0.05	2.68	1.43	0.30
1996	0.99	2.40	0.55	0.92	0.73	0.81	0.22	3.26	2.00	0.12
1997	1.06	1.78	0.37	0.73	0.92	0.68	0.20	4.25	3.19	0.15
1998	0.87	0.93	0.41	0.86	0.45	0.44	0.04	4.50	3.54	0.04
1999	0.97	0.60	0.47	0.36	0.27	0.36	0.02	3.67	3.75	0.05
2000	1.08	0.45	0.42	0.31	0.33	0.44	0.04	5.57	4.23	0.04
2001	0.82	0.34	0.34	0.37	0.28	0.28	0.05	6.20	3.79	0.11
2002	0.74	0.34	0.22	0.31	0.16	0.22	0.03	4.97	4.01	0.10
2003	0.71	0.23	0.21	0.26	0.08	0.24	0.02	4.97	4.04	0.22
2004	0.60	0.27	0.16	0.26	0.05	0.20	0.02	6.11	4.38	0.23
2005	0.60	0.24	0.16	0.15	0.09	0.11	0.03	6.05	3.76	0.11
2006	0.59	0.20	0.10	0.12	0.07	0.13	0.03	4.92	3.77	0.12
2007	0.50	0.21	0.10	0.10	0.04	0.18	0.03	5.34	3.84	0.15
2008	0.48	0.22	0.08	0.11	0.08	0.18	0.03	6.16	3.59	0.04
2009	0.47	0.20	0.06	0.09	0.05	0.13	0.03	6.17	4.45	0.17
2010	0.49	0.15	0.04	0.06	0.03	0.14	0.03	4.25	4.13	0.16
2011	0.72	0.24	0.05	0.08	0.04	0.10	0.03	5.60	4.10	0.07
2012	0.58	0.22	0.09	0.05	0.03	0.18	0.05	5.41	4.11	0.13
2013	0.55	0.20	0.06	0.06	0.03	0.17	0.06	4.19	4.22	0.11
2014	0.58	0.23	0.08	0.03	0.04	0.17	0.07	4.26	4.86	0.12
2015	0.34	0.11	0.05	0.01	0.01	0.33	0.11	1.99	5.14	0.14

从表 5－19 可以看到，对吉尔吉斯斯坦来讲，高度贸易互补的产品主要为中国 SITC0“粮食及活物”和 SITC1“饮料及烟叶”；SITC2－4 类产品 2000 年开始互补性不断下降甚至在 2005 年之后互补性指数小于 0.2 变为微弱互补。对于中国来说，互补性行业强的产品主要集中在 SITC2 类和 SITC3 类，即除燃料外的非食用加工材料和矿物燃料、润滑油及有关物质等；与哈萨克斯坦类似。

表 5－19　中国与吉尔吉斯斯坦之间互补性指数

年份	中对吉互补性指数 0	中对吉互补性指数 1	中对吉互补性指数 2	中对吉互补性指数 3	中对吉互补性指数 4	吉对中互补性指数 0	吉对中互补性指数 1	吉对中互补性指数 2	吉对中互补性指数 3	吉对中互补性指数 4
1995	1.76	1.73	0.63	1.91	1.01	1.21	1.82	6.19	0.64	1.10
1996	2.19	1.64	0.39	1.38	0.55	1.64	1.50	6.38	0.94	0.40
1997	—	—	—	—	—	—	—	—	—	—
1998	1.29	0.74	0.39	1.43	0.91	0.44	1.10	4.66	0.56	0.22
1999	1.10	0.72	0.54	0.76	0.31	0.27	1.07	6.97	1.00	0.43
2000	1.69	1.07	0.38	0.65	0.23	0.23	1.23	11.22	1.32	0.31
2001	1.01	1.33	0.49	0.79	0.24	0.23	1.01	7.73	0.79	0.00
2002	1.11	0.96	0.50	0.71	0.12	0.31	0.55	11.96	0.83	0.14
2003	0.90	0.89	0.39	0.60	0.18	0.27	0.29	8.68	0.76	0.07
2004	0.91	0.93	0.27	0.53	0.17	0.47	0.27	8.88	0.77	0.06
2005	1.11	0.84	0.27	0.37	0.20	0.43	0.47	10.15	0.63	0.05
2006	1.02	0.47	0.15	0.23	0.17	0.47	0.30	6.87	0.92	0.00
2007	0.94	0.46	0.14	0.24	0.10	0.47	0.29	5.23	1.23	0.06
2008	0.80	0.44	0.12	0.04	0.13	0.37	0.32	4.06	0.17	0.03
2009	0.88	0.43	0.09	0.03	0.12	0.30	0.31	2.66	0.15	0.00
2010	1.01	0.52	0.07	0.20	0.13	0.43	0.48	2.50	0.40	0.00
2011	1.02	0.51	0.07	0.13	0.11	0.49	0.47	3.46	0.51	0.01
2012	0.86	0.47	0.08	0.11	0.09	0.64	0.37	5.53	0.51	0.00
2013	0.75	0.42	0.08	0.11	0.11	0.63	0.40	2.97	0.45	0.02
2014	—	—	—	—	—	—	—	—	—	—
2015	0.63	0.48	0.07	0.16	0.13	0.55	0.96	3.87	0.40	0.03

从表 5－20 可以看到，对塔吉克斯坦、土库曼斯坦和乌兹别克斯坦三国（以下简称塔土乌三国）来讲，不存在高度贸易互补的产品，SITC0－4 类产品互补

性指数小于0.2，属于具有微弱互补性的产品。对于中国来说，互补性行业强的产品主要集中在SITC2类和SITC3类，即除燃料外的非食用加工材料和矿物燃料、润滑油及有关物质等；与哈萨克斯坦和吉尔吉斯斯坦类似。

表5-20　中国与塔吉克斯坦、乌兹别克斯坦和土库曼斯坦之间互补性指数

年份	中对三国互补性指数0	中对三国互补性指数1	中对三国互补性指数2	中对三国互补性指数3	中对三国互补性指数4	三国对中互补性指数0	三国对中互补性指数1	三国对中互补性指数2	三国对中互补性指数3	三国对中互补性指数4
1996	—	—	—	—	—	0.01	0.09	1.09	0.53	0.02
1997	—	—	—	—	—	—	—	—	—	—
1998	—	—	—	—	—	0.01	0.04	2.33	0.75	0.02
1999	0.41	0.63	0.03	0.04	0.05	0.01	0.03	3.29	1.31	0.00
2000	0.72	0.17	0.06	0.14	0.08	0.03	0.09	4.82	2.86	0.17
2001	0.42	0.15	0.03	0.01	0.02	0.01	0.12	4.10	2.33	0.11
2002	0.42	0.14	0.03	0.01	0.01	0.01	0.10	3.53	2.31	0.14
2003	0.34	0.10	0.02	0.01	0.01	0.01	0.10	3.06	1.77	0.14
2004	0.24	0.08	0.01	0.01	0.01	0.01	0.08	3.22	1.54	0.12
2005	0.24	0.07	0.01	0.00	0.01	0.01	0.14	2.75	1.04	0.09
2006	0.22	0.06	0.01	0.00	0.01	0.01	0.12	2.27	0.79	0.15
2007	0.14	0.04	0.01	0.00	0.00	0.01	0.16	2.01	0.64	0.06
2008	0.08	0.03	0.00	0.00	0.00	0.01	0.20	1.74	0.45	0.03
2009	0.07	0.02	0.00	0.00	0.00	0.01	0.13	2.43	0.78	0.04
2010	0.08	0.03	0.00	0.00	0.00	0.01	0.17	2.22	0.65	0.03
2011	0.07	0.02	0.00	0.00	0.00	0.01	0.21	1.63	0.42	0.02
2012	0.05	0.02	0.00	0.00	0.00	0.02	0.31	1.61	0.41	0.02
2013	0.05	0.02	0.00	0.00	0.00	0.02	0.33	1.63	0.39	0.02
2014	—	—	—	—	—	—	—	—	—	—
2015	0.05	0.02	0.00	0.00	0.00	0.03	0.52	2.28	0.67	0.02

四、小结

本部分对中国和中亚地区五国的贸易结构进行了综合分析，主要从中国与中亚地区五国双边贸易历史变化趋势、国别和商品结构以及贸易结构潜力等方面

入手。

根据中国和中亚地区五国双边贸易历史趋势变化可以发现如下特征：第一，中国与中亚地区五国贸易规模呈现出波动上升态势，表现为顺逆差交替出现；第二，国别发展具有不平衡性，哈萨克斯坦和吉尔吉斯斯坦是中国主要的出口国，哈萨克斯坦和土库曼斯坦是中国主要的进口国；第三，出口和进口发展具有不平衡性。

根据中国和中亚地区五国双边贸易国别和产品结构分析可以发现如下特征：第一，中国与中亚地区五国之间商品贸易产品结构比较集中，主要在劳动、资源密集型产品，存在产业内贸易现象；第二，中国对中亚地区五国出口商品主要涉及日用消费品和机器设备类产品，包括纺织原料及制品、机器设备、贱金属及制品、车辆航空等运输设备、鞋帽伞羽毛等制品；第三，中亚地区五国是中国重要的能源和原材料进口市场，但国别间仍存在较大差异。

根据中国和中亚地区五国贸易结构潜力指数分析可以发现如下特征：第一，中国与哈萨克斯坦之间贸易结合度很紧密，吉尔吉斯斯坦、塔吉克斯坦、乌兹别克斯坦三国对中国贸易结合度越发紧密，中国对土库曼斯坦、乌兹别克斯坦贸易结合度越发紧密，土库曼斯坦对中国，中国对吉尔吉斯斯坦和塔吉克斯坦贸易松散。第二，中国具有出口比较优势的产品从原来集中在原材料或初级加工品逐渐转移到工业制成品，中亚地区五国出口优势产品集中在具有资源禀赋结构的原料性产品和矿产品。第三，对中亚地区五国来讲，中国的粮食、食物、饮料和烟叶等产品互补性很强，对于中国来说，中亚地区五国的加工原材料和矿产品等具有很强的互补性。

总体来讲，中国与中亚地区五国贸易繁荣发展，中国和中亚由于资源禀赋结构和产业政策，产品贸易结构具有很强的互补性，中国需要中亚提供能源和原材料，而中亚需要从中国进口食物、日用消费品、机器设备等工业品，中国与中亚地区五国在产品贸易上未来合作潜力巨大。

第六章　中国与中亚地区五国贸易效率、潜力和模拟分析

本章首先通过构建随机前沿引力模型对中国与中亚地区五国贸易效率和潜力进行分析和测算，其次通过构建空间计量模型分析中国与中亚地区五国之间贸易的空间相关性，最后基于随机前沿引力模型，设定模拟方案，对未来贸易潜力进行预测。

一、贸易效率和潜力测算

（一）理论模型

1. 随机前沿模型

经典的随机前沿模型始于 Aigner、Lovell 和 Schmidt（1977）以及 Meeusen 和 Broeck（1977）各自对生产效率独立的研究，基于面板数据的具体函数形式如下：

$$y_{it}=f(x_{it},\ \beta)\exp(\nu_{it})\exp(-\mu_{it}),\ \mu_{it}\geqslant 0 \tag{6-1}$$

$$\ln y_{it}=\ln f(x_{it},\ \beta)+\nu_{it}-\mu_{it},\ \mu_{it}\geqslant 0 \tag{6-2}$$

其中，y_{it}代表实际产出，$\ln f(x_{it},\ \beta)+\nu_{it}$代表最大（前沿）产出，$x_{it}$代表相关生产要素投入，$\beta$代表未知估计参数，$v_{it}-\mu_{it}$代表随机误差项组合，其中，$v_{it}$代表独立的对称性随机误差项，$v_{it}\sim N(0,\ \sigma_v^2)$；随机误差项$\mu_{it}$独立于$v_{it}$，服从大于零的截断分布 N（0，σ_μ^2）。非负的随机误差项μ_{it}的经济学含义是生产单位 i 可控的技术或经济非效率因素，意味着每个生产单位 i 的实际产出小于其最大（前沿）产出。

根据随机前沿思想，生产效率的测算可以通过以下公式进行：

$$TE=y_i/y_i^*=y_i/[f(x_i;\ \beta)+\nu_i] \tag{6-3}$$

根据 M. A. Weinstein（1964）的推导，随机误差组合项的概率密度函数是：

$f(\varepsilon)=\dfrac{2}{\delta}f^*\left(\dfrac{\varepsilon}{\delta}\right)[1-F^*(\varepsilon\lambda\delta^{-1})]$，$-\infty\leqslant\varepsilon\leqslant+\infty$。

随机前沿函数一般使用最大似然估计法进行参数估计。

2. 随机前沿引力模型

由于国家贸易规模在本质上可以理解为在给定距离、经济规模和其他影响因素下以最小化成本达到最大贸易规模（产出），因此，用于分析生产效率的随机前沿模型可以通过对传统引力模型进行改进并被用于分析贸易潜力问题（Kalirajan，1999，2007，2008；Armstrong，2007；Kang 和 Frantianni，2006）。随机前沿面板数据引力模型的一般形式为：

$$T_{ijt}=f(X_{ijt},\ \beta)\exp(v_{ijt})\exp(-\mu_{ijt}) \tag{6-4}$$

$$\ln T_{ijt}=\ln f(X_{ijt},\ \beta)+v_{ijt}-\mu_{ijt} \tag{6-5}$$

其中，T 代表 i 国和 j 国双边贸易额，X 代表影响双边贸易额的核心因素（包括距离、经济规模、人口等）；β 代表待估计参数向量；v_{ijt} 代表随机误差项，服从均值为零的正态分布；μ_{ijt} 代表贸易非效率项，与随机误差项 v_{ijt} 相互独立，表示没有被纳入方程核心变量的贸易促进或阻力因素，非负的设定被认为 μ_{ijt} 整体而言会限制贸易，即贸易阻力中限制贸易的因素占主导（谭秀杰、周茂荣，2015），贸易效率测算与随机前沿生产效率测算类似。

$$TE_{ijt}=T_{ijt}/T_{ijt}^{*}=\exp(-\mu_{ijt}) \tag{6-6}$$

TE_{ijt} 为贸易效率，是实际贸易水平和贸易潜力的比值，也是关于贸易非效率项的指数函数。通过贸易效率项可以判断中国和中亚地区五国贸易发展的水平和潜力：当 $\mu_{ijt}=0$ 时，中国和中亚地区五国之间不存在贸易非效率，即为无摩擦贸易，$TE_{ijt}=1$，贸易达到最大值，实际贸易值就是贸易潜力值；当 $\mu_{ijt}>0$ 时，存在贸易非效率项，即贸易阻力限制了贸易发展，此时 $0<TE_{ijt}<1$，实际贸易值小于贸易潜力值。

3. 贸易非效率模型

在估计出贸易非效率项后，为了进一步探讨影响贸易非效率的因素，还需要建立贸易非效率模型，主要分为两步法和一步法，为了避免两步法的缺陷①，本节模型采取一步法，即贸易非效率项及其影响因素在随机前沿模型中被同时回归（Battese 和 Coelli，1995）。

首先将贸易非效率项 μ 设定为：

$$\mu_{ijt}=\alpha' Z_{ijt}+\varepsilon_{ijt} \tag{6-7}$$

其中，Z 表示影响贸易非效率项的外生变量，α 表示带估计参数向量，ε 表示随机误差项。将式（6-7）代入式（6-5）中可得：

---

① 谭秀杰，周茂荣. 21 世纪“海上丝绸之路”贸易潜力及其影响因素——基于随机前沿引力模型的实证研究［J］. 国际贸易问题，2015（2）：6.

$$\ln T_{ijt} = \ln f(X_{ijt}, \beta) + v_{ijt} - (\alpha' Z_{ijt} + \varepsilon_{ijt}) \tag{6-8}$$

“一步法”即为直接将式（6-8）进行随机前沿回归，同时获得贸易非效率项和其影响因素的直接关系。

（二）模型构建和变量说明

由于估计贸易前沿时考虑到了贸易非效率项，因此需要对模型引入变量进行分类处理，一般认为应分为贸易自然决定因素和人为决定因素（Armstrong，2007；鲁晓东、赵奇伟，2010）。根据 Armstrong（2007，2011）的研究，估计贸易前沿水平时应仅包括核心变量（如经济规模、距离、边界、语言等短期内不会改变的因素），即自然决定因素；而自贸协定、金融、制度、关税等人为决定因素应包括在贸易非效率模型中。

本书参考已有的研究，将传统认为的经济规模（一般用 GDP 表示）、两国之间距离、两国各自人口数量作为自然决定因素，纳入随机前沿引力模型分析中。将相关政策虚拟变量、人民币实际汇率以及双边贸易结合度等短期易发生变动的量作为影响贸易非效率的影响因素。

构建具体中国与中亚地区五国之间随机前沿贸易引力双对数模型形式为[①]：

$$\ln EX_{ijt} = \beta_0 + \beta_1 \ln GDPC_{it} + \beta_2 \ln GDPS_{jt} + \beta_3 DIST_{ij} + \beta_4 POP_{jt} + \beta_5 POPS_{jt} + \nu_{ijt} - \mu_{ijt} \tag{6-9}$$

$$\ln IM_{ijt} = \beta_0 + \beta_1 \ln GDPC_{it} + \beta_2 \ln GDPS_{jt} + \beta_3 DIST_{ij} + \beta_4 POP_{it} + \beta_5 POPS_{it} + \nu_{ijt} - \mu_{ijt} \tag{6-10}$$

其中，EX 表示中国对中亚地区五国的出口额，IM 表示中国从中亚地区五国的进口额；$GDPC$ 表示中国 GDP，$GDPS$ 表示中亚地区五国 GDP；$DIST$ 表示中国与中亚地区五国距离；POP 表示中国人口数量，$POPS$ 表示中亚地区五国各自人口数量，一般认为一个国家人口数量决定需求大小；v 代表随机误差项。μ 代表非效率因素。

为了探寻“一带一路”背景下中国与中亚地区五国贸易非效率项的影响因素，建立如下贸易非效率模型：

$$\mu_{ijt} = \alpha_0 + \alpha_1 T_t + \alpha_2 R_{it} + \alpha_3 TCD_{ijt} + \varepsilon_{ijt} \tag{6-11}$$

其中，μ_{ijt}表示贸易非效率项，T 表示“一带一路”倡议的时间虚拟变量，2013 年及之后 $T=1$，2013 年之前 $T=0$；R 表示人民币实际汇率；TCD 表示贸易结合度，如果代入式（6-9）中为中亚地区五国对中国贸易结合度，代入式（6-10）中为中国对中亚地区五国的贸易结合度。

---

① 由于已知中亚地区五国与中国所用语言并非共同语言，同时根据已有研究非共有语言影响一般认为不显著，因此忽略语言的影响。

（三）样本数据来源和描述性分析

本部分利用1992~2016年中国与中亚地区五国双边贸易数据建立随机前沿引力模型，数据包括以下两个层面：整体层面和分类产品层面，整体层面主要为中国和中亚地区五国双边整体贸易值，为平衡面板数据，样本量为125；分类产品层面涉及中国与中亚地区五国双边分类产品贸易值，由于存在部分年份贸易数据缺失，因此样本数据为非平衡面板数据，截面跨度涉及中国与中亚地区五国HS两位编码双边贸易商品共100类，以中国向中亚地区五国出口额为因变量的模型中样本数量为2474，以中国从中亚地区五国进口额为因变量的模型中样本数量为2476。

中国与中亚地区五国双边贸易数据（包括出口额和进口额）来自联合国商品贸易统计数据库Uncomtrade（https：//comtrade. un. org/data/）；GDP、POP人口数据和R人民币实际有效汇率来自IMF（https：//www. imf. org/external/pubs/ft/weo/2016/02/weodata/index. aspx）。其中，GDP变量考虑5个指标，国内生产总值、国内生产总值增速、人均国内生产总值、基于购买力平价计算的国内生产总值和基于购买力平价计算的人均国内生产总值，在建模中会对GDP变量进行分别建模分析，贸易结合度TCD来源于本书第五章的计算结果。

DIST距离数据来自CEPII GeoDist数据库中Dist数据表（http：//www. cepii. fr/CEPII/en/bdd_ modele/presentation. asp？id=6），其中涉及两类双边距离数据，分别为简单计算距离和加权计算距离，简单计算距离包括按照经纬度计算的两国主要城市的球面距离（dist）和贸易两国首都的球面距离（distcap），加权计算距离是以城市人口作为权重，计算的地理距离相对值（distw和distwces）。

主要变量的数据描述性分析及理论预期如表6-1所示。

（四）实证结果分析及贸易非效率测算

1. 贸易非效率项似然比检验结果

在采用随机前沿引力模型之前需要采用似然比检验验证贸易非效率项是否存在。分别对出口额和进口额作为被解释变量的模型进行似然比检验，得到如表6-2所示的结果，可以看到进出口模型中均拒绝了贸易非效率项不存在的原假设，即贸易非效率项存在。因此，随机前沿引力模型具有适用性，根据式（6-9）和式（6-10）进行建模估计。

表 6-1　中国与中亚地区五国随机前沿模型数据描述性分析

变量	经济学含义	单位	理论预期符号	数据来源	最大值	最小值	均值	标准差	样本数
EX	中国对中亚地区五国出口额	亿美元		UN Comtrade	127.10	0.01	17.12	28.72	125
IM	中国从中亚地区五国进口额	亿美元		UN Comtrade	160.51	0.00	14.11	32.20	125
EXPRO	中国对中亚地区五国分产品出口额	百万美元		UN Comtrade	2100	0.00	60.99	188.92	2500
IMPRO	中国从中亚地区五国分产品进口额	百万美元		UN Comtrade	2100	0.00	21.34	141.08	2500
R	人民币实际汇率	对出口影响为负，对进口额影响为正		IMF	124.96	77.00	98.43	13.25	125
T	相关政策虚拟变量，2013 年及以后 T=1，否则 T=0	—	+		1.00	0.00	0.16	0.37	125/2500
DIST	两国主要城市的球面距离	千米	-	CEPII GeoDist	4939.99	3277.17	3937.10	580.47	125/2500
DISTCAP	贸易两国首都的球面距离	千米	-	CEPII GeoDist	4939.99	3471.80	4012.80	509.25	125/2500
DISTW	加权地理距离相对值	千米	-	CEPII GeoDist	5075.71	3786.58	4281.11	438.00	125/2500
DISTWCES	加权地理距离相对值	千米	-	CEPII GeoDist	5023.58	3729.02	4212.38	447.86	125/2500
POPC	中国人口总量	百万人	+	IMF	1378.98	1171.71	1291.27	60.80	125/2500
GDPC	中国国内生产总值	十亿美元	+	IMF	11391.62	495.67	3894.573	3689.208	125/2500
GDPCS	中国国内生产总值增速	%	+	IMF	14.30	6.59	9.85	2.26	125/2500
GDPCP	中国人均国内生产总值	美元	+	IMF	8260.88	423.031	2908.378	2671.651	125/2500

续表

变量	经济学含义	单位	理论预期符号	数据来源	最大值	最小值	均值	标准差	样本数
GDPCPPP	中国基于购买力平价计算的国内生产总值	十亿美元	+	IMF	21269. 02	1477. 23	8168. 08	6119. 65	125/2500
GDPCPPPP	中国基于购买力平价计算的人均国内生产总值	美元	+	IMF	15423. 69	1260. 74	6138. 50	4395. 79	125/2500
POPS	中亚地区人口总量	百万人	+	IMF	31. 34	3. 95	11. 80	8. 48	125/2500
GDPS	中亚地区国内生产总值	十亿美元	+	IMF	243. 775	0. 291	26. 71805	47. 44063	125/2500
GDPSS	中亚地区国内生产总值增速	%	+	IMF	20. 39	-21. 40	4. 53	7. 57	125/2500
GDPSP	中亚地区人均国内生产总值	美元	+	IMF	14201. 88	52. 622	2096. 397	2995. 043	125/2500
GDPSPPP	中亚地区基于购买力平价计算的国内生产总值	十亿美元	+	IMF	460. 69	4. 61	76. 05	106. 00	125/2500
GDPSPPPP	中亚地区基于购买力平价计算的人均国内生产总值	美元	+	IMF	25911. 73	804. 50	5656. 92	6257. 36	125/2500
*TCD*1	中亚地区与中国贸易结合度	—	+	计算结果	26. 20	0. 05	2. 93	3. 94	125
*TCD*2	中国与中亚地区贸易结合度	—	+	计算结果	12. 09	0. 01	1. 50	1. 82	125

表 6-2　贸易非效率项似然比检验结果

原假设	约束模型	非约束模型	LR 统计量	P 值	结论
出口不存在贸易非效率	-108.601	-142.386	67.57	0.0000	拒绝原假设
进口不存在贸易非效率	-147.898	-200.678	105.56	0.0000	拒绝原假设
分类产品出口不存在贸易非效率	-5025.647	-5029.24	7.19	0.0274	拒绝原假设
分类产品进口不存在贸易非效率	-3453.088	-3454.379	22.58	0.0000	拒绝原假设

2. 实证结果分析：影响中国与中亚贸易的主要因素

按照式（6-9）和式（6-10）的模型形式设定，本部分对 1992~2016 年中国与中亚地区五国双边贸易值进行随机前沿引力模型分析。由于建模采用面板数据，因此作为比较基准，除了估计随机前沿引力模型之外，还估计了普通最小二乘模型、固定效果以及随机效果模型。国家整体估计结果见表 6-3，分产品估计结果见表 6-4。

从国家整体角度来看，η 大于零且显著，说明中国与中亚地区五国贸易效率存在显著随时间推移递增的趋势；μ 显著大于零，验证非效率项符合结尾正态分布；γ 代表随机扰动项中贸易非效率项的比重，出口模型和进口模型分别达到 0.7981 和 0.2255，说明出口模型中实际贸易水平和贸易潜在水平差距比较大，进口模型中差距比较小。

在出口模型中，中国 GDP 和中亚地区五国 GDP 均具有显著正弹性，与预期一致，符合贸易引力模型思想，且中国 GDP 弹性系数（1.9384）比中亚地区五国弹性（0.2683）大，说明国内供给能力对于维持出口具有更重要意义。地理距离变量系数显著为负，与预期一致，代表贸易地理阻力会减少出口额。中亚地区五国各自人口数量增加会显著增加中国向其出口，人口数量代表国外需求因素，需求增加会促使出口额增加，这与预期一致。中国人口数量系数不显著。在进口模型中，中国 GDP 和中亚地区五国 GDP 均具有显著正弹性，与预期一致，符合贸易引力模型思想。地理距离变量系数显著为负，与预期一致。中国人口数量增加会显著增加中国从中亚地区五国的进口，中亚人口增加会显著减少中国从中亚地区五国的进口。

从分产品角度来看，η 大于零且显著，说明中国与中亚地区五国贸易效率存在显著随时间推移递增的趋势；μ 显著大于零，验证非效率项符合结尾正态分布；γ 代表随机扰动项中贸易非效率项的比重，出口模型和进口模型分别达到 0.8575 和 0.368，同样表明出口模型中实际贸易水平和贸易潜在水平差距比较大，进口则较小。

表 6-3 国家整体进出口随机前沿引力模型估计结果对比

变量	出口模型				进口模型			
	普通最小二乘	固定效果	随机效果	随机前沿引力	普通最小二乘	固定效果	随机效果	随机前沿引力
ln*POPC*	-5.9937	-8.027	-5.9937	-18.4376	10.1279***	9.8235	10.1279**	17.3197***
ln*POPS*	-0.151	3.4963**	-0.151	0.6491**	0.3771*	-5.7965	0.3771*	-0.2817*
lng*GDPC*	1.5972***	1.5217***	1.5972***	1.9384***	1.2620***	2.7224***	1.2620***	1.1783**
lng*GDPS*	0.6300***	0.5146**	0.6300***	0.2683**	0.8803***	0.111	0.8803***	1.1644***
ln*DIST*	-4.7043***	—	-4.7043***	-6.9093***	-3.8202***	—	-3.8202***	-6.4305***
T	0.7122	0.8369	0.7122	—	0.5338	0.4391	0.5338	—
ln*R*	0.5399	0.2362	0.5399	—	-0.6001	-1.5569*	-0.6001	—
*TCD*1	0.1532***	0.1393***	0.1532***	—	—	—	—	—
*TCD*2	—	—	—	—	0.5624***	0.5957***	0.5624***	—
常数项	66.5339	36.3744*	66.5339	177.0896**	93.5716	68.7254*	93.5716	166.1789**
γ	—	—	—	0.7981*	—	—	—	0.2255*
μ	—	—	—	0.3305**	—	—	—	1.2311**
η	—	—	—	0.0870***	—	—	—	0.0082*
σ_μ^2	—	—	—	0.0187	—	—	—	0.0011
σ_v^2	—	—	—	0.4153	—	—	—	1.4898
对数似然值	—	—	—	-129.6569	—	—	—	-200.6789

注：***、**、*分别表示1%、5%、10%的显著性水平。

表 6 –4　分产品进出口随机前沿引力模型估计结果对比

变量	出口模型				进口模型			
	普通最小二乘	固定效果	随机效果	随机前沿引力	普通最小二乘	固定效果	随机效果	随机前沿引力
ln*POPC*	-6.5506	-10.3594***	-9.7354**	-0.905	1.6879	-24.3900***	-23.6783***	18.8019**
ln*POPS*	-0.1466	3.3720***	0.4505	1.0678***	0.4883*	3.0372	1.0937*	0.313
lng*GDPC*	1.8045***	2.2648***	2.4762***	2.7147***	-0.3276	1.3826**	1.4415***	2.6830***
lng*GDPS*	0.3441***	0.0662	0.0299	0.2003*	0.1386	-0.1675	-0.1504	0.2706*
ln*DIST*	-5.9073***	—	-6.1292***	-4.6065***	-1.9559*	—	-5.4806*	-4.0224***
T	0.5224*	0.6402	0.5710	—	0.6194	0.4661	0.5301*	—
ln*R*	0.044	-0.7393	-0.6192	—	-0.3366	-1.0604	-0.94	—
常数项	82.2467*	53.4116*	103.7133***	28.0228	5.5973	161.0007***	203.4528***	153.3512***
γ	—	—	—	0.8575***	—	—	—	0.3680*
μ	—	—	—	7.8732***	—	—	—	8.4886***
η	—	—	—	0.0228***	—	—	—	0.0232***
σ_μ^2	—	—	—	5.0441	—	—	—	7.0414
σ_v^2	—	—	—	2.1399	—	—	—	4.8736
对数似然值	—	—	—	-4076.8315	—	—	—	-2907.5323

注：***、**、*分别表示1%、5%、10%的显著性水平。

在出口模型中，中国 GDP 和中亚地区五国 GDP 均具有显著正弹性，与预期一致，符合贸易引力模型思想，且中国 GDP 弹性系数（2.7147）比中亚地区五国弹性（0.2003）大，说明国内供给能力对于维持出口具有更重要意义。地理距离变量系数显著为负，与预期一致，代表贸易地理阻力会减少出口额。中亚地区五国各自人口数量（代表需求）增加会显著增加中国向其出口，与预期一致。与整体模型一致，中国人口数量系数不显著。在进口模型中，中国 GDP 和中亚地区五国 GDP 均具有显著正弹性，与预期一致，符合贸易引力模型思想。地理距离变量系数显著为负，与预期一致。中国人口数量增加会显著增加中国从中亚地区五国的进口。

3. 贸易非效率测算及分析

基于随机前沿引力模型分析了影响中国与中亚地区五国双边贸易的影响因素之后，可以计算中国与中亚地区五国各自双边贸易出口效率①。贸易效率 TE 取值范围在 0~1，0 代表贸易完全没有效率，1 代表贸易全效率（实际贸易值等于贸易潜力值）。TE 值越大意味着贸易效率越高，TE 值越小意味着越高的贸易潜力。

根据表 6-5，中国对哈萨克斯坦出口效率最高（均值为 0.523），乌兹别克斯坦次之（0.412），第三位为土库曼斯坦（0.376），第四位为吉尔吉斯斯坦，最后一位为塔吉克斯坦。

根据历史变化趋势，发现中国对中亚地区五国整体出口贸易效率在不断提高，2016 年，中国对哈萨克斯坦、吉尔吉斯斯坦、塔吉克斯坦、土库曼斯坦和乌兹别克斯坦的出口效率分别为 0.807、0.696、0.576、0.707 和 0.827。

表 6-5 中国对中亚地区五国整体出口贸易效率变化趋势

年份	哈萨克斯坦	吉尔吉斯斯坦	塔吉克斯坦	土库曼斯坦	乌兹别克斯坦	均值
1992	0.177	0.053	0.012	0.061	0.216	0.104
1993	0.205	0.068	0.017	0.077	0.245	0.122
1994	0.234	0.085	0.024	0.095	0.276	0.143
1995	0.264	0.105	0.032	0.116	0.307	0.165
1996	0.295	0.126	0.043	0.138	0.339	0.188
1997	0.326	0.150	0.056	0.163	0.371	0.213

① 根据计算结果可以看到，进口模型的贸易效率大部分接近于 1，意味着在进口模型中贸易非效率项很小，可以忽略不计，也意味着中国从中亚地区五国进口是很有效率的，实际贸易值接近于贸易潜力值。

续表

年份	哈萨克斯坦	吉尔吉斯斯坦	塔吉克斯坦	土库曼斯坦	乌兹别克斯坦	均值
1998	0.358	0.176	0.071	0.190	0.403	0.239
1999	0.390	0.203	0.088	0.218	0.434	0.267
2000	0.422	0.232	0.108	0.248	0.466	0.295
2001	0.453	0.262	0.130	0.278	0.496	0.324
2002	0.484	0.293	0.154	0.309	0.526	0.353
2003	0.515	0.325	0.180	0.341	0.555	0.383
2004	0.544	0.357	0.208	0.373	0.583	0.413
2005	0.572	0.389	0.237	0.405	0.610	0.443
2006	0.599	0.420	0.267	0.437	0.635	0.472
2007	0.626	0.452	0.298	0.468	0.660	0.501
2008	0.650	0.483	0.330	0.499	0.683	0.529
2009	0.674	0.513	0.362	0.528	0.705	0.557
2010	0.697	0.542	0.394	0.557	0.726	0.583
2011	0.718	0.571	0.426	0.585	0.746	0.609
2012	0.738	0.598	0.457	0.612	0.764	0.634
2013	0.757	0.624	0.488	0.637	0.781	0.658
2014	0.775	0.649	0.518	0.662	0.798	0.680
2015	0.791	0.673	0.547	0.685	0.813	0.702
2016	0.807	0.696	0.576	0.707	0.827	0.722
最大值	0.807	0.696	0.576	0.707	0.827	0.722
最小值	0.177	0.053	0.012	0.061	0.012	0.063
均值	0.523	0.362	0.241	0.376	0.412	0.383
标准差	0.201	0.210	0.187	0.211	0.229	0.207

（五）贸易非效率影响因素分析

可以看到，根据随机前沿引力模型，不论是从国家整体贸易模型来看，还是从分产品贸易模型来看，中国向中亚地区五国出口模型的贸易非效率项比重都要大于中国从中亚地区五国进口模型的贸易非效率项比重，因此，下面从随机前沿贸易非效率模型来解读影响贸易非效率的因素。

表6－6表示根据一步法估计的随机前沿贸易非效率因素模型。从国家整体来看，中国GDP和中亚地区五国GDP影响显著为正，地理距离显著为负，中国人口数量对进口影响显著为正，中亚地区五国人口对中国出口影响显著为正；相

关政策虚拟变量虽然在统计意义上并不显著，但是与预期一致，显著为正，可能与“一带一路”倡议开始时间较晚，政策效果还未展现出来有关；人民币实际汇率不显著；贸易互补性指数显著为正，表明贸易产品互补性越高，越能促进进出口。

从分产品模型来看，各个变量与整体模型具有一致性，而相关政策虚拟政策变量表现为正向显著，原因可能是与年度数据相比，产品分类数据样本容量扩大，提供了更为详细的信息，因此，更能体现出政策变量的促进作用。

表 6-6 贸易非效率影响因素实证结果

变量	国家整体		分产品	
	出口	进口	出口	进口
ln*POPC*	-14.2189*	17.6138*	-5.1611	15.1915*
lnPOPS	0.253*	0.2461	1.2441***	0.2442
lng*GDPC*	1.9204***	1.3159***	2.9037***	2.4829***
lng*GDPS*	0.4964***	0.9156***	0.1013*	0.2722*
ln*DIST*	-4.4949***	-3.7893***	-4.6217***	-3.6437**
T	0.7394	0.5035	0.3626*	1.0011*
ln*R*	0.415	-0.438	-0.4133	-0.8842
*TCD*1	0.1236***			
*TCD*2		0.6031***		
常数项	122.7090**	146.2760*	58.3378*	130.2051**
γ	0.9451**	0.292*	0.9177***	0.3689*
μ	0.0086	0.0555	7.0359***	8.7023***
η	0.1121**	0.1172*	0.0205***	0.0251***
对数似然值	-104.0328	-145.7038	-4071.2698	-2898.8445

注：***、**、*分别表示1%、5%、10%的显著性水平。

二、贸易潜力空间计量模型

（一）理论模型与模型构建

空间计量经济学模型主要考察国家间是否存在空间相关性或依赖性

（Anselin，1988），其源自于空间相关性（横截面数据相关的特例）或者空间异质性（横截面异质性的特例），由于标准计量经济学也考虑横截面单位之间的异质性（比如异方差），故而空间计量经济学关注重点为空间相关性。常用空间自相关系数莫兰指数 I（Moran's I；Moran，1950）检验是否存在空间自相关性。

$$I = \frac{\sum_{i=1}^{n}\sum_{j=1}^{n} w_{ij}(x_i - \bar{x})(x_j - \bar{x})}{S^2 \sum_{i=1}^{n}\sum_{j=1}^{n} w_{ij}} \tag{6-12}$$

其中，$S^2 = \frac{\sum_{i=1}^{n}(x_i - \bar{x})^2}{n}$ 为样本方差，w_{ij} 为空间权重矩阵的 (i, j) 元素（用来度量区域 i 与区域 j 之间的距离），$\sum_{i=1}^{n}\sum_{j=1}^{n} w_{ij}$ 为所有空间权重之和。莫兰指数 I 取值介于 -1 和 1，大于 0 表示正空间自相关（即高值与高值相邻，低值与低值相邻），小于 0 表示负空间自相关（即高值与低值相邻）；如果莫兰指数 I 接近 0 则表明空间分布随机，即不存在空间自相关。

另一常用指标为吉尔里指数 C（Geary's C；Geary，1954），其核心成分是 $(x_i - x_j)^2$，吉尔里指数 C 公式如下：

$$C = \frac{(n-1)\sum_{i=1}^{n}\sum_{j=1}^{n} w_{ij}(x_i - x_j)^2}{2\left(\sum_{i=1}^{n}\sum_{j=1}^{n} w_{ij}\right)\left[\sum_{i=1}^{n}(x_i - \bar{x})^2\right]} \tag{6-13}$$

吉尔里指数 C 取值一般介于 0 与 2（2 不是严格的上界），大于 1 表示负相关，等于 1 表示不相关，小于 1 表示正相关。因此，吉尔里指数 C 与莫兰指数 I 呈现相反变动趋势，一般认为，吉尔里指数 C 比莫兰指数 I 对于局部空间自相关更敏感。

空间相关指标仅提供是否存在空间效应的初步检验（类似非空间计量经济学中简单相关系数），深入检验需要依托建立正式的空间计量模型。本节采用国家整体层面和分产品层面的面板数据，面板数据空间自回归模型一般形式为：

$$y_{it} = \rho w'_i y_t + x'_{it}\beta + u_i + \varepsilon_{it} \quad (i = 1, \cdots, n;\ t = 1, \cdots, T) \tag{6-14}$$

其中，w'_i 为空间权重矩阵 W 的第 i 行，$w'_i y_t = \sum_{j=1}^{n} w_{ij} y_{jt}$，$w_{ij}$ 为空间权重矩阵 W 的（i，j）元素；而 u_i 为区域（国家）i 的个体效应。如果不考虑空间滞后项 $\rho w'_i y_t$，则式（6-14）为标准静态面板模型，如果 u_i 与 x_{it} 相关，则称作固定效果模型，如若不相关则为随机效果模型。对于固定效果空间自回归模型可以先做组内离差变换去掉个体效果 u_i，再做 MLE 估计；对于随机效果空间自回归模型可以先做广义离差变换，再做 MLE 估计；固定效果与随机效果模型选择用豪斯曼检验①。

① Stata 中空间面板模型实现 MLE 估计采用非官方命令 xsmle。

本书构建适用性最广的空间权重矩阵，即中国与中亚地区五国国土是否接壤，从而也弥补了在随机前沿引力模型中没有引入国家领土是否接壤变量的缺陷。如果两国接壤，则取1，如果不接壤，则取0。

根据面板数据空间计量模型理论，中国与中亚地区五国双边贸易潜力（分别表示为出口额和进口额）空间面板计量模型具体形式为：

$$\ln EX_{ijt} = \beta_0 + \beta_1 \ln GDPC_{it} + \beta_2 \ln GDPS_{jt} + \beta_3 DIST_{ij} + \beta_4 T_t + \beta_5 TCI_{ijt} + \beta_6 POP_{jt} + \beta_7 R_t + \nu_{ijt} - \mu_{ijt} \quad (6-15)$$

$$\ln IM_{ijt} = \beta_0 + \beta_1 \ln GDPC_{it} + \beta_2 \ln GDPS_{jt} + \beta_3 DIST_{ij} + \beta_4 T_t + \beta_5 TCI_{ijt} + \beta_6 POP_{it} + \beta_7 R_t + \nu_{ijt} - \mu_{ijt} \quad (6-16)$$

（二）样本数据来源

本部分利用1992～2016年中国与中亚地区五国双边贸易数据建立随机前沿引力模型，数据包括两个层面：整体层面和分类产品层面，整体层面主要为中国和中亚地区五国双边整体贸易值，为平衡面板数据，样本量为125；分类产品层面涉及中国与中亚地区五国双边分类产品贸易值，由于存在部分年份贸易数据缺失，因此样本数据为非平衡面板数据，截面跨度涉及中国与中亚地区五国HS两位编码双边贸易商品共100类，以中国向中亚地区五国出口额为因变量的模型中样本数量为2474，以中国从中亚地区五国进口额为因变量的模型中样本数量为2476。

中国与中亚地区五国双边贸易数据（包括出口额和进口额）来自联合国商品贸易统计数据库Uncomtrade（https：//comtrade. un. org/data/）；GDP、POP人口数据和R人民币实际有效汇率来自IMF（https：//www. imf. org/external/pubs/ft/weo/2016/02/weodata/index. aspx）。其中，GDP变量考虑5个指标，国内生产总值、国内生产总值增速、人均国内生产总值、基于购买力平价计算的国内生产总值和基于购买力平价计算的人均国内生产总值，在建模中会对GDP变量进行分别建模分析。贸易结合度TCD来源于本书第五章计算结果。

DIST距离数据来自CEPII GeoDist数据库中Dist数据表（http：//www. cepii. fr/CEPII/en/bdd_ modele/presentation. asp? id =6），其中涉及两类双边距离数据，分别为简单计算距离和加权计算距离，简单计算距离包括按照经纬度计算的两国主要城市的球面距离（dist）和贸易两国首都的球面距离（distcap），加权计算距离是以城市人口作为权重，计算的地理距离相对值（distw和distwces）。

（三）实证结果分析

1. 空间相关性分析

表6－7列出了1992～2016年中国与中亚地区五国进出口额贸易的空间相关

性指标结果，可以看出大部分年份莫兰指数 I 和吉尔里指数 C 都具有统计上的显著性，拒绝“无空间自相关”的原假设，表明中国与中亚地区五国贸易流之间存在空间依赖性，进一步还需要估计空间计量模型来考察变量之间的关系。

表 6－7　莫兰指数和吉尔里指数检验结果

年份		1992	1993	1994	1995	1996	1997	1998
出口	莫兰指数 I	0.224*	0.246*	0.256	0.271*	0.276*	0.304*	0.28
	吉尔里指数 C	0.073*	0.068*	0.07*	0.081*	0.074	0.059	0.05*
进口	莫兰指数 I	0.236*	0.26*	0.25*	0.259*	0.248*	0.241	0.237
	吉尔里指数 C	0.053*	0.019	0.085*	0.06	0.063	0.07	0.046*
年份		1999	2000	2001	2002	2003	2004	2005
出口	莫兰指数 I	0.242*	0.239*	0.203*	0.174*	0.22*	0.24*	0.254*
	吉尔里指数 C	0.037*	0.041*	0.082*	0.107	0.059*	0.039*	0.024*
进口	莫兰指数 I	0.236*	0.24*	0.236*	0.235	0.23*	0.226*	0.224*
	吉尔里指数 C	0.036*	0.031*	0.034	0.038	0.059*	0.071*	0.07
年份		2006	2007	2008	2009	2010	2011	2012
出口	莫兰指数 I	0.278*	0.279	0.294*	0.287*	0.296*	0.311*	0.268*
	吉尔里指数 C	0.004	0.006	0.012*	0.005*	0.012*	0.033*	0.003*
进口	莫兰指数 I	0.225	0.225	0.228*	0.238*	0.173*	0.054*	0.097*
	吉尔里指数 C	0.07	0.054	0.049*	0.041*	0.099	0.172*	0.302*
年份		2013	2014	2015	2016			
出口	莫兰指数 I	0.278*	0.302*	0.301*	0.303*			
	吉尔里指数 C	0.022*	0.001	0.012*	0.012*			
进口	莫兰指数 I	0.099*	0.219*	0.225*	0.271*			
	吉尔里指数 C	0.314*	0.445*	0.479*	0.524*			

注：* 表示 10% 的显著性水平。

2. 空间计量模型实证结果

本节考察中国与中亚地区五国双边进出口贸易额的空间决定因素，使用国家层面的贸易面板数据，模型估计结果见表 6－8。根据面板空间计量模型结果，与随机前沿引力模型具有一致性，空间自回归相关系数在进出口模型中均显著为正，表明确实存在空间自相关。中国和中亚 GDP 显著为正，地理距离显著为负，贸易互补性指数显著为正；中国人口数量对于中国进口影响显著为正，中亚人口数量对于中国出口显著为正；相关政策虚拟变量不显著，但是与预期一致为正；

人民币实际汇率不显著。

表 6-8 空间面板回归结果

变量	出口	进口
ln*POPC*	-0.0113	4.8703*
ln*POPS*	1.354*	-0.1134
lng*GDPC*	0.0183*	0.0131*
lng*GDPS*	0.4666***	0.1127**
ln*DIST*	-8.0785***	-2.754*
T	0.0131	0.0146
ln*R*	0.1299	-0.0087
*TCD*1	0.1258*	
*TCD*2		0.5898***
常数项	117.3684*	-167.0625
空间自回归系数 ρ	0.1979***	0.1943***

注：***、**、*分别表示1%、5%、10%的显著性水平。

三、贸易潜力模拟预测

（一）模拟方案设定

根据本章第一部分随机前沿引力模型可以得到，人口和国家经济规模对于贸易潜力影响显著，本节基于历年平均人口变化率和GDP变化率，设定高中低速三类方案，模拟未来5年中国与中亚地区五国双边贸易潜力变化趋势①。

表 6-9 人口和经济规模模拟方案 单位：%

	POPC	POPS	GDPC	GDPS
高速增长	1	3	10	7
中速增长	0.60	1.30	6	3

① 值得注意的是，模拟方案设定基于历史趋势，隐含假定是未来变化趋势与历史变化趋势类似，并没有出现突发性变化。

续表

	POPC	POPS	GDPC	GDPS
低速增长	0.10	0.30	2	1

注：表中增速数值根据变量计算出增速作为中速增长，最大值作为高速增长，最小值作为低速增长。

根据设定可知，四个变量各有三个方案，排列组合方案共有81种。由于篇幅受限，在此只分别报告出口模型和进口模型各自三种模拟方案结果，即高高高高、中中中中和低低低低三种模拟方案，分别代表人口和经济规模均呈现高速增加态势、均衡变化态势和低速增加态势，可以代表经济发展繁荣的三种程度。

（二）模拟结果分析

表6-10分别列出了高中低速三种模拟方案下，中国与中亚地区五国双边进出口贸易额预测对数值和实际值。

在人口和经济规模的高速增长模拟方案下，到2021年，中国向哈萨克斯坦出口额达到247.401亿美元，从哈萨克斯坦进口额达到127.440亿美元；中国向吉尔吉斯斯坦出口额达到146.434亿美元，从吉尔吉斯斯坦进口额达到3.246亿美元；中国向塔吉克斯坦出口额达到41.301亿美元，从塔吉克斯坦进口额达到1.266亿美元；中国向土库曼斯坦出口额达到22.438亿美元，从土库曼斯坦进口额达到2.956亿美元；中国向乌兹别克斯坦出口额达到40.258亿美元，从乌兹别克斯坦进口额达到15.515亿美元。

在人口和经济规模的中速增长模拟方案下，到2021年，中国向哈萨克斯坦出口额达到225.618亿美元，从哈萨克斯坦进口额达到123.456亿美元；中国向吉尔吉斯斯坦出口额达到133.562亿美元，从吉尔吉斯斯坦进口额达到3.147亿美元；中国向塔吉克斯坦出口额达到37.680亿美元，从塔吉克斯坦进口额达到1.226亿美元；中国向土库曼斯坦出口额达到20.463亿美元，从土库曼斯坦进口额达到2.865亿美元；中国向乌兹别克斯坦出口额达到36.712亿美元，从乌兹别克斯坦进口额达到15.032亿美元。

在人口和经济规模的低速增长模拟方案下，到2021年，中国向哈萨克斯坦出口额达到223.354亿美元，从哈萨克斯坦进口额达到114.789亿美元；中国向吉尔吉斯斯坦出口额达到132.264亿美元，从吉尔吉斯斯坦进口额达到2.925亿美元；中国向塔吉克斯坦出口额达到37.304亿美元，从塔吉克斯坦进口额达到1.141亿美元；中国向土库曼斯坦出口额达到20.276亿美元，从土库曼斯坦进口额达到2.663亿美元；中国向乌兹别克斯坦出口额达到36.348亿美元，从乌兹别克斯坦进口额达到13.976亿美元。

表 6－10　高中低速模拟方案下贸易值模拟值变化趋势

年份	国家	对数值						实际值					
		出口			进口			出口			进口		
		高速增长方案	中速增长方案	低速增长方案	高速增长方案	中速增长方案	低速增长方案	高速增长方案	中速增长方案	低速增长方案	高速增长方案	中速增长方案	低速增长方案
2017	哈萨克斯坦	5.428	5.410	5.408	4.781	4.774	4.760	227.784	223.593	223.141	119.183	118.425	116.704
2018		5.449	5.412	5.408	4.797	4.785	4.755	232.578	224.068	223.225	121.203	119.666	116.218
2019		5.470	5.414	5.408	4.814	4.795	4.751	237.364	224.569	223.286	123.231	120.922	115.742
2020		5.490	5.416	5.409	4.831	4.805	4.747	242.373	225.066	223.323	125.328	122.178	115.256
2021		5.511	5.419	5.409	4.848	4.816	4.743	247.401	225.618	223.354	127.440	123.456	114.789
2017	吉尔吉斯斯坦	4.903	4.885	4.883	1.110	1.104	1.090	134.746	132.303	132.088	3.034	3.017	2.973
2018		4.924	4.887	4.883	1.127	1.114	1.086	137.547	132.604	132.060	3.086	3.046	2.962
2019		4.945	4.890	4.884	1.144	1.125	1.081	140.535	132.889	132.156	3.139	3.081	2.947
2020		4.966	4.892	4.884	1.161	1.134	1.077	143.455	133.197	132.137	3.193	3.110	2.935
2021		4.987	4.895	4.885	1.178	1.146	1.073	146.434	133.562	132.264	3.246	3.147	2.925
2017	塔吉克斯坦	3.639	3.620	3.618	0.169	0.162	0.147	38.039	37.327	37.270	1.184	1.175	1.159
2018		3.659	3.622	3.618	0.184	0.173	0.143	38.812	37.415	37.279	1.202	1.188	1.153
2019		3.680	3.624	3.618	0.202	0.183	0.140	39.641	37.501	37.275	1.223	1.201	1.150
2020		3.700	3.627	3.619	0.219	0.194	0.135	40.463	37.590	37.297	1.244	1.214	1.144
2021		3.721	3.629	3.619	0.236	0.203	0.132	41.301	37.680	37.304	1.266	1.226	1.141

续表

年份	国家	对数值						实际值					
		出口			进口			出口			进口		
		高速增长方案	中速增长方案	低速增长方案	高速增长方案	中速增长方案	低速增长方案	高速增长方案	中速增长方案	低速增长方案	高速增长方案	中速增长方案	低速增长方案
2017	土库曼斯坦	3.029	3.010	3.008	1.017	1.010	0.996	20.666	20.297	20.242	2.765	2.747	2.708
2018		3.049	3.012	3.008	1.034	1.021	0.992	21.090	20.324	20.245	2.811	2.775	2.696
2019		3.070	3.014	3.009	1.051	1.031	0.988	21.544	20.376	20.258	2.859	2.805	2.685
2020		3.090	3.017	3.009	1.067	1.042	0.984	21.987	20.428	20.261	2.907	2.834	2.674
2021		3.111	3.019	3.009	1.084	1.053	0.979	22.438	20.463	20.276	2.956	2.865	2.663
2017	乌兹别克斯坦	3.613	3.594	3.592	2.675	2.669	2.654	37.062	36.384	36.318	14.509	14.419	14.209
2018		3.633	3.596	3.593	2.692	2.679	2.650	37.841	36.467	36.326	14.756	14.571	14.150
2019		3.654	3.599	3.593	2.708	2.689	2.646	38.623	36.549	36.332	15.003	14.722	14.092
2020		3.675	3.601	3.593	2.725	2.700	2.641	39.436	36.629	36.339	15.258	14.876	14.033
2021		3.695	3.603	3.593	2.742	2.710	2.637	40.258	36.712	36.348	15.515	15.032	13.976

四、小结

本章对中国与中亚地区五国的贸易效率、贸易潜力分别进行了随机前沿和空间计量建模分析，基于随机前沿引力模型，设定高中低三类模拟方案，估计出未来5年中国与中亚地区五国双边贸易值。

随机前沿贸易引力模型实证结果表明：中国与中亚地区五国之间贸易存在非效率项；与传统贸易引力模型预期一致，经济规模具有显著正向影响，地理距离具有显著负向影响；从贸易流向角度看，出口模型中实际贸易水平和贸易潜在水平差距比较大，进口则较小；贸易非效率项分解表明贸易互补性具有显著正向影响，“一带一路”倡议虚拟变量对于国家整体不显著，但是分产品模型中显著为正。

贸易潜力空间面板计量模型实证结果表明：中国与中亚地区五国双边贸易存在空间相关性和依赖性，与传统贸易引力模型和随机前沿贸易引力模型理论预期一致，核心因素具有相同方向的影响。

第七章　结论和展望

本书主要关注中国和中亚地区五国之间的贸易潜力，认为贸易潜力是考虑了贸易效率损失（如贸易摩擦、制度等阻碍因素）后的理想贸易值。主要通过对中国和中亚地区五国双边贸易趋势、结构以及竞争和互补性指数分析研究了中国与中亚地区五国贸易结构以及潜力产业和产品集中领域，同时基于随机前沿的思想对中国和中亚地区五国贸易效率、潜力进行测算和评价，并对未来贸易潜力做出预测。

一、结论

第一，中国与中亚地区五国贸易规模呈现出波动上升态势，哈萨克斯坦和吉尔吉斯斯坦是中国主要出口国，哈萨克斯坦和土库曼斯坦是中国主要进口国，中国和哈萨克斯坦之间贸易结合度非常紧密。

第二，中国与中亚地区五国之间商品贸易产品集中在劳动、资源密集型产品；中亚地区五国是中国重要的能源和原材料进口市场。对中亚地区五国来讲，中国的粮食、食物、饮料和烟叶等产品互补性很强，对于中国来说，中亚地区五国的加工原材料和矿产品等具有很强的互补性。

第三，中国与中亚地区五国之间贸易存在非效率且具有空间依赖性；与传统贸易引力模型预期一致，经济规模具有显著正向影响，地理距离具有显著负向影响；从贸易流向角度看，出口模型中实际贸易水平和贸易潜在水平差距比较大，进口则较小；贸易非效率项分解表明贸易互补性具有显著正向影响，“一带一路”倡议虚拟变量对于国家整体不显著，但是分产品模型中显著为正。

总体来讲，中国与中亚地区五国贸易繁荣发展，中国和中亚地区由于资源禀赋结构和产业政策，产品贸易结构具有很强的互补性，中国需要中亚提供能源和原材料，而中亚需要从中国进口食物、日用消费品、机器设备等工业品，中国与中亚地区五国在产品贸易上未来合作潜力巨大。

二、展望

中国和中亚地区五国由于资源禀赋差异具有很强的贸易互补性，尤其是在“一带一路”倡议背景下，未来合作领域广阔、潜力巨大。为推进新形势下中国与中亚地区五国双边贸易进程，仍然需要各方努力携手共进。

首先，加强中国—中亚经济走廊等基础设施建设，尽快完善双边铁路、公路、管道、航空等复合型交通网络建设，实现贸易便利化。根据本书的研究结论，空间距离对中国与中亚地区五国贸易的不利影响较大，克服距离问题的关键在于加大双边交通运输合作和投入，同时可探索双方构建自由贸易区的可能性。

其次，紧密依托国家和国际政策顶层设计，国内可实现“一带一路”与上合组织发展的有机结合，中国可以在上海合作组织的框架下，积极寻求与中亚地区五国在商品贸易、投资与贸易协定方面的谈判，签订双边贸易合作、贸易与投资框架协议，进而建立持续长效的经贸合作机制。

最后，结合国内产业政策，可鼓励企业对中亚地区五国进行直接投资。由于历史原因，中亚国家目前工业体系尚不完整，产业结构比较单一，工业产品长期大量依赖进口，同时因为缺乏资金、技术和管理，迫切希望国外投资者来中亚投资。在“一带一路”倡议背景下，中国企业应抓住有利时机，积极“走出去”，政府应鼓励有实力的大企业到中亚国家投资办厂，利用当地廉价的劳动力和丰富的优质资源，开展原材料、矿产、能源深加工等加工贸易。

附录一　1992 ~ 2018 年中亚地区五国宏观经济贸易指标变化情况

附表 1 -1　1992 ~ 2018 年中亚地区五国 GDP 变化情况

单位：亿美元，%，美元

年份	哈萨克斯坦			吉尔吉斯斯坦			塔吉克斯坦			土库曼斯坦			乌兹别克斯坦		
	GDP	增速	人均 GDP	GDP	增速	人均 GDP	GDP	增速	人均 GDP	GDP	增速	人均 GDP	GDP	增速	人均 GDP
1992	249. 1	-5. 3	1515. 1	23. 2	-13. 9	513. 0	19. 1	-29. 0	347. 0	32. 0	-15. 0	820. 7	129. 4	-11. 2	603. 4
1993	234. 1	-9. 2	1433. 5	20. 3	-15. 5	449. 1	16. 5	-16. 4	294. 4	31. 8	1. 5	792. 7	131. 0	-2. 3	597. 0
1994	212. 5	-12. 6	1320. 3	16. 8	-20. 1	372. 3	15. 2	-21. 3	268. 0	25. 6	-17. 3	622. 4	129. 0	-5. 2	576. 4
1995	203. 7	-8. 2	1288. 2	16. 6	-5. 4	364. 2	12. 3	-12. 4	213. 6	24. 8	-7. 2	589. 9	133. 5	-0. 9	585. 9
1996	210. 4	0. 5	1350. 3	18. 3	7. 1	394. 9	10. 4	-16. 7	178. 4	23. 8	6. 7	554. 8	139. 5	1. 7	600. 6
1997	221. 7	1. 7	1445. 6	17. 7	9. 9	376. 4	9. 2	1. 7	155. 2	24. 5	-11. 4	562. 6	147. 4	5. 2	623. 0
1998	221. 4	-1. 9	1468. 7	16. 5	2. 1	345. 1	13. 2	5. 3	219. 0	26. 1	7. 1	590. 4	149. 9	4. 3	623. 2
1999	168. 7	2. 7	1130. 1	12. 5	3. 7	258. 0	10. 9	3. 7	177. 6	24. 5	16. 5	548. 7	170. 8	4. 3	702. 5

续表

年份	哈萨克斯坦			吉尔吉斯斯坦			塔吉克斯坦			土库曼斯坦			乌兹别克斯坦		
	GDP	增速	人均 GDP	GDP	增速	人均 GDP	GDP	增速	人均 GDP	GDP	增速	人均 GDP	GDP	增速	人均 GDP
2000	182.9	9.8	1229.0	13.7	5.4	279.6	8.6	8.3	138.4	29.0	5.5	643.2	137.6	3.8	558.2
2001	221.5	13.5	1490.9	15.3	5.3	308.4	10.8	9.6	171.0	35.3	4.3	774.5	114.0	4.2	456.7
2002	246.4	9.8	1658.0	16.1	0.0	321.7	12.2	10.8	190.0	44.6	0.3	967.9	96.9	4.0	383.3
2003	308.3	9.3	2068.1	19.2	7.0	380.5	15.6	10.9	237.8	59.8	3.3	1283.9	101.3	4.2	396.4
2004	431.5	9.6	2874.3	22.1	7.0	433.2	20.8	10.4	311.6	68.4	5.0	1453.9	120.3	7.4	465.1
2005	571.2	9.7	3771.3	24.6	−0.2	476.6	23.1	6.6	340.6	81.0	13.0	1704.4	143.1	7.0	546.8
2006	810.0	10.7	5291.6	28.3	3.1	543.1	28.3	7.0	408.8	102.8	11.0	2136.5	173.3	7.5	654.3
2007	1048.5	8.9	6771.4	38.0	8.5	721.8	37.2	7.8	526.6	126.6	11.1	2600.4	223.1	9.5	830.4
2008	1334.4	3.3	8513.6	51.4	8.4	966.4	51.6	7.9	715.9	192.7	14.7	3904.5	295.5	9.0	1082.3
2009	1153.1	1.2	7165.2	46.9	2.9	871.2	49.8	3.9	676.1	202.1	6.1	4036.5	336.9	8.1	1213.3
2010	1480.5	7.3	9070.5	47.9	−0.5	880.0	56.4	6.5	749.6	225.8	9.2	4439.2	466.8	7.6	1634.3
2011	1926.3	7.4	11634.0	62.0	6.0	1123.9	65.2	7.4	847.4	292.3	14.7	5650.0	565.2	7.8	1926.3
2012	2080.0	4.8	12386.7	66.1	−0.2	1178.0	76.3	7.5	969.3	351.6	11.1	6675.2	636.3	7.4	2137.0
2013	2366.3	6.0	13890.6	73.4	10.9	1282.4	84.5	7.4	1048.2	392.0	10.2	7304.3	690.0	7.6	2281.4
2014	2214.2	4.2	12807.3	74.7	4.0	1279.8	91.1	6.7	1104.2	435.2	10.3	7962.2	766.6	7.2	2492.3
2015	1843.9	1.2	10510.8	66.8	3.9	1121.1	78.5	6.0	929.1	358.0	6.5	6432.7	818.5	7.4	2615.0
2016	1372.8	1.1	7714.8	68.1	4.3	1120.7	69.5	6.9	802.5	361.8	6.2	6389.5	817.8	6.1	2567.8
2017	1668.1	4.1	9247.6	77.0	4.7	1242.8	71.6	7.6	806.0	379.3	6.5	6587.1	591.6	4.5	1826.6
2018	1793.4	4.1	9814.8	80.9	3.5	1279.9	75.2	7.3	826.6	407.6	6.2	6966.6	505.0	5.1	1532.4

附表 1－2　1992～2018 年哈萨克斯坦主要宏观经济指标变化情况

宏观经济指标 / 年份	通货膨胀率（%）（CPI计算）	通货膨胀率（%）（GDP平减指数计算）	总失业率（%）	工人总数占总就业人数比重（%）	女性就业比重（%）	男性就业比重（%）	固定资产总额（亿美元）	外国直接投资占GDP比重（%）	外国直接投资额（亿美元）	对外直接投资占GDP比重（%）	对外直接投资额（亿美元）	外债总额（亿美元）	外债总额占国民总收入比重（%）	长期外债存量（亿美元）	短期外债存量（亿美元）	总储备额（亿美元）	准备金总额（占外债总额的比重（%））	CPI指数（2010年为基期）
1992		1472.2	1.0	59.8	0.5	1.3	75.8	0.4	1.0		0.0	0.3		0.3	0.1	0.0		
1993		1243.5	1.1	59.7	0.5	1.3	65.3	5.4	12.7		0.0	17.3	7.4	16.2	0.2	7.1		
1994		1546.7	7.5	59.6	0.5	1.3	55.5	3.1	6.6	0.0	0.0	27.9	13.2	22.7	2.3	12.2	43.6	
1995		160.9	11.0	59.5	0.5	1.3	47.0	4.7	9.6	0.0	0.0	37.5	18.5	29.4	3.8	16.6	44.3	
1996		38.9	13.0	59.5	0.5	1.3	36.2	5.4	11.4	0.0	0.0	29.2	14.0	21.5	2.2	19.6	67.1	
1997		16.1	13.0	59.4	0.5	1.3	36.0	6.0	13.2	0.0	0.0	40.8	18.7	32.2	3.5	22.2	54.5	
1998		5.7	13.1	59.3	0.5	1.3	34.8	5.2	11.5	0.0	0.1	60.7	27.8	50.0	4.2	19.7	32.4	
1999		13.3	13.5	59.2	0.5	1.3	27.3	9.4	15.9	0.0	0.0	66.0	40.5	51.9	4.7	20.0	30.3	
2000		17.4	12.8	59.2	0.5	1.3	31.7	7.5	13.7	0.5	0.9	128.9	75.7	114.8	9.6	21.0	16.3	
2001		10.2	10.4	59.1	0.5	1.2	52.6	12.7	28.2	−0.2	−0.4	153.4	73.3	135.7	13.4	25.1	16.3	
2002		5.8	9.3	61.0	0.5	1.3	59.2	10.5	25.9	1.7	4.2	184.4	78.4	161.3	18.4	31.4	17.0	
2003		11.7	8.8	61.6	0.5	1.4	71.0	8.1	24.8	0.9	2.7	232.3	79.9	199.0	28.1	49.6	21.4	
2004		16.1	8.4	63.1	0.6	1.6	108.2	13.0	56.2	0.4	1.8	332.3	82.5	287.6	39.4	92.8	27.9	
2005		17.9	8.1	64.4	0.6	1.8	159.7	4.5	25.5	0.7	4.3	438.6	84.7	352.7	81.0	70.7	16.1	64.7

续表

宏观经济指标/年份	通货膨胀率（%）（CPI计算）	通货膨胀率（%）（GDP平减指数计算）	总失业率（%）	工人总数占总就业人数比重（%）	女性就业比重（%）	男性就业比重（%）	固定资产总额（亿美元）	外国直接投资占GDP比重（%）	外国直接投资额（亿美元）	对外直接投资占GDP比重（%）	对外直接投资额（亿美元）	外债总额（亿美元）	外债总额占国民总收入比重（%）	长期外债存量（亿美元）	短期外债存量（亿美元）	总储备额（亿美元）	准备金总额（占外债总额的比重（%））	CPI指数（2010年为基期）
2006	8.7	21.6	7.8	64.9	0.9	2.0	244.6	9.4	76.1	1.1	9.2	744.4	104.0	614.8	124.5	191.3	25.7	70.4
2007	10.8	15.5	7.3	65.6	1.1	2.1	314.7	11.4	119.7	3.8	39.4	962.4	104.7	841.7	115.3	176.4	18.3	78.0
2008	17.1	20.9	6.6	66.5	1.1	2.0	358.2	12.6	168.2	2.8	37.0	1067.4	93.5	967.2	94.9	198.8	18.6	91.4
2009	7.3	4.7	6.6	66.6	1.7	2.6	320.5	12.4	142.8	3.6	41.9	1097.4	106.9	1022.2	69.9	231.8	21.1	98.0
2010		19.5	5.8	67.0	1.6	2.4	360.2	5.0	74.6	2.6	37.9	1191.5	92.6	1097.6	88.6	282.6	23.7	
2011		20.5	5.4	67.5	1.7	2.5	413.5	7.1	137.6	2.7	51.8	1243.3	75.4	1150.5	87.6	292.2	23.5	105.1
2012	5.1	4.8	5.3	68.6	1.4	2.9	474.3	6.6	136.5	0.9	17.9	1355.3	75.3	1259.2	90.9	283.0	20.9	110.5
2013	5.8	9.5	5.2	69.6	1.1	2.5	517.8	4.2	100.1	0.8	19.8	1497.1	70.8	1396.8	95.0	246.9	16.5	116.9
2014	6.7	5.8	5.1	71.4	0.9	2.2	477.3	3.3	73.1	1.2	26.3	1577.0	79.3	1474.2	97.8	292.5	18.5	124.8
2015	6.7	1.8	4.9	73.0	0.8	1.9	421.9	3.6	65.8	1.8	33.2	1534.0	88.5	1464.4	64.8	278.5	18.2	133.1
2016	14.5	13.6	5.0	74.3	0.9	1.9	311.9	12.5	172.2	2.5	34.7	1637.2	131.7	1562.9	69.6	296.0	18.1	152.4
2017	7.4	11.2	4.9	75.6	1.0	1.9	356.5	2.8	47.1	0.6	9.6	1589.2	109.8	1507.8	76.5	307.5	19.3	163.8
2018	6.0	9.2	4.8	75.5	1.0	1.9	370.0	0.1	2.1	-2.6	-46.4	1569.2	105.7	1480.8	83.7	309.8	19.7	173.6

附表 1－3 1992～2018 年吉尔吉斯斯坦主要宏观经济指标变化情况

宏观经济指标 / 年份	通货膨胀率（%）（CPI 计算）	通货膨胀率（%）（GDP 平减指数计算）	总失业率（%）	工人总数占总就业人数比重（%）	女性就业比重（%）	男性就业比重（%）	固定资产总额（亿美元）	外国直接投资占 GDP 比重（%）	外国直接投资额（亿美元）	对外直接投资占 GDP 比重（%）	对外直接投资额（亿美元）	外债总额（亿美元）	外债总额占国民总收入比重（%）	长期外债存量（亿美元）	短期外债存量（亿美元）	总储备额（亿美元）	准备金总额（占外债总额的比重（%））	CPI 指数（2010 年为基期）
1992		830.7	830.7	47.6	1.0	2.1	3.3					0.1	0.2	0.1				
1993		754.4	754.4	47.4	1.0	2.1	2.7	0.5	0.1			2.9	14.4	2.3	0.0	0.5	16.5	
1994		180.9	180.9	47.2	1.0	2.0	2.0	2.3	0.4			4.5	26.9	3.6	0.1	0.3	5.9	
1995		42.0	42.0	47.1	1.0	2.0	3.4	5.8	1.0			6.1	37.5	4.7	0.1	1.3	21.9	16.7
1996	31.9	35.3	35.3	47.0	1.0	2.0	4.1	2.6	0.5			11.4	63.6	9.9	0.1	1.4	12.3	22.1
1997	23.4	19.3	19.3	47.0	1.0	2.0	2.2	4.7	0.8			13.4	78.7	11.4	0.3	1.9	14.5	27.3
1998	10.5	9.1	9.1	46.9	1.0	2.0	2.1	6.6	1.1	1.4	0.2	15.1	96.1	13.0	0.3	1.9	12.5	30.1
1999	37.0	37.6	37.6	46.9	1.0	2.1	2.0	3.6	0.4	0.5	0.1	18.5	157.6	14.8	0.6	2.5	13.7	41.3
2000	18.7	27.2	27.2	46.9	1.1	2.1	2.5	−0.2	0.0	0.3	0.0	19.4	150.5	15.1	1.3	2.6	13.5	49.0
2001	6.9	7.3	7.3	46.9	1.0	2.1	2.6	0.3	0.1	0.4	0.1	18.2	124.4	14.9	0.5	2.9	15.7	52.4
2002	2.1	2.0	2.0	46.9	1.0	2.0	2.6	0.3	0.0	0.0	0.0	19.6	126.5	16.5	0.1	3.2	16.2	53.5
2003	3.0	4.0	4.0	47.7	1.0	1.7	2.6	2.4	0.5	0.0	0.0	21.5	115.7	17.8	0.4	4.0	18.6	55.1
2004	4.1	5.1	5.1	49.1	0.8	1.2	3.2	7.9	1.8	2.0	0.4	25.6	121.4	18.9	3.3	5.6	22.0	57.4
2005	4.3	7.1	7.1	50.2	0.7	1.8	3.9	1.7	0.4	0.0	0.0	22.6	95.1	18.3	1.3	6.1	27.1	59.8

续表

宏观经济指标 / 年份	通货膨胀率（%）（CPI计算）	通货膨胀率（%）（GDP平减指数计算）	总失业率（%）	工人总数占总就业人数比重（%）	女性就业比重（%）	男性就业比重（%）	固定资产总额（亿美元）	外国直接投资占GDP比重（%）	外国直接投资额（亿美元）	对外直接投资占GDP比重（%）	对外直接投资额（亿美元）	外债总额（亿美元）	外债总额占国民总收入比重（%）	长期外债存量（亿美元）	短期外债存量（亿美元）	总储备额（亿美元）	准备金总额（占外债总额的比重（%））	CPI指数（2010年为基期）
2006	5.6	9.4	9.4	51.6	0.6	1.5	6.5	6.4	1.8	0.0	0.0	26.0	93.2	21.0	2.1	8.2	31.5	63.2
2007	10.2	14.9	14.9	54.8	0.6	1.1	9.4	5.5	2.1	0.0	0.0	28.8	76.8	22.8	3.2	11.8	40.9	69.6
2008	24.5	22.2	22.2	58.0	0.6	0.9	13.8	7.3	3.8	0.0	0.0	36.3	73.5	29.4	3.9	12.3	33.8	86.7
2009	6.8	4.0	4.0	60.9	0.5	0.7	13.2	4.0	1.9	0.0	0.0	41.2	91.4	34.0	4.2	15.8	38.5	92.6
2010	8.0	10.0	10.0	63.1	0.4	0.8	13.3	9.9	4.7	0.4	0.2	41.2	91.7	36.2	1.9	17.2	41.8	100.0
2011	16.6	22.5	22.5	63.1	0.5	0.9	14.7	11.1	6.9	-0.1	0.0	54.9	99.2	49.9	1.9	18.3	33.3	116.6
2012	2.8	8.8	8.8	63.0	0.5	1.0	20.7	4.0	2.6	-0.2	-0.2	60.4	93.8	55.0	2.1	20.7	34.2	119.9
2013	6.6	3.2	3.2	56.2	1.0	1.6	21.7	8.3	6.1	-0.1	-0.1	68.2	98.6	61.7	3.1	22.4	32.8	127.8
2014	7.5	8.4	8.4	57.2	0.9	1.9	24.3	4.6	3.4	1.5	1.1	73.0	101.9	66.8	3.1	19.6	26.8	137.4
2015	6.5	3.4	3.4	60.1	1.5	2.0	21.8	17.1	11.4	2.0	1.3	75.6	117.8	69.1	3.5	17.8	23.5	146.4
2016	0.4	6.1	6.1	62.1	2.3	2.7	21.7	9.1	6.2	0.6	0.4	79.5	123.1	72.9	3.6	19.7	24.8	146.9
2017	3.2	6.4	6.4	64.4	1.3	1.8	24.2	-1.4	-1.1	-0.4	-0.3	81.7	111.4	74.9	3.6	21.8	26.7	151.6
2018	1.5	1.5	1.5	64.5	1.3	1.8	25.2	1.8	1.4	0.1	0.0	81.2	103.0	73.7	4.6	21.6	26.6	153.9

附表 1－4　1992～2018 年塔吉克斯坦主要宏观经济指标变化情况

宏观经济指标 / 年份	通货膨胀率（%）（CPI 计算）	通货膨胀率（%）（GDP 平减指数计算）	总失业率（%）	工人总数占总就业人数比重（%）	女性就业比重（%）	男性就业比重（%）	固定资产总额（亿美元）	外国直接投资占 GDP 比重（%）	外国直接投资额（亿美元）	对外直接投资占 GDP 比重（%）	对外直接投资额（亿美元）	外债总额（亿美元）	外债总额占国民总收入比重（%）	长期外债存量（亿美元）	短期外债存量（亿美元）	总储备额（亿美元）	准备金总额（占外债总额的比重（%））	CPI 指数（2010 年为基期）
1992		574.0	2.1	53.9	0.6	1.5	0.0	0.5	0.1			0.1	0.5	0.1	0.0	0.0		
1993		1207.2	6.2	53.5	0.6	1.5	1.8	0.5	0.1			3.8	23.2	3.8	0.0	0.0		
1994		263.0	8.8	53.2	0.6	1.4	3.2	0.8	0.1			5.8	44.1	5.6	0.2	0.0		
1995		294.5	10.3	53.2	0.6	1.4	2.6	0.8	0.1			6.3	53.2	5.9	0.4	0.0		
1996		430.4	13.4	53.3	0.6	1.4	1.4	1.7	0.2			6.9	71.8	6.5	0.2	0.0		
1997		65.3	13.9	53.1	0.6	1.4	1.6	2.0	0.2			10.5	117.0	9.5	0.7	0.4	3.7	
1998		87.9	16.5	53.0	0.6	1.4	1.8	2.3	0.3			12.3	95.5	9.9	1.4	0.6	4.5	
1999		26.5	15.4	52.8	0.6	1.4	1.8	0.6	0.1			13.7	129.9	10.6	1.0	0.6	4.2	
2000		22.6	15.0	52.7	0.6	1.4	0.6	2.7	0.2			11.4	138.4	8.5	0.8	0.9	8.3	28.4
2001	38.6	30.9	14.6	52.7	0.6	1.4	1.0	0.9	0.1			11.6	112.8	8.7	0.8	0.9	8.1	39.3
2002	12.2	18.8	14.3	52.7	0.6	1.4	0.8	3.0	0.4			12.5	107.7	9.9	0.6	0.9	7.1	44.1
2003	16.3	27.2	13.9	52.8	0.6	1.4	1.3	2.0	0.3			12.7	86.8	9.7	0.8	1.2	9.2	51.3
2004	7.1	17.4	13.5	52.9	0.6	1.4	2.2	13.1	2.7			11.7	58.3	8.3	0.8	1.7	14.7	55.0
2005	7.1	9.6	13.0	53.0	0.6	1.3	2.6	2.4	0.5			11.2	50.0	8.5	0.3	1.9	16.9	58.9

续表

宏观经济指标 / 年份	通货膨胀率（%）（CPI计算）	通货膨胀率（%）（GDP平减指数计算）	总失业率（%）	工人总数占总就业人数比重（%）	女性就业比重（%）	男性就业比重（%）	固定资产总额（亿美元）	外国直接投资占GDP比重（%）	外国直接投资额（亿美元）	对外直接投资占GDP比重（%）	对外直接投资额（亿美元）	外债总额（亿美元）	外债总额占国民总收入比重（%）	长期外债存量（亿美元）	短期外债存量（亿美元）	总储备额（亿美元）	准备金总额（占外债总额的比重（%））	CPI指数（2010年为基期）
2006	10.0	21.0	12.4	53.2	0.6	1.3	4.4	12.0	3.4			10.6	38.9	8.6	0.3	2.0	19.2	64.8
2007	13.1	27.3	11.8	53.4	0.6	1.3	8.6	9.7	3.6			13.5	37.1	11.0	0.7	0.9	6.3	73.3
2008	20.5	28.2	11.4	53.7	0.6	1.3	12.7	9.4	4.9			25.0	48.9	22.7	0.9	1.6	6.5	88.3
2009	6.4	12.1	11.5	53.9	0.6	1.3	13.1	3.0	1.5			26.7	54.3	24.2	0.7	2.5	9.6	94.0
2010	6.4	12.4	11.6	54.1	0.6	1.3	13.8	1.7	0.9			35.6	51.1	27.3	6.0	4.0	11.3	100.0
2011	12.4	13.3	11.6	54.4	0.6	1.3	18.7	2.2	1.5			39.2	47.2	29.5	7.3	5.2	13.2	112.4
2012	5.8	11.9	11.6	54.7	0.6	1.4	16.6	3.2	2.4			46.2	47.4	33.4	9.9	6.3	13.7	119.0
2013	5.0	3.6	11.7	55.1	0.6	1.4	20.4	3.4	2.8			48.6	43.3	34.5	11.3	6.6	13.6	124.9
2014	6.1	4.8	11.6	55.4	0.7	1.4	23.9	3.6	3.3			51.2	44.9	36.9	11.6	5.1	10.0	132.6
2015	5.7	1.5	11.5	55.7	0.7	1.4	22.2	5.8	4.5			51.4	54.8	39.4	9.6	4.9	9.6	140.2
2016	6.0	5.3	11.4	56.0	0.7	1.4	21.4	3.5	2.4	0.50	0.4	51.7	63.3	41.3	8.1	6.4	12.5	148.6
2017		4.4	11.3	56.4	0.7	1.4	19.1	2.6	1.9	1.71	1.2	61.0	74.0	51.5	7.5	12.9	21.2	
2018		4.8	11.1	56.8	0.7	1.4	0.0	2.9	2.2	-0.38	-0.3	59.8	67.7	49.3	8.7	12.8	21.5	

附表 1－5　1992～2018 年土库曼斯坦主要宏观经济指标变化情况

年份	通货膨胀率（%）（GDP 平减指数计算）	总失业率（%）	工人总数占总就业人数比重（%）	女性就业比重（%）	男性就业比重（%）	固定资产总额（亿美元）	外国直接投资占 GDP 比重（%）	外国直接投资额（亿美元）	外债总额（亿美元）	外债总额占国民总收入比重（%）	长期外债存量（亿美元）	短期外债存量（亿美元）
1992	3089.2	1.5	68.8	0.96	2.48		0.00	0.0				
1993	1134.0	1.5	68.9	0.97	2.48	11.1	2.48	0.8	2.8	8.63	2.8	
1994	952.3	4.7	68.9	0.99	2.56		4.02	1.0	4.3	16.25	3.5	0.8
1995	705.7	8.3	69.0	1.01	2.59		9.39	2.3	4.0	16.09	3.8	0.2
1996	1014.0	10.3	69.1	1.01	2.58	9.8	4.54	1.1	7.6	31.56	4.7	2.9
1997	61.8	11.0	69.2	1.02	2.63	9.5	4.40	1.1	18.7	73.63	13.4	5.3
1998	17.6	12.2	69.3	1.03	2.61	11.9	2.39	0.6	24.0	90.87	18.9	5.1
1999	23.0	12.7	69.4	1.02	2.55	9.7	5.10	1.3	27.3	111.75	23.3	3.1
2000	23.5	11.7	69.6	1.02	2.53	10.1	4.51	1.3	26.3	96.32	22.9	2.5
2001	32.3	10.7	69.7	1.02	2.52	11.2	4.81	1.7	22.4	65.35	18.8	2.7
2002	25.2	9.9	69.9	1.02	2.52	12.3	6.19	2.8	21.3	49.10	16.3	4.1
2003	27.2	9.0	70.0	1.02	2.51	15.2	3.78	2.3	19.2	32.49	14.9	3.2
2004	18.3	8.1	70.2	1.02	2.50	15.8	5.17	3.5	18.2	26.98	12.7	4.4
2005	7.0	7.3	70.3	1.02	2.47	18.6	5.16	4.2	11.5	15.29	9.1	1.4

续表

年份	通货膨胀率（%）（GDP平减指数计算）	总失业率（%）	工人总数占总就业人数比重（%）	女性就业比重（%）	男性就业比重（%）	固定资产总额（亿美元）	外国直接投资占GDP比重（%）	外国直接投资额（亿美元）	外债总额（亿美元）	外债总额占国民总收入比重（%）	长期外债存量（亿美元）	短期外债存量（亿美元）
2006	12.2	6.4	70.5	1.02	2.45	20.0	7.11	7.3	9.9	10.27	7.3	1.5
2007	9.3	5.6	70.7	1.02	2.42	23.6	6.76	8.6	8.5	6.92	6.5	0.9
2008	59.7	4.9	70.9	1.02	2.40	61.1	6.63	12.8	7.4	4.07	5.9	0.4
2009	9.8	4.5	71.1	1.02	2.40	94.2	22.52	45.5	6.7	3.56	4.8	0.8
2010	2.3	4.0	71.3	1.02	2.39	117.2	16.08	36.3	5.3	2.57	3.7	0.5
2011	12.9	4.0	71.5	1.03	2.37	151.8	11.60	33.9	4.6	1.73	3.0	0.5
2012	8.3	4.0	71.7	1.04	2.37	166.0	8.90	31.3	5.1	1.59	3.1	0.9
2013	1.2	4.0	71.8	1.04	2.37		7.30	28.6	5.1	1.42	3.3	0.7
2014	0.7	4.0	72.0	1.05	2.37		8.80	38.3	4.1	1.03	3.1	0.0
2015	-5.2	4.0	72.2	1.06	2.37		8.50	30.4	3.7	1.09	2.7	0.0
2016	-4.8	3.9	72.4	1.07	2.37		6.20	22.4	5.1	1.44	2.6	1.5
2017	-1.6	3.9	72.6	1.08	2.37		5.50	20.9	7.8	2.16	2.7	4.2
2018	1.2	3.8	72.8	1.08	2.37		4.87	19.9	9.1	2.32	5.0	3.1

附表 1－6　1992～2018 年乌兹别克斯坦主要宏观经济指标变化情况

年份	通货膨胀率（%）（GDP 平减指数计算）	总失业率（%）	工人总数占总就业人数比重（%）	女性就业比重（%）	男性就业比重（%）	固定资产总额（亿美元）	外国直接投资占 GDP 比重（%）	外国直接投资额（亿美元）	对外直接投资占 GDP 比重（%）	对外直接投资额（亿美元）	外债总额（亿美元）	外债总额占国民总收入比重（%）	长期外债存量（亿美元）	短期外债存量（亿美元）	总储备额（亿美元）	准备金总额（占外债总额的比重（%））
1992	712.1	2.9	49.2	0.6	1.6	56.9	0.07	0.1			0.6	0.5	0.6			
1993	1078.9	4.9	49.2	0.6	1.6	19.2	0.37	0.5			10.3	7.9	9.4	0.9		
1994	1238.6	7.3	49.3	0.6	1.6	23.5	0.57	0.7			12.5	9.7	9.6	2.9		
1995	370.9	7.8	49.4	0.6	1.6	32.3	−0.18	−0.2			18.0	13.5	14.3	2.1		
1996	81.6	10.7	49.6	0.6	1.6	32.1	0.65	0.9			23.9	17.2	20.6	0.9		
1997	66.1	10.9	49.8	0.6	1.6	41.8	1.13	1.7			29.3	20.1	22.9	4.2		
1998	39.0	13.3	50.0	0.6	1.6	42.0	0.93	1.4			33.7	22.6	29.9	1.5		
1999	44.1	13.3	50.2	0.6	1.6	43.1	0.71	1.2			53.1	31.4	41.2	6.3	12.4	23.4
2000	47.3	12.1	50.4	0.6	1.6	31.5	0.54	0.7			49.5	36.5	42.3	2.5		
2001	45.2	10.9	50.7	0.7	1.6	30.6	0.73	0.8			52.1	46.5	43.0	5.0		
2002	45.5	9.9	50.9	0.7	1.6	19.9	0.67	0.7			51.4	53.9	44.0	3.2		
2003	26.8	8.9	51.2	0.7	1.6	20.4	0.82	0.8			53.2	53.1	46.4	2.5		
2004	15.9	7.9	51.5	0.7	1.6	25.8	1.47	1.8			52.0	43.4	46.1	1.7		

续表

年份	通货膨胀率（%）（GDP平减指数计算）	总失业率（%）	工人总数占总就业人数比重（%）	女性就业比重（%）	男性就业比重（%）	固定资产总额（亿美元）	外国直接投资占GDP比重（%）	外国直接投资额（亿美元）	对外直接投资占GDP比重（%）	对外直接投资额（亿美元）	外债总额（亿美元）	外债总额占国民总收入比重（%）	长期外债存量（亿美元）	短期外债存量（亿美元）	总储备额（亿美元）	准备金总额（占外债总额的比重（%））
2005	21.4	6.9	51.8	0.7	1.6	28.4	1.34	1.9			46.3	32.4	41.7	0.9		
2006	23.5	5.9	52.2	0.7	1.6	37.5	1.00	1.7			45.1	26.2	39.4	1.8		
2007	21.9	5.0	52.6	0.7	1.7	52.5	3.16	7.1			46.6	20.0	40.4	2.0		
2008	26.8	4.9	52.9	0.7	1.7	79.1	2.41	7.1			50.7	16.2	44.9	1.7		
2009	17.3	5.0	53.3	0.8	1.7	95.5	2.50	8.4			70.3	20.3	63.9	2.3		
2010	39.4	5.4	53.7	0.8	1.7	112.4	3.51	16.4			78.0	19.3	71.5	2.4		
2011	21.5	5.0	54.1	0.8	1.7	125.1	2.89	16.4			83.0	17.4	76.7	2.3		
2012	15.5	4.9	54.4	0.8	1.7	141.1	0.88	5.6			91.1	16.8	81.0	6.1		
2013	11.7	4.9	54.8	0.8	1.7	159.3	0.92	6.3			106.7	17.5	98.5	4.1	225.0	211.0
2014	14.3	5.1	55.1	0.8	1.7	179.4	1.05	8.1	0.006	0.04	125.6	15.8	116.8	5.0	242.0	192.7
2015	10.4	5.2	55.4	0.8	1.7	190.4	1.27	10.4	0.006	0.05	140.6	16.9	130.2	6.7	242.9	172.8
2016	8.7	5.2	55.8	0.8	1.7	186.7	2.03	16.6	0.007	0.06	158.0	19.1	148.5	6.0	262.8	166.3
2017	19.4	5.8	56.0	0.8	1.8	151.2	3.04	18.0	0.015	0.09	168.7	27.9	156.5	8.4	280.7	166.4
2018	28.1	5.7	56.3	0.9	1.8	150.3	1.24	6.2	0.004	0.02	176.3	33.9	165.4	7.2	270.8	153.6

附表 1 – 7　1992 ~ 2018 年哈萨克斯坦主要贸易指标变化情况

年份	货物贸易占GDP比重（%）	服务贸易占GDP比重（%）	货物和服务出口额（亿美元）	货物和服务进口额（亿美元）	货物和服务出口占GDP比重（%）	货物和服务进口占GDP比重（%）	货物和服务出口额年增长率（%）	货物和服务进口额年增长率（%）	货物出口额（亿美元）	货物进口额（亿美元）	服务出口额（亿美元）	服务进口额（亿美元）	货物和服务贸易净额（亿美元）	货物贸易净额（亿美元）	关税和其他进口税额（亿坚戈）	出口价值指数（2000年为100）	进口价值指数（2000年为100）
1992	29.0		184.3	187.6	74.0	75.3	-11.5	-22.3	32.5	39.7							
1993	30.6		88.7	109.4	37.9	46.7	-6.8	-25.2	32.8	38.9							
1994	32.0		78.8	100.1	37.1	47.1	-11	-5.6	32.3	35.6							
1995	44.5	6.4	79.4	88.7	39.0	43.5	5	-19.9	52.5	38.1	5.4	7.8	-1.3	1.1		59.6	75.5
1996	48.3	7.6	74.2	75.7	35.3	36.0	2	-17.1	59.1	42.4	6.7	9.3	-5.9	-3.4		67.1	84.1
1997	48.7	8.9	77.4	83.0	34.9	37.4	1.2	7.5	65.0	43.0	8.4	11.2	-5.6	-2.8	53.7	73.7	85.3
1998	43.6	9.3	67.2	77.2	30.3	34.9	-11.9	-7.2	53.3	43.1	9.0	11.5	-10.5	-8.0	67.6	60.5	85.6
1999	56.5	12.1	71.6	67.7	42.5	40.1	3	0.6	58.7	36.6	9.3	11.0	1.7	3.4	69.4	66.6	72.5
2000	75.7	15.6	103.5	89.8	56.6	49.1	27.9	28	88.1	50.4	9.4	18.9	12.6	22.3	126.0	100.0	100.0
2001	68.1	17.7	101.7	104.0	45.9	47.0	-1.8	-1.5	86.4	64.5	11.2	27.8	-5.3	11.5	177.8	98.0	127.9
2002	66.0	20.9	115.8	115.9	47.0	47.0	16.6	3.1	96.7	65.8	14.1	37.1	-1.5	21.8	234.6	109.7	130.6
2003	69.2	17.6	149.3	132.7	48.4	43.0	7.5	-7.6	129.3	84.1	15.8	38.0	15.0	37.6	303.9	146.7	166.8
2004	76.2	16.2	226.5	189.5	52.5	43.9	11.2	14.9	200.9	127.8	18.7	50.7	35.4	67.9	366.0	228.0	253.6
2005	79.1	16.8	303.9	254.6	53.2	44.6	0.4	12.1	278.5	173.5	20.9	74.0	49.3	103.6		316.0	344.3

续表

年份	货物贸易占GDP比重（%）	服务贸易占GDP比重（%）	货物和服务出口额（亿美元）	货物和服务进口额（亿美元）	货物和服务出口占GDP比重（%）	货物和服务进口占GDP比重（%）	货物和服务出口额年增长率（%）	货物和服务进口额年增长率（%）	货物出口额（亿美元）	货物进口额（亿美元）	服务出口额（亿美元）	服务进口额（亿美元）	货物和服务贸易净额（亿美元）	货物贸易净额（亿美元）	关税和其他进口税额（亿坚戈）	出口价值指数（2000年为100）	进口价值指数（2000年为100）
2006	76.4	14.2	412.9	327.9	51.0	40.5	6.8	12.6	382.5	236.8	26.8	86.7	85.6	146.9		434.1	469.8
2007	76.8	14.6	517.0	449.3	49.3	42.8	9.1	26.1	477.6	327.6	34.2	116.1	67.8	152.3		541.9	649.9
2008	81.7	11.6	762.6	495.7	57.1	37.1	0.9	-11.5	711.7	378.9	42.9	110.1	266.9	336.1		807.7	751.8
2009	62.1	12.3	482.4	391.2	41.8	33.9	-11.9	-15.7	432.0	284.1	41.0	99.0	90.3	150.0		490.2	563.7
2010	61.5	10.5	655.0	442.6	44.2	29.9	3.1	2.9	599.7	311.1	41.2	112.0	212.5	285.0	2490.4	680.5	617.2
2011	62.9	7.9	895.0	513.4	46.5	26.7	0.4	2.8	843.4	369.1	43.4	108.5	382.1	448.4	8368.2	957.0	732.3
2012	63.8	9.5	917.5	616.0	44.1	29.6	4.8	24.8	864.5	463.6	54.3	142.3	309.2	398.4	3147.5	981.0	919.8
2013	56.4	8.5	913.8	634.0	38.6	26.8	2.7	7.8	847.0	488.1	59.7	139.6	278.5	359.6	2974.3	961.2	968.4
2014	54.5	9.4	871.1	567.5	39.3	25.6	-2.5	-4	794.6	413.0	70.0	136.9	297.8	366.2	2789.2	901.7	819.4
2015	41.5	9.3	525.8	452.4	28.5	24.5	-4.1	-0.1	459.6	305.7	61.8	107.0	69.1	116.3	1891.1	521.5	606.5
2016	44.9	11.6	437.1	390.8	31.8	28.5	-4.5	-2	366.9	250.0	60.8	96.9	54.9	92.5	2645.8	416.3	495.9
2017	46.5	9.9	559.6	427.8	33.6	25.6	6.4	-1.4	483.0	292.7	65.0	99.5	131.5	167.3	2969.1	548.1	580.7
2018	52.1	10.8	673.0	453.6	37.5	25.3	11.5	3.2	609.6	325.3	73.0	118.5	208.6	255.3	3300.0	691.7	645.5

附表 1－8　1992～2018 年哈萨克斯坦产品和服务出口贸易结构变化情况

年份	农产品原材料占货物出口比重（%）	食品占货物出口比重（%）	燃料占货物出口比重（%）	矿石和金属占货物出口比重（%）	制造业占货物出口比重（%）	信息与通信技术产品占货物出口比重（%）	高技术出口额（亿美元）	高技术占制成品出口比重（%）	中高技术出口占制造业出口比重（%）	信息与通信技术服务出口额（亿美元）	国际旅游收入占出口总额比重（%）	保险和金融占服务出口比重（%）	运输服务占服务出口比重（%）	旅游服务占服务出口比重（%）	通信计算机等占服务出口比重（%）	信息与通信技术服务占服务出口比重（%）
1992									43. 3							
1993									43. 3							
1994									43. 3							
1995	2. 8	9. 9	24. 9	24. 1	38. 2				43. 3	0. 4	2. 6		65. 7	22. 7	11. 6	6. 6
1996	3. 2	11. 9	32. 9	19. 7	32. 4				35. 7	0. 2	3. 7		64. 0	29. 5	6. 4	2. 6
1997	2. 7	12. 3	34. 5	23. 2	27. 2				28. 5	0. 4	4. 5	0. 0	58. 8	34. 4	6. 9	4. 5
1998	2. 0	8. 5	37. 7	26. 7	24. 8				29. 9	0. 4	6. 7	0. 2	42. 9	45. 0	11. 9	5. 0
1999	1. 6	7. 4	45. 0	21. 5	24. 5				36. 9	0. 5	5. 7	0. 2	45. 1	38. 9	15. 8	5. 6
2000	1. 0	1. 0	50. 1	2. 2	0. 2	0. 00			1. 9	0. 3	3. 9	1. 6	51. 0	39. 3	11. 3	3. 7
2001	1. 4	5. 4	56. 7	18. 4	18. 0	0. 28			27. 1	0. 3	5. 0	1. 0	50. 7	41. 1	9. 2	3. 1
2002	1. 4	4. 9	59. 1	16. 2	18. 5	0. 20			28. 3	0. 4	6. 0	0. 8	45. 0	45. 3	11. 1	3. 1
2003	1. 3	6. 0	61. 8	12. 9	17. 9	0. 17			27. 0	0. 6	4. 3	1. 0	46. 5	36. 7	18. 0	3. 8
2004	1. 0	4. 0	64. 8	14. 0	16. 1	0. 13			28. 4	0. 6	3. 6	1. 2	46. 1	39. 3	15. 7	3. 2
2005	0. 8	2. 4	70. 6	12. 8	13. 4	0. 06			26. 9	0. 7	2. 6	1. 1	51. 2	35. 0	16. 3	3. 4

续表

年份	农产品原材料占货物出口比重（%）	食品占货物出口比重（%）	燃料占货物出口比重（%）	矿石和金属占货物出口比重（%）	制造业占货物出口比重（%）	信息与通信技术产品占货物出口比重（%）	高技术出口额（亿美元）	高技术占制成品出口比重（%）	中高技术出口占制造业出口比重（%）	信息与通信技术服务出口额（亿美元）	国际旅游收入占出口总额比重（%）	保险和金融占服务出口比重（%）	运输服务占服务出口比重（%）	旅游服务占服务出口比重（%）	通信计算机等占服务出口比重（%）	信息与通信技术服务占服务出口比重（%）
2006	0.6	2.8	69.4	14.6	12.5	0.03			31.1	0.8	2.3	1.2	56.5	32.4	13.0	2.9
2007	0.6	4.3	66.6	14.2	14.4	0.03			32.3	0.9	2.3	3.4	53.5	31.2	16.4	2.5
2008	0.3	4.2	69.3	11.6	14.5	0.03			35.4	1.0	1.6	4.9	56.3	25.4	19.6	2.4
2009	0.2	3.8	70.6	11.2	14.1	0.06	18.1	30.2	33.5	1.2	2.5	4.3	56.8	25.2	19.7	3.0
2010	0.2	3.4	72.8	11.4	12.2	0.05	23.6	34.3	37.2	0.9	1.9	2.7	58.5	25.8	17.7	2.3
2011	0.1	2.1	72.8	12.9	12.0	0.14	26.0	24.8	34.6	1.0	1.7	2.9	54.2	29.6	18.5	2.4
2012	0.1	3.4	70.6	13.0	12.9	0.44	35.7	30.2	40.2	1.2	2.3	2.7	49.6	37.0	14.3	2.3
2013	0.2	3.2	76.7	9.9	9.9	0.33	31.1	37.2	33.1	1.4	2.6	1.1	49.6	36.6	15.8	2.4
2014	0.2	3.3	76.6	8.6	11.3	0.84	34.0	38.0	36.5	1.5	2.6	1.3	58.3	29.7	14.7	2.1
2015	0.2	4.6	68.0	12.1	15.1	0.19	28.6	41.4	41.5	1.4	3.6	1.8	59.5	27.6	15.1	2.3
2016	0.3	5.7	60.7	14.8	18.4	0.16	20.8	30.7	41.4	1.2	4.9	1.3	55.8	31.7	14.4	2.0
2017	0.3	4.9	63.3	15.3	16.1	0.12	17.9	22.8	36.1	1.2	4.4	1.7	55.2	34.1	13.2	1.8
2018	0.3	5.0	70.0	11.6	13.1		17.6	22.0			4.0	1.3	56.7	32.0	5.1	

附表 1-9　1992~2018 年哈萨克斯坦产品和服务进口贸易结构变化情况

年份	农产品原材料占货物进口比重（%）	食品进口占货物进口比重（%）	燃料占货物进口比重（%）	净能源进口占能源使用的比重（%）	制造业占货物进口比重（%）	信息与通信产品占货物进口比重（%）	通信、计算机等占服务进口比重（%）	保险和金融服务占服务进口比重（%）	国际旅游占进口总额比重（%）	运输服务占服务进口比重（%）	旅游服务占服务进口比重（%）
1992				-13.5							
1993				-20.2							
1994				-22.5							
1995	2.1	9.8	24.9	-22.2	58.6		25.2		4.9	38.4	36.4
1996	1.5	12.4	19.0	-40.5	64.2		27.1		4.8	38.5	34.4
1997	1.2	13.1	14.9	-66.0	68.5		25.5		6.0	34.9	39.6
1998	1.3	10.2	15.2	-64.8	70.5		18.9	1.8	7.0	36.2	43.1
1999	0.8	10.2	9.7	-84.1	76.3		25.3	2.9	6.7	36.2	35.7
2000	0.2	0.7	8.3	-120.2	3.7	0.01	58.5	2.8	5.4	17.6	21.6
2001	0.9	8.3	12.7	-143.2	75.4	5.06	58.4	1.9	7.2	15.8	24.2
2002	0.7	8.1	11.6	-129.7	77.8	4.90	64.0	2.5	7.5	13.4	20.4
2003	0.9	8.0	11.1	-136.6	78.4	5.25	64.6	2.9	5.9	15.4	17.6
2004	0.7	7.1	13.3	-125.8	77.0	4.29	64.0	2.5	5.3	17.3	16.6
2005	0.9	7.3	12.0	-133.2	78.2	4.03	71.5	3.0	3.7	15.8	10.2

续表

年份	农产品原材料占货物进口比重（%）	食品进口占货物进口比重（%）	燃料占货物进口比重（%）	净能源进口占能源使用的比重（%）	制造业占货物进口比重（%）	信息与通信产品占货物进口比重（%）	通信、计算机等占服务进口比重（%）	保险和金融服务占服务进口比重（%）	国际旅游占进口总额比重（%）	运输服务占服务进口比重（%）	旅游服务占服务进口比重（%）
2006	0.9	6.9	13.0	-108.2	77.7	3.57	68.5	5.0	3.2	17.5	9.5
2007	0.9	6.9	11.2	-100.0	79.2	4.04	69.3	3.8	3.1	18.3	9.3
2008	0.6	7.8	14.4	-106.8	73.5	1.95	64.0	5.3	2.7	21.5	9.8
2009	0.6	8.5	10.1	-133.2	79.6	2.92	64.2	6.2	3.4	18.9	11.4
2010	0.6	9.5	10.0	-127.0	78.7	4.97	67.1	5.2	3.4	16.9	11.4
2011	0.6	10.4	12.9	-107.2	74.6	5.74	61.4	4.9	3.6	19.4	14.8
2012	0.6	9.3	10.9	-122.9	76.7	5.81	54.9	3.2	5.9	19.2	23.0
2013	0.5	9.2	11.3	-107.3	77.4	5.96	53.0	2.4	6.0	20.2	24.8
2014	0.5	10.3	5.7	-116.9	81.4	5.99	57.5	1.4	6.7	17.7	25.7
2015	0.5	10.8	5.6		80.3	4.89	60.2	1.7	6.9	17.2	26.8
2016	0.6	11.7	6.1		77.8	5.20	59.0	4.4	7.2	16.2	25.3
2017	0.6	11.4	6.3		77.9	5.84	57.6	2.7	6.6	17.4	25.7
2018	0.6	10.5	7.8		77.6		12.1	2.4	6.2	17.8	22.7

附表 1－10　1992～2018 年哈萨克斯坦与主要经济体进出口比重情况变化

单位：%

年份	阿拉伯国家		高收入国家		东亚及太平洋中低收入国家		欧洲和中亚中低收入国家		拉丁美洲和加勒比中低收入国家		中东和北非中低收入国家		南亚中低收入国家		撒哈拉以南非洲中低收入国家	
	出口	进口	出口	进口	出口	进口	出口	进口	出口	进口	出口	进口	出口	进口	出口	进口
1992	0.8	0.0	46.4	46.3	52.4	53.2					0.8	0.0		0.0		
1993	0.7	0.0	45.9	70.5	22.0	11.1	28.2	16.5	0.0	0.1	1.9	0.2	0.1	0.7		
1994	0.9	0.2	32.8	32.8	5.4	2.9	60.2	61.5	0.1	0.5	0.4	0.4	0.4	1.1	0.0	0.1
1995	0.2	0.2	35.1	23.0	6.6	2.5	56.3	73.2	0.1	0.0	1.0	0.4	0.1	0.5	0.3	0.0
1996	0.5	0.4	33.6	22.7	9.4	1.9	54.7	73.2	0.1	0.6	1.3	0.2	0.4	0.4	0.1	0.0
1997	0.8	1.3	40.5	38.3	9.0	1.2	47.6	58.6	0.3	0.9	1.7	0.3	0.7	0.5	0.0	0.1
1998	1.1	0.4	46.5	42.5	7.4	1.5	41.2	52.3	0.7	1.8	2.0	0.2	0.4	1.0	0.3	0.1
1999	0.6	0.4	51.3	46.6	10.2	2.5	27.4	46.7	1.0	2.4	2.2	0.3	0.7	1.1	0.2	0.4
2000	0.4	0.5	43.4	35.5	7.3	3.2	24.3	57.2	0.4	2.0	2.3	0.3	0.9	1.1	0.0	0.5
2001	3.9	0.6	49.5	39.3	7.6	2.9	30.0	53.4	0.1	2.3	2.5	0.2	0.3	0.8	0.0	0.3
2002	5.8	0.8	57.4	41.8	11.2	5.0	25.2	49.5	0.1	2.0	3.9	0.3	0.4	0.9	0.0	0.2
2003	2.6	0.4	56.0	40.3	14.0	6.8	25.4	49.7	0.0	1.6	4.0	0.2	0.5	0.9	0.1	0.2
2004	0.4	0.3	60.0	39.6	10.5	6.4	21.4	50.9	0.1	1.7	3.7	0.2	0.5	0.7	0.0	0.3

续表

年份	阿拉伯国家		高收入国家		东亚及太平洋中低收入国家		欧洲和中亚中低收入国家		拉丁美洲和加勒比中低收入国家		中东和北非中低收入国家		南亚中低收入国家		撒哈拉以南非洲中低收入国家	
	出口	进口	出口	进口	出口	进口	出口	进口	出口	进口	出口	进口	出口	进口	出口	进口
2005	0.2	0.3	67.8	39.9	9.3	7.7	16.8	49.6	0.0	1.5	3.3	0.1	0.7	0.7	0.0	0.3
2006	0.5	0.4	66.0	38.9	9.7	8.8	17.5	49.5	0.1	1.5	5.7	0.1	0.6	0.7	0.1	0.3
2007	1.0	0.9	60.8	38.6	12.0	11.3	20.5	48.0	0.0	0.9	5.8	0.2	0.6	0.5	0.1	0.3
2008	1.3	0.7	63.5	35.8	11.0	12.7	20.0	49.1	0.0	1.2	3.9	0.2	1.1	0.6	0.1	0.3
2009	0.2	0.6	61.0	39.4	13.9	13.4	19.9	44.8	0.1	1.3	3.1	0.2	1.2	0.6	0.0	0.4
2010	0.4	0.7	63.4	43.6	17.9	17.6	14.8	35.1	0.1	1.9	2.2	0.3	0.9	1.0	0.0	0.4
2011	0.3	0.4	58.4	28.5	18.6	13.9	20.6	54.8	0.1	1.3	1.4	0.2	0.4	0.8	0.0	0.3
2012	0.5	0.4	59.4	27.7	18.0	17.8	20.9	52.0	0.1	1.1	0.9	0.3	0.6	0.9	0.1	0.3
2013	0.2	0.3	61.7	31.0	17.4	17.9	19.3	48.4	0.0	1.1	0.8	0.3	0.7	0.9	0.0	0.4
2014	0.3	0.4	63.6	32.3	12.4	19.3	20.8	45.5	0.1	1.2	1.3	0.4	1.8	0.8	0.0	0.4
2015	0.2	0.4	61.8	33.4	12.1	18.0	23.2	45.7	0.1	1.0	1.3	0.4	1.3	1.1	0.1	0.3
2016	1.2	0.4	61.3	33.1	12.2	16.0	22.2	47.8	0.1	1.2	1.7	0.3	2.5	1.1	0.0	0.5
2017	1.5	0.5	61.6	29.1	12.7	17.9	21.5	50.1	0.1	1.0	1.3	0.5	2.7	1.0	0.0	0.4
2018	1.3	0.5	64.5	31.0	11.5	18.7	20.1	47.5	0.1	0.8	1.3	0.5	2.5	1.0	0.1	0.4

附表 1－11　1992～2018 年吉尔吉斯斯坦主要贸易指标变化情况

年份	货物贸易占GDP比重（%）	服务贸易占GDP比重（%）	货物和服务出口额（亿美元）	货物和服务进口额（亿美元）	货物和服务出口占GDP比重（%）	货物和服务进口占GDP比重（%）	货物和服务出口额年增长率（%）	货物和服务进口额年增长率（%）	货物出口额（亿美元）	货物进口额（亿美元）	服务出口额（亿美元）	服务进口额（亿美元）	货物和服务贸易净额（亿美元）	货物贸易净额（亿美元）	关税和其他进口税额（亿索姆）	出口价值指数（2000年为100）	进口价值指数（2000年为100）
1992	31.7		8.2	11.0	35.6	47.6			3.2	4.2	0.0	0.0	0.0	0.0	0.0		
1993	38.0	2.9	6.8	8.4	33.5	41.2			3.4	4.3	0.1	0.5	－1.5	－1.1	0.0		
1994	39.0	6.2	5.7	6.7	33.8	40.1	－19.0	－22.2	3.4	3.2	0.3	0.7	－1.2	－0.9	0.0		
1995	56.0	14.1	4.9	7.0	29.5	42.4	－17.4	－18.5	4.1	5.2	0.4	1.9	－2.8	－1.2	0.0	80.0	93.6
1996	73.5	15.3	5.6	10.3	30.7	56.6	6.7	6.9	5.1	8.4	0.3	2.5	－4.7	－2.5	0.0	98.9	150.1
1997	74.3	12.2	6.8	8.2	38.3	46.2	21.1	－20.2	6.0	7.1	0.4	1.7	－1.4	－0.2	0.0	118.2	127.1
1998	82.4	14.5	6.0	9.6	36.5	58.0	－8.7	1.5	5.1	8.4	0.6	1.7	－3.3	－2.2	0.0	100.5	150.8
1999	86.1	17.6	5.3	7.1	42.2	57.0	－10.4	－4.9	4.6	6.1	0.6	1.5	－1.8	－0.9	0.0	90.5	109.9
2000	78.0	15.3	5.7	6.5	41.8	47.6	10.5	0.4	5.1	5.6	0.6	1.4	－0.8	0.0	0.0	100.0	100.0
2001	61.8	13.6	5.6	5.6	36.7	37.0	－3.2	－13.8	4.8	4.7	0.8	1.2	－0.1	0.3	0.0	93.2	83.7
2002	66.8	18.0	6.4	7.0	39.6	43.3	8.1	13.1	4.9	5.9	1.2	1.4	－0.8	－0.7	0.0	95.0	105.1
2003	67.7	16.6	7.4	8.7	38.7	45.3	5.3	16.0	5.8	7.2	1.4	1.6	－1.3	－1.3	0.0	113.9	128.5
2004	75.1	19.6	9.4	11.3	42.6	51.3	12.8	16.3	7.2	9.4	1.9	2.2	－1.8	－1.7	0.0	140.7	168.6
2005	72.1	22.3	9.4	14.0	38.3	56.8	－11.0	6.5	6.7	11.0	2.3	2.9	－4.5	－4.2	0.0	131.5	197.5

续表

年份	货物贸易占GDP比重（%）	服务贸易占GDP比重（%）	货物和服务出口额（亿美元）	货物和服务进口额（亿美元）	货物和服务出口占GDP比重（%）	货物和服务进口占GDP比重（%）	货物和服务出口额年增长率（%）	货物和服务进口额年增长率（%）	货物出口额（亿美元）	货物进口额（亿美元）	服务出口额（亿美元）	服务进口额（亿美元）	货物和服务贸易净额（亿美元）	货物贸易净额（亿美元）	关税和其他进口税额（亿索姆）	出口价值指数（2000年为100）	进口价值指数（2000年为100）
2006	99.6	29.6	11.8	22.4	41.7	79.0	8.9	45.0	8.9	19.3	3.5	4.5	-9.7	-8.9	0.0	174.4	346.0
2007	108.1	33.9	20.1	32.0	52.9	84.1	25.8	11.0	13.2	27.9	6.5	6.0	-12.0	-12.8	0.0	258.6	499.7
2008	115.3	33.4	27.5	47.6	53.5	92.6	9.1	13.6	18.6	40.7	7.9	9.0	-19.8	-18.8	0.0	363.2	729.7
2009	100.5	29.5	25.7	36.9	54.7	78.7	-1.1	-19.4	16.7	30.4	6.3	7.4	-12.3	-11.2	0.0	327.5	544.7
2010	103.9	29.2	24.7	39.2	51.6	81.7	-11.7	-6.9	17.6	32.2	5.9	7.9	-15.3	-13.3	0.0	343.7	577.5
2011	100.7	29.4	33.8	50.6	54.5	81.6	15.7	14.9	19.8	42.6	8.5	9.6	-16.6	-15.5	0.0	387.3	763.5
2012	110.0	35.0	29.3	62.9	44.4	95.3	-19.2	12.4	18.9	53.7	9.7	13.1	-29.2	-25.8	0.0	370.7	962.9
2013	110.8	29.6	31.0	67.3	42.3	91.8	12.3	4.1	20.6	60.7	10.4	11.0	-28.2	-27.7	0.0	402.9	1087.6
2014	102.2	28.8	28.0	65.5	37.4	87.7	-6.2	1.6	19.0	57.3	8.9	12.3	-31.7	-28.2	128.7	371.2	1027.1
2015	82.5	28.6	23.5	50.6	35.2	75.8	-5.6	-13.2	14.4	40.7	8.5	10.4	-24.2	-22.2	90.5	282.1	729.2
2016	81.8	27.7	24.4	47.7	35.8	70.0	-3.8	-1.1	15.7	40.0	8.3	10.3	-23.4	-21.4	133.3	307.9	716.8
2017	81.3	22.6	26.4	51.1	34.3	66.4	6.1	7.4	17.6	45.0	8.2	9.0	-25.0	-24.1	159.3	345.3	805.4
2018	88.1	22.2	26.5	55.3	32.7	68.4	-1.8	6.7	18.4	52.9	8.1	9.5	-31.3	-29.9	176.7	348.1	911.8

附表 1-12 1992~2018 年吉尔吉斯斯坦产品和服务出口贸易结构变化情况

年份	农产品原材料占货物出口的比重（%）	食品占货物出口比重（%）	燃料占货物出口比重（%）	矿石和金属占货物出口比重（%）	制造业占货物出口比重（%）	信息与通信技术产品占货物出口比重（%）	高技术出口额（亿美元）	高技术占制成品出口比重（%）	中高技术出口占制造业出口比重（%）	信息与通信技术服务出口额（美元）	国际旅游收入占出口总额比重（%）	保险和金融占服务出口比重（%）	运输服务占服务出口比重（%）	旅游服务占服务出口比重（%）	通信计算机等占服务出口比重（%）	信息与通信技术服务占服务出口比重（%）
1992							0.0		34.1	0.0						
1993							0.0		34.1	0.0				3.8	71.1	
1994							0.0		34.1	0.1		0.6	0.6	7.9	47.6	19.6
1995	12.7	22.8	11.0	12.6	40.1		0.0		34.1	0.1	1.1			11.9	48.4	24.2
1996	11.3	28.4	15.3	6.2	38.4		0.0		35.5	0.1	0.7			13.4	63.6	28.6
1997							0.0		35.5	0.1	1.0	0.7	0.7	17.7	64.0	20.9
1998	11.2	30.1	9.1	5.6	44.0		0.0		45.5	0.1	2.0	4.0	4.0	14.4	52.0	15.4
1999	6.0	15.8	11.8	5.8	20.1		0.0		38.1	0.1	3.4	1.8	1.8	23.4	45.5	15.7
2000	14.2	17.0	26.7	11.2	29.7	0.2	0.0		45.3	0.1	3.5	2.7	2.7	26.7	45.8	15.4
2001	13.7	18.9	21.7	6.0	37.1	0.2	0.0		52.5	0.1	5.7	1.0	1.0	32.2	44.6	10.7
2002	23.2	17.6	19.5	6.2	30.9	0.6	0.0		31.7	0.1	7.5	3.2	3.2	29.7	45.6	6.6
2003	17.4	15.9	6.0	5.6	39.0	0.1	0.0		32.9	0.1	8.3	1.4	1.4	34.9	42.0	6.3
2004	12.5	18.4	5.2	7.3	42.2	0.1	0.0		30.6	0.1	9.8	1.1	1.1	39.3	38.6	4.0
2005	8.5	11.7	7.5	4.0	28.1	0.1	0.0		22.4	0.1	9.9	1.7	1.7	31.3	47.0	2.9

续表

年份	农产品原材料占货物出口的比重（%）	食品占货物出口比重（%）	燃料占货物出口比重（%）	矿石和金属占货物出口比重（%）	制造业占货物出口比重（%）	信息与通信技术产品占货物出口比重（%）	高技术出口额（亿美元）	高技术占制成品出口比重（%）	中高技术出口占制造业出口比重（%）	信息与通信技术服务出口额（美元）	国际旅游收入占出口总额比重（%）	保险和金融占服务出口比重（%）	运输服务占服务出口比重（%）	旅游服务占服务出口比重（%）	通信计算机等占服务出口比重（%）	信息与通信技术服务占服务出口比重（%）
2006	10.4	18.7	18.3	5.5	45.5	0.1	0.0		19.8	0.1	14.7	1.0	1.0	47.5	40.1	3.0
2007	6.6	22.7	15.6	4.7	47.2	0.6	0.0		22.4	0.1	19.4	1.3	1.3	52.9	27.9	1.9
2008	3.5	15.4	5.3	4.1	31.9	0.2	0.1	3.1	23.1	0.2	21.2	2.7	2.7	64.7	15.3	2.2
2009	4.4	23.9	6.2	3.0	33.7	0.2	0.1	5.0	34.5	0.1	12.9	2.3	2.3	40.4	36.8	1.6
2010	5.3	30.0	15.3	4.2	38.4	0.6	0.0	1.2	19.9	0.2	9.6	1.2	1.2	27.3	47.1	3.8
2011	4.9	25.8	22.1	6.8	36.1	0.2	0.1	4.0	17.9	0.2	12.6	0.5	0.5	42.1	38.5	1.9
2012	5.0	24.7	20.1	10.0	38.5	0.1	0.2	4.8	14.6	0.1	13.9	0.5	0.5	44.7	37.2	1.3
2013	3.8	28.5	20.6	5.3	39.2	0.1	0.2	5.4	18.1	0.2	15.3	0.7	0.7	50.8	31.9	2.1
2014	3.3	45.6	13.2	6.9	31.0		0.1	2.0	18.1	0.2	14.3	0.4	0.4	47.3	35.1	2.3
2015	3.2	18.3	9.7	5.9	46.0	0.1	0.4	12.2	42.3	0.4	19.9	1.8	1.8	50.3	26.3	5.0
2016	3.4	20.0	6.8	13.1	47.2	0.4	0.7	19.9	37.0	0.7	19.8	0.6	0.6	51.9	28.2	7.8
2017	3.2	20.1	8.3	20.6	47.9	0.1	0.9	17.6	28.8	0.4	18.7	3.3	3.3	52.5	19.7	4.8
2018	3.7	16.8	12.0	24.3	42.7		0.4	8.1		0.0	17.8	1.8	1.8	56.5	9.2	

附表 1－13　1992～2018 年吉尔吉斯斯坦产品和服务进口贸易结构变化情况

年份	农产品原材料占货物进口比重（%）	食品进口占货物进口比重（%）	燃料占货物进口比重（%）	净能源进口占能源使用的比重（%）	制造业占货物进口比重（%）	信息与通信产品占货物进口比重（%）	通信、计算机等占服务进口比重（%）	保险和金融服务占服务进口比重（%）	国际旅游占进口总额比重（%）	运输服务占服务进口比重（%）	旅游服务占服务进口比重（%）
1992				63.5							
1993				59.2			17.6	7.6		74.1	0.8
1994				47.6			55.4	4.3		38.6	3.3
1995	2.7	18.3	36.1	47.2	40.2		65.6	4.3	1.0	27.1	3.4
1996	1.5	20.9	28.6	52.2	47.6		51.9	4.4	0.7	41.9	2.3
1997				51.4			37.0	7.7	1.3	54.1	2.2
1998	1.2	13.8	24.7	59.7	57.5		34.2	10.7	2.7	54.3	2.0
1999	0.6	13.6	20.3	46.1	63.5		32.3	10.6	3.8	51.3	7.0
2000	1.8	14.4	23.2	40.9	57.4	3.6	46.7	9.1	4.3	34.9	10.8
2001	1.9	12.3	25.9	40.0	53.9	2.8	46.9	9.5	3.7	35.2	9.8
2002	2.0	13.1	26.3	52.2	52.5	3.1	40.0	15.2	3.8	39.3	6.9
2003	1.7	12.8	8.0	50.2	56.8	3.3	36.9	12.4	4.0	41.2	10.5
2004	1.6	13.5	6.1	45.4	50.8	3.5	25.7	11.9	6.5	40.9	23.1
2005	1.7	15.0	29.0	48.6	51.7	3.3	29.8	6.8	6.7	44.0	20.4

续表

年份	农产品原材料占货物进口比重（%）	食品进口占货物进口比重（%）	燃料占货物进口比重（%）	净能源进口占能源使用的比重（%）	制造业占货物进口比重（%）	信息与通信产品占货物进口比重（%）	通信、计算机等占服务进口比重（%）	保险和金融服务占服务进口比重（%）	国际旅游占进口总额比重（%）	运输服务占服务进口比重（%）	旅游服务占服务进口比重（%）
2006	1. 2	14. 4	29. 4	49. 5	53. 0	6. 2	36. 5	4. 8	6. 3	39. 2	20. 1
2007	1. 5	15. 4	30. 8	55. 2	49. 6	4. 6	22. 5	3. 1	6. 7	56. 3	18. 8
2008	1. 1	13. 1	5. 5	64. 0	43. 3	3. 2	11. 2	2. 2	9. 6	53. 4	33. 7
2009	1. 4	16. 9	3. 9	58. 7	49. 9	2. 2	22. 9	2. 2	7. 7	56. 0	19. 9
2010	1. 2	16. 9	26. 6	53. 9	53. 8	2. 7	25. 4	3. 9	7. 4	52. 8	18. 7
2011	1. 3	16. 6	22. 9	51. 0	57. 5	3. 8	20. 0	2. 4	8. 1	52. 5	25. 8
2012	1. 5	14. 6	21. 9	57. 7	60. 5	2. 3	23. 1	1. 9	8. 2	48. 9	26. 6
2013	1. 5	14. 1	21. 6	55. 5	61. 2	2. 2	17. 0	2. 5	7. 6	49. 4	31. 9
2014	1. 6	14. 8	20. 7	49. 5	61. 9		17. 8	2. 1	8. 8	49. 4	31. 6
2015	0. 9	14. 0	19. 3		61. 8	2. 8	17. 3	2. 7	11. 0	42. 8	38. 2
2016	1. 9	11. 9	10. 5		71. 7	3. 1	14. 6	2. 3	12. 2	39. 4	44. 7
2017	0. 5	14. 1	14. 2		70. 3	3. 7	16. 6	4. 1	8. 3	48. 2	32. 4
2018	0. 4	11. 1	17. 1		70. 5		7. 1	2. 0	7. 7	52. 2	33. 2

附表 1－14　1992～2018 年吉尔吉斯斯坦与主要经济体进出口比重情况变化

单位：%

年份	阿拉伯国家		高收入国家		东亚及太平洋中低收入国家		欧洲和中亚中低收入国家		拉丁美洲和加勒比中低收入国家		中东和北非中低收入国家		南亚中低收入国家		撒哈拉以南非洲中低收入国家	
	出口	进口	出口	进口	出口	进口	出口	进口	出口	进口	出口	进口	出口	进口	出口	进口
1992			12. 61	10. 87	10. 32	4. 06	75. 58	84. 27					0. 25			
1993	0. 14		12. 6	17. 4	16. 6	4. 2	69. 8	77. 0	0. 028		0. 11		0. 94	0. 25		
1994	0. 03	0. 03	15. 2	21. 0	16. 9	3. 6	67. 1	71. 1		3. 67	0. 06	0. 22	0. 83	0. 22		
1995			16. 8	2. 7	0. 6	7. 0	81. 8	69. 7		0. 73	0. 73	1. 02		17. 83		
1996	0. 17	0. 21	9. 5	26. 6	7. 4	1. 0	79. 6	67. 2		2. 78	1. 23	0. 43	1. 56	0. 88		
1997	0. 13	1. 77	38. 6	25. 1	5. 5	4. 6	53. 9	67. 9			1. 03	0. 88	0. 92	1. 47		0. 01
1998	0. 12	1. 69	47. 1	30. 6	3. 4	5. 4	47. 6	57. 2		3. 11	1. 06	0. 97	0. 86	2. 29		0. 37
1999	0. 24	1. 59	48. 9	41. 9	5. 8	6. 1	41. 6	46. 4		0. 90	1. 70	1. 43	1. 87	1. 26	0. 11	0. 25
2000	0. 31	1. 28	44. 6	31. 5	9. 4	7. 4	42. 2	58. 5		0. 05	1. 31	1. 58	0. 96	1. 03	1. 49	
2001	0. 21	1. 55	54. 6	27. 2	4. 3	10. 6	38. 6	58. 8	0. 003	0. 45	1. 81	1. 49	0. 60	1. 40		0. 04
2002	14. 27	1. 28	49. 4	29. 5	8. 7	10. 3	38. 7	57. 9		0. 56	1. 05	0. 77	2. 17	0. 89		0. 02
2003	25. 02	1. 14	57. 0	26. 3	4. 2	10. 3	37. 0	61. 4	0. 005	0. 14	0. 54	0. 87	1. 17	0. 86	0. 00	0. 06
2004	24. 80	0. 82	49. 1	23. 9	5. 7	8. 6	44. 4	65. 6		0. 30	0. 58	0. 76	0. 08	0. 70	0. 01	0. 01
2005	27. 34	1. 35	40. 0	23. 2	4. 5	9. 6	51. 3	64. 3		0. 66	0. 65	1. 35	3. 56	0. 66	0. 01	0. 22

续表

年份	阿拉伯国家		高收入国家		东亚及太平洋中低收入国家		欧洲和中亚中低收入国家		拉丁美洲和加勒比中低收入国家		中东和北非中低收入国家		南亚中低收入国家		撒哈拉以南非洲中低收入国家	
	出口	进口	出口	进口	出口	进口	出口	进口	出口	进口	出口	进口	出口	进口	出口	进口
2006	1.21	0.64	32.8	23.5	5.0	14.6	51.4	60.3		0.61	1.01	0.47	9.85	0.50		0.07
2007	0.59	0.42	12.0	14.6	6.3	15.7	69.0	68.6	0.003	0.07	1.58	0.36	11.09	0.62	0.01	0.03
2008	3.21	0.42	42.6	24.5	2.8	18.2	50.9	56.0	0.001	0.43	0.81	0.36	2.89	0.45	0.00	0.04
2009	8.87	0.33	50.0	18.6	1.7	20.9	45.7	59.2	0.046	0.12	0.74	0.30	1.69	0.72	0.18	0.05
2010	20.41	0.63	58.6	21.0	2.1	21.1	37.8	56.0	0.003	0.34	0.78	0.48	0.67	0.91	0.00	0.05
2011	7.71	0.49	53.6	21.9	2.2	22.0	41.5	54.2	0.040	0.36	0.43	0.52	2.15	0.83	0.00	0.06
2012	1.21	0.30	36.9	21.8	3.8	23.0	56.8	53.5	0.086	0.43	0.77	0.43	1.60	0.70	0.03	0.06
2013	13.19	0.27	45.5	21.2	2.5	24.3	50.1	52.9	0.010	0.40	0.78	0.40	0.89	0.56	0.23	0.06
2014	9.24	0.33	43.0	24.4	2.2	21.6	51.9	52.4	0.001	0.37	1.37	0.42	1.36	0.58	0.20	0.05
2015	8.32	0.35	50.0	14.7	2.9	25.8	44.9	58.2	0.000	0.23	1.45	0.25	0.72	0.73	0.04	0.07
2016	2.98	0.21	53.0	12.5	5.8	38.5	39.4	47.2	0.004	0.54	0.93	0.27	0.77	0.76	0.04	0.07
2017	2.09	0.39	43.7	12.6	5.7	33.6	49.3	52.2	0.003	0.17	1.02	0.39	0.23	0.84	0.02	0.06
2018	0.56	0.24	44.3	10.5	3.8	40.7	50.5	47.4		0.29	0.91	0.34	0.47	0.85	0.01	0.02

附表 1-15 1992~2018 年塔吉克斯坦主要贸易指标变化情况

年份	货物贸易占GDP比重（%）	服务贸易占GDP比重（%）	货物和服务出口额（亿美元）	货物和服务进口额（亿美元）	货物和服务出口占GDP比重（%）	货物和服务进口占GDP比重（%）	货物和服务出口额年增长率（%）	货物和服务进口额年增长率（%）	货物出口额（亿美元）	货物进口额（亿美元）	服务出口额（亿美元）	服务进口额（亿美元）	货物和服务贸易净额（亿美元）	货物贸易净额（亿美元）	关税和其他进口税额（亿索莫尼）	出口价值指数（2000年为100）	进口价值指数（2000年为100）
1992	12.7								1.1	1.3							
1993	49.4		4.7	6.9	28.6	41.6			3.5	4.6			-2.2				
1994	68.0		5.8	7.4	38.1	48.3	3.1	-25.0	4.9	5.5			-1.6				
1995	126.7		8.1	8.9	65.6	71.9	-7.7	0.9	7.5	8.1			-0.8			95.5	120.0
1996	138.0		8.0	8.4	76.6	80.1	-2.8	-19.1	7.7	6.7			-0.4			98.1	99.3
1997	162.2		8.1	8.7	87.4	94.2	12.5	-5.2	7.5	7.5			-0.6			94.9	111.1
1998	98.8		6.5	7.7	48.9	58.0	-7.5	11.1	6.0	7.1			-1.2		0.1	75.8	105.2
1999	124.5		7.2	7.3	66.1	67.5	3.0	3.1	6.9	6.6			-0.2		0.2	87.9	98.2
2000	169.7		7.5	7.6	86.8	88.6	2.8	10.4	7.9	6.8			-0.2		0.3	100.0	100.0
2001	123.8		7.4	8.5	68.1	78.5	-14.5	-14.5	6.5	6.9			-1.1		0.4	82.8	101.9
2002	119.5	14.2	7.7	9.3	62.8	75.9	7.6	11.1	7.4	7.2	0.6	1.0	-1.6	-1.2	0.0	94.0	106.8
2003	107.9	13.5	9.9	11.5	63.9	73.7	29.5	23.7	8.0	8.8	0.7	1.2	-1.5	-1.2	0.0	101.5	130.5
2004	101.4	16.2	12.2	14.4	58.7	69.6	22.6	25.9	9.2	11.9	0.8	2.1	-2.3	-1.4	1.0	116.5	176.5

续表

年份	货物贸易占GDP比重（%）	服务贸易占GDP比重（%）	货物和服务出口额（亿美元）	货物和服务进口额（亿美元）	货物和服务出口占GDP比重（%）	货物和服务进口占GDP比重（%）	货物和服务出口额年增长率（%）	货物和服务进口额年增长率（%）	货物出口额（亿美元）	货物进口额（亿美元）	服务出口额（亿美元）	服务进口额（亿美元）	货物和服务贸易净额（亿美元）	货物贸易净额（亿美元）	关税和其他进口税额（亿索莫尼）	出口价值指数（2000年为100）	进口价值指数（2000年为100）
2005	96.8	17.2	12.5	16.8	54.2	72.8	2.9	16.5	9.1	13.3	1.0	2.5	-4.3	-7.9	0.0	115.8	197.0
2006	110.3	13.6	16.5	23.5	58.2	83.0	6.4	-4.3	14.0	17.2	1.1	2.5	-7.0	-12.2	0.0	178.2	255.2
2007	105.5	19.9	17.1	37.1	45.9	99.7	-1.3	1.7	14.7	24.6	1.2	5.9	-20.0	-21.7	0.0	187.0	363.7
2008	90.7	12.4	17.6	41.5	34.0	80.5	16.0	17.6	14.1	32.7	1.3	4.5	-24.0	-30.4	0.0	179.5	484.8
2009	71.9	9.4	12.2	30.6	24.5	61.5	-2.0	-4.0	10.1	25.7	1.4	2.9	-18.4	-21.2	0.0	128.7	380.7
2010	68.3	14.1	8.4	33.0	14.9	58.6	23.0	8.0	12.0	26.6	3.8	4.1	-24.6	-24.7	0.0	152.3	393.6
2011	68.4	13.8	10.7	41.3	16.4	63.3	1.1	1.2	12.6	32.1	4.6	4.4	-30.6	-30.1	0.0	160.1	475.0
2012	67.3	14.0	13.2	50.3	17.3	65.9	1.0	1.2	13.6	37.8	4.9	5.8	-37.1	-35.8	0.0	173.2	559.7
2013	62.9	13.7	9.4	51.2	11.1	60.7	-10.0	1.1	11.6	41.5	3.6	7.8	-41.9	-39.9	0.0	148.0	614.9
2014	57.9	10.0	8.4	41.4	9.2	45.4			9.8	43.0	3.1	5.9	-33.0	-30.7	0.0	124.5	636.7
2015	55.1	9.1	8.2	33.2	10.5	42.2			8.9	34.4	2.5	4.6	-24.9	-22.9	0.0	113.5	509.0
2016	56.5	8.7	9.0	29.2	12.9	42.0			9.0	30.3	2.3	3.7	-20.2	-18.9	0.0	114.5	449.0
2017	55.5	8.7	11.3	29.3	15.7	40.9			12.0	27.8	2.5	3.7	-18.0	-15.2	0.0	152.6	411.1
2018	56.1	9.3	0.0	0.0					10.7	31.5	2.4	4.3	0.0	-18.9	0.0	147.8	466.7

附表 1 - 16　1992 ~ 2018 年塔吉克斯坦与主要经济体进出口比重情况变化

单位：%

年份	阿拉伯国家		高收入国家		东亚及太平洋中低收入国家		欧洲和中亚中低收入国家		拉丁美洲和加勒比中低收入国家		中东和北非中低收入国家		南亚中低收入国家		撒哈拉以南非洲中低收入国家	
	出口	进口	出口	进口	出口	进口	出口	进口	出口	进口	出口	进口	出口	进口	出口	进口
1992	0.00		96.73	96.42	2.49	2.94					0.00			0.14		
1993	0.02	0.006	58.16	45.05	0.32	1.98	36.70	48.91		0.00	0.02	0.00	0.44	0.04	0.006	0.057
1994	0.15	0.028	71.77	48.62	0.60	0.91	20.80	45.72			0.43	0.02	0.18	0.55	0.028	0.009
1995		0.015	59.18	35.69	1.24	0.13	35.03	59.51			0.09	0.09	0.07	0.48	0.015	0.998
1996	0.04	0.005	53.53	37.72	1.75	0.57	43.32	58.79			0.23	1.57	0.45	1.30	0.005	0.007
1997	0.16	0.002	62.04	32.55	2.14	0.26	35.22	65.17		0.00	0.48	1.64	0.13	0.38	0.002	0.003
1998	1.08	0.024	62.28	34.30	1.16	0.28	34.11	63.45		0.12	2.33	1.62	0.10	0.20	0.024	0.024
1999	0.38	0.019	50.75	19.09	0.76	0.42	46.06	78.43		0.09	2.01	1.57	0.40	0.20	0.019	0.195
2000	0.82	0.102	40.46	6.67	0.65	1.77	55.34	89.24	0.751		2.34	2.23	0.35	0.04	0.102	0.044
2001	1.65	0.030	49.38	9.94	0.73	1.76	43.19	79.80	0.002	1.19	6.10	2.32	0.50	4.95	0.030	0.043
2002	2.39	0.015	51.95	13.90	0.56	1.08	40.71	77.54	0.003	0.00	5.92	2.18	0.84	4.43	0.015	0.861
2003	1.28	0.025	49.56	15.27	0.94	2.80	41.08	69.02	0.004	4.04	7.51	7.51	0.73	0.50	0.025	0.858
2004	2.02	0.000	60.52	20.89	0.88	4.71	32.29	69.62	0.029	0.02	5.12	3.94	0.90	0.62	0.000	0.008
2005	3.03	0.000	56.22	19.97	0.88	6.58	34.54	68.14	0.015	2.08	6.90	2.76	1.33	0.46	0.000	0.008

续表

年份	阿拉伯国家		高收入国家		东亚及太平洋中低收入国家		欧洲和中亚中低收入国家		拉丁美洲和加勒比中低收入国家		中东和北非中低收入国家		南亚中低收入国家		撒哈拉以南非洲中低收入国家	
	出口	进口	出口	进口	出口	进口	出口	进口	出口	进口	出口	进口	出口	进口	出口	进口
2006	1. 63	0. 009	47. 07	20. 43	0. 82	8. 20	43. 86	64. 52	0. 026	2. 82	6. 90	1. 87	1. 31	0. 89	0. 009	1. 270
2007	1. 74	0. 009	44. 84	18. 02	0. 65	10. 25	47. 14	63. 34	0. 005	2. 58	6. 52	4. 45	0. 84	1. 34	0. 009	0. 004
2008	2. 29	0. 000	42. 58	20. 99	5. 55	11. 03	41. 41	57. 30	0. 002	0. 65	8. 71	6. 28	1. 75	3. 59	0. 000	0. 167
2009	5. 37	0. 005	15. 11	18. 00	38. 98	10. 42	35. 55	60. 44	0. 016	4. 61	7. 29	3. 07	3. 05	2. 94	0. 005	0. 519
2010	6. 79	0. 004	9. 57	20. 66	35. 16	8. 78	42. 23	59. 72	0. 009	2. 60	7. 69	5. 26	5. 34	2. 96	0. 004	0. 009
2011	3. 09	0. 004	3. 73	23. 17	36. 09	10. 57	46. 82	55. 88	0. 021	2. 05	7. 58	5. 30	5. 76	3. 00	0. 004	0. 008
2012	1. 48	0. 005	6. 44	17. 40	37. 93	10. 33	43. 45	59. 47	0. 010	1. 79	6. 09	7. 66	6. 07	3. 33	0. 005	0. 007
2013	2. 69	0. 003	6. 21	17. 88	29. 80	10. 91	50. 17	57. 87	0. 003	1. 83	7. 23	7. 90	6. 58	3. 59	0. 003	0. 007
2014	5. 52	0. 004	17. 81	19. 17	18. 48	12. 65	44. 08	57. 87	0. 003	1. 81	10. 88	4. 98	8. 74	3. 51	0. 004	0. 007
2015	0. 70	0. 003	16. 73	16. 34	17. 54	12. 25	53. 29	61. 20	0. 007	1. 92	4. 83	4. 57	7. 60	3. 71	0. 003	0. 007
2016	6. 59	0. 009	16. 20	15. 90	13. 31	12. 05	48. 02	62. 19	0. 009	1. 93	11. 79	4. 47	10. 67	3. 44	0. 009	0. 007
2017	12. 31	0. 010	14. 07	14. 54	16. 33	9. 24	46. 58	66. 44	0. 049	1. 71	18. 09	4. 63	4. 87	3. 43	0. 010	0. 007
2018	8. 65	0. 052	15. 22	13. 57	18. 08	8. 69	47. 71	69. 68	0. 389	1. 63	12. 94	3. 31	5. 61	3. 10	0. 052	0. 007

附表 1－17　1992～2018 年塔吉克斯坦产品和服务出口贸易结构变化情况

年份	中高技术出口占制造业出口比重（%）	信息与通信技术服务出口额（百万美元）	国际旅游收入占出口总额比重（%）	保险和金融占服务出口比重（%）	运输服务占服务出口比重（%）	旅游服务占服务出口比重（%）	通信计算机等占服务出口比重（%）	信息与通信技术服务占服务出口比重（%）
1992	66.30	0.00						
1993	66.30	0.00						
1994	66.30	0.00						
1995	66.30	0.00						
1996	66.30	0.00						
1997	66.30	0.00						
1998	66.30	0.00						
1999	66.30	0.00						
2000	66.30	0.00						
2001	66.30	0.00						
2002	66.30	5.91	0.65	1.94	1.94	2.71	28.93	8.56
2003	66.30	9.72	0.62	2.65	2.65	2.33	40.25	10.98
2004	66.30	11.97	0.79	5.38	5.38	1.50	52.43	9.74
2005	66.30	13.20	1.85	8.10	8.10	1.52	54.78	9.02

续表

年份	中高技术出口占制造业出口比重（%）	信息与通信技术服务出口额（百万美元）	国际旅游收入占出口总额比重（%）	保险和金融占服务出口比重（%）	运输服务占服务出口比重（%）	旅游服务占服务出口比重（%）	通信计算机等占服务出口比重（%）	信息与通信技术服务占服务出口比重（%）
2006	66.30	15.80	2.32	8.07	8.07	1.92	45.32	11.77
2007	66.30	18.02	3.09	10.73	10.73	2.80	46.70	12.12
2008	66.30	38.39	4.11	12.93	12.93	3.14	61.69	21.16
2009	66.30	34.81	3.25	4.94	4.94	1.07	55.71	19.46
2010	66.30	27.08	16.80	0.12	0.12	0.64	55.09	7.04
2011	66.30	16.17	17.52	0.66	0.66	0.23	39.14	3.52
2012	66.30	10.06	21.85	0.31	0.31	0.33	32.73	2.06
2013	66.30	14.96	24.89	0.39	0.39	0.36	24.09	4.12
2014	66.30	15.22	26.33	0.61	0.61	0.38	18.91	4.92
2015	66.30	12.81	17.70	1.21	1.21	0.39	33.13	5.07
2016	66.30	10.18	16.63	0.37	0.37	1.55	28.58	4.39
2017	66.30	5.36	15.25	0.43	0.43	3.10	23.17	2.13
2018			15.31	0.16	0.16	3.74	17.58	

附表 1－18　2002～2018 年塔吉克斯坦产品和服务进口贸易结构变化情况

年份	通信、计算机等占服务进口比重（%）	保险和金融服务占服务进口比重（%）	国际旅游占进口总额比重（%）	运输服务占服务进口比重（%）	旅游服务占服务进口比重（%）
2002	14.24	6.32	0.18	79.22	1.67
2003	12.54	7.53	0.18	79.44	1.77
2004	15.82	8.10	0.24	77.50	1.67
2005	20.28	7.34	0.27	71.22	1.49
2006	45.80	14.12	0.33	38.03	2.40
2007	70.12	4.76	0.22	24.09	1.11
2008	47.66	10.76	0.28	39.49	2.37
2009	38.70	10.70	0.20	49.39	1.74
2010	12.61	1.86	1.06	86.49	
2011	12.39	1.69	0.78	86.14	0.71
2012	11.15	2.13	0.73	86.87	0.68
2013	10.27	23.16	0.79	67.06	0.30
2014	16.93	1.93		81.83	
2015	22.94	0.69		77.25	0.00
2016	20.56	0.76	0.84	78.82	0.97
2017	19.26	3.09	0.55	77.80	1.13
2018	15.55	5.41	0.75	78.82	2.35

附表 1－19　1992～2018 年土库曼斯坦主要贸易指标变化情况

年份	货物贸易占 GDP 比重（%）	货物和服务出口额（亿美元）	货物和服务进口额（亿美元）	货物和服务出口占 GDP 比重（%）	货物和服务进口占 GDP 比重（%）	货物和服务出口额年增长率（%）	货物和服务进口额年增长率（%）	货物出口额（亿美元）	货物进口额（亿美元）	货物和服务贸易净额（亿美元）	出口价值指数（2000 年为 100）	进口价值指数（2000 年为 100）
1992	45.1	21.5	12.2	67.1	38.2	73.6	42.7	9.0	5.4	9.3		
1993	47.2	26.9	19.5	84.7	61.4	25.3	59.7	10.0	5.0	7.4		
1994	141.1	21.8	21.8	85.0	85.3	－19.2	12.0	21.5	14.7	－0.1		
1995	130.7	20.8	20.9	84.0	84.2	－4.2	－4.3	18.8	13.7	－0.1	75.0	76.4
1996	126.5	17.7	18.5	74.6	77.9	－14.9	－14.2	17.0	13.2	－0.8	67.6	73.6
1997	91.0	9.6	15.8	39.0	64.7	－41.1	－6.4	10.0	12.3	－6.3	39.9	68.9
1998	60.3	7.7	17.4	29.7	66.6	－18.6	9.9	5.9	9.8	－9.6	23.5	54.9
1999	108.8	8.7	13.4	35.7	54.8	61.7	10.9	11.9	14.8	－4.7	47.4	82.8
2000	147.8	16.0	14.0	55.2	48.3	101.6	14.9	25.1	17.9	2.0	100.0	100.0
2001	140.0	14.7	14.3	41.5	40.5	3.7	15.6	27.0	22.5	0.4	107.7	126.0
2002	111.4	15.8	12.6	35.4	28.3	7.1	－12.3	28.5	21.2	3.2	113.7	118.7
2003	102.8	19.5	18.3	32.6	30.6	20.9	42.0	36.3	25.1	1.2	144.9	140.6
2004	105.1	20.3	20.3	29.7	29.6	13.2	20.3	38.7	33.2	0.0	154.4	185.9
2005	97.4	24.9	18.9	30.7	23.3	25.0	－4.9	49.4	29.5	6.0	197.3	165.0

续表

年份	货物贸易占 GDP 比重（%）	货物和服务出口额（亿美元）	货物和服务进口额（亿美元）	货物和服务出口占 GDP 比重（%）	货物和服务进口占 GDP 比重（%）	货物和服务出口额年增长率（%）	货物和服务进口额年增长率（%）	货物出口额（亿美元）	货物进口额（亿美元）	货物和服务贸易净额（亿美元）	出口价值指数（2000 年为 100）	进口价值指数（2000 年为 100）
2006	94. 5	36. 1	17. 8	35. 1	17. 3	42. 5	-7. 3	71. 6	25. 6	18. 3	285. 6	143. 3
2007	99. 1	46. 6	24. 7	36. 8	19. 5			89. 3	36. 2	21. 9	356. 4	202. 6
2008	91. 0	110. 6	72. 0	57. 4	37. 3			119. 5	56. 0	38. 6	476. 6	313. 5
2009	58. 4	95. 2	117. 0	47. 1	57. 9			50. 0	68. 0	-21. 8	199. 5	380. 7
2010	54. 0	103. 7	115. 1	45. 9	51. 0			65. 0	57. 0	-11. 4	259. 4	319. 1
2011	70. 5	174. 8	149. 9	59. 8	51. 3			130. 0	76. 0	24. 9	518. 8	425. 5
2012	75. 1	206. 9	177. 6	58. 8	50. 5			165. 0	99. 0	29. 3	658. 4	554. 3
2013	68. 4	195. 4	191. 1	49. 8	48. 8			168. 0	100. 0	4. 3	670. 4	559. 9
2014	63. 2	203. 6	192. 9	46. 8	44. 3			175. 0	100. 0	10. 7	698. 3	559. 9
2015	47. 5	127. 7	163. 3	35. 7	45. 6			100. 0	70. 0	-35. 6	399. 0	391. 9
2016	33. 1	80. 1	144. 3	22. 1	39. 9			69. 6	49. 9	-64. 2	277. 9	279. 6
2017	31. 7	85. 2	118. 0	22. 5	31. 1			74. 6	45. 7	-32. 8	297. 6	255. 9
2018	29. 3	92. 4	50. 9	22. 7	12. 5			95. 7	23. 5	41. 5	399. 0	140. 0

附表1－20 1993～2018年土库曼斯坦与主要经济体进出口比重情况变化

单位：%

年份	阿拉伯国家		高收入国家		东亚及太平洋中低收入国家		欧洲和中亚中低收入国家		拉丁美洲和加勒比中低收入国家		中东和北非中低收入国家		南亚中低收入国家		撒哈拉以南非洲中低收入国家	
	出口	进口	出口	进口	出口	进口	出口	进口	出口	进口	出口	进口	出口	进口	出口	进口
1993	0.01	0.03	34.81	47.41	0.13	0.73	59.73	43.19		0.01	4.52	7.85	0.23	0.35		0.00
1994		0.00	21.86	48.76	0.60	0.47	73.45	40.29	0.02	0.57	2.62	8.10	0.76	1.29		
1995	0.89	1.31	38.20	28.65	0.39	0.57	57.96	66.74	0.00	0.01	0.62	3.01	2.78	0.84		
1996	1.25	1.18	23.93	53.64	0.11	0.87	12.30	39.48			1.00	3.52	1.51	1.63	0.59	
1997	0.07	2.77	12.90	25.45	0.35	0.57	30.55	69.90		0.00	16.43	3.30	3.02	0.78	0.32	
1998	0.61	2.45	24.87	29.37	1.35	0.73	45.00	62.65			24.53	1.84	3.88	0.43		
1999	0.59	8.38	25.38	35.32	0.72	1.06	52.10	51.57	0.01	0.01	13.75	4.48	4.05	1.01	0.02	
2000	0.28	8.35	36.61	34.08	0.35	1.42	51.79	52.34	0.00	0.11	8.33	5.13	1.57	0.70	0.00	
2001	0.44	6.48	25.25	43.08	0.18	2.89	61.52	47.55	0.02	0.01	11.82	5.55	1.11	0.47	0.00	
2002	1.22	8.68	25.67	27.75	0.13	5.26	56.92	47.52	0.02	0.02	12.62	3.80	1.29	0.84	0.00	0.00
2003	0.40	10.33	38.83	39.53	0.02	0.94	23.53	45.56	0.01	0.06	23.00	4.46	1.96	2.09	0.00	0.03
2004	0.51	0.07	20.65	44.75	0.39	4.34	73.82	49.62	0.06	0.40	4.21	0.01	0.87	0.83	0.00	0.00
2005	0.31	0.11	22.88	38.18	0.39	5.20	72.70	55.31	0.08	0.19	3.25	0.07	0.70	1.03	0.00	0.02
2006	0.15	0.17	14.12	40.16	0.32	10.10	79.63	46.85	0.00	0.90	5.30	0.13	0.63	1.86	0.00	

续表

年份	阿拉伯国家		高收入国家		东亚及太平洋中低收入国家		欧洲和中亚中低收入国家		拉丁美洲和加勒比中低收入国家		中东和北非中低收入国家		南亚中低收入国家		撒哈拉以南非洲中低收入国家	
	出口	进口	出口	进口	出口	进口	出口	进口	出口	进口	出口	进口	出口	进口	出口	进口
2007	0.27	0.14	10.53	34.27	0.79	13.55	84.34	50.37	0.01	0.16	3.18	0.02	1.14	1.63	0.01	0.00
2008	0.50	0.09	27.38	22.30	0.28	21.42	66.78	54.52	0.02	0.46	4.36	0.01	1.18	1.30	0.00	0.00
2009	1.00	0.12	31.82	30.60	1.39	21.42	48.51	46.99	0.08	0.15	13.98	0.03	4.22	0.81	0.00	0.00
2010	1.73	0.22	17.62	27.58	36.23	13.02	29.35	58.21	0.09	0.09	7.69	0.16	9.02	0.93	0.01	0.01
2011	0.21	0.20	8.36	32.83	62.15	13.62	20.88	52.56	0.04	0.15	1.43	0.09	7.14	0.76	0.00	0.00
2012	0.47	0.44	9.68	28.43	78.64	22.23	9.80	48.12	0.02	0.18	0.03	0.01	1.83	0.93	0.00	0.10
2013	0.20	0.07	10.12	25.92	76.40	15.62	11.12	57.68	0.02	0.03	0.80	0.01	1.53	0.73	0.00	0.01
2014	0.24	0.04	9.14	29.12	79.38	12.53	8.65	56.86	0.03	0.11	0.36	0.01	2.44	1.37	0.00	0.01
2015	0.16	0.01	4.36	27.02	77.18	14.63	9.38	56.70	0.04	0.08	0.05	0.01	8.98	1.57	0.00	0.00
2016	0.08	0.14	7.59	44.25	68.06	7.60	16.85	46.80	0.03	0.04	0.39	0.02	7.07	1.28	0.00	0.00
2017	0.37	0.07	3.30	41.77	81.66	10.79	12.81	45.55	0.19	0.18	0.17	0.02	1.87	1.68	0.02	0.00
2018	0.69	1.98	2.96	35.10	80.06	14.90	11.37	46.99	0.07	0.99	0.25	0.02	5.28	1.97	0.01	0.02

附表1－21　1992～2018年乌兹别克斯坦主要贸易指标变化情况

年份	货物贸易占GDP比重（%）	服务贸易占GDP比重（%）	货物和服务出口额（亿美元）	货物和服务进口额（亿美元）	货物和服务出口占GDP比重（%）	货物和服务进口占GDP比重（%）	货物和服务出口额年增长率（%）	货物和服务进口额年增长率（%）	货物出口额（亿美元）	货物进口额（亿美元）	服务出口额（亿美元）	服务进口额（亿美元）	货物和服务贸易净额（亿美元）	货物贸易净额（亿美元）	关税和其他进口税额（亿苏姆）	出口价值指数（2000年为100）	进口价值指数（2000年为100）
1992	43.2								27.4	28.6							
1993	42.4								27.2	28.3							
1994	40.0								25.5	26.1							
1995	46.3								34.3	27.5						121.8	102.0
1996	63.9						3.5	27.3	42.1	47.1						149.4	174.6
1997	55.7		40.0	44.4	27.1	30.1	3.2	-7.2	40.3	41.9			-4.4			142.9	155.2
1998	45.5		33.8	34.3	22.6	22.9	-15.4	-22.8	35.3	32.9			-0.4			125.3	122.0
1999	37.2		31.0	31.5	18.2	18.4	-8.1	-8.0	32.4	31.1			-0.4			114.8	115.3
2000	40.1		33.9	26.7	24.7	19.4	9.2	-5.8	28.2	27.0			7.3			100.0	100.0
2001	48.4		33.8	30.9	29.7	27.1	-5.4	6.4	27.1	28.1			2.9			96.1	104.3
2002	51.0		30.0	27.2	30.9	28.0	-6.7	-9.8	25.1	24.3			2.8			89.2	89.9
2003	57.7		38.8	32.7	38.2	32.2	26.5	8.9	31.9	26.6			6.1			113.2	98.7
2004	63.8		50.3	41.9	41.8	34.8	28.1	26.8	42.8	33.9			8.4			151.9	125.8
2005	58.8		54.1	45.4	37.8	31.7	12.0	4.4	47.5	36.7			8.7			168.6	135.9

续表

年份	货物贸易占GDP比重（%）	服务贸易占GDP比重（%）	货物和服务出口额（亿美元）	货物和服务进口额（亿美元）	货物和服务出口占GDP比重（%）	货物和服务进口占GDP比重（%）	货物和服务出口额年增长率（%）	货物和服务进口额年增长率（%）	货物出口额（亿美元）	货物进口额（亿美元）	服务出口额（亿美元）	服务进口额（亿美元）	货物和服务贸易净额（亿美元）	货物贸易净额（亿美元）	关税和其他进口税额（亿苏姆）	出口价值指数(2000年为100）	进口价值指数(2000年为100）
2006	57.7		63.3	53.7	36.5	31.0	16.8	30.8	56.2	43.8			9.6			199.4	162.4
2007	64.4		88.5	77.5	39.7	34.7	39.9	52.0	80.3	63.4			11.0			285.0	235.1
2008	66.2		121.7	114.0	41.2	38.6	37.4	39.8	103.0	92.8			7.7			365.6	344.0
2009	58.6		116.8	114.6	34.7	34.0	-5.1	2.7	107.4	90.2			2.2			381.1	334.6
2010	43.7		130.3	92.2	27.9	19.7	7.9	-4.1	117.0	86.9			38.1			415.2	322.2
2011	42.0		149.9	113.4	26.5	20.1	12.2	23.6	132.5	104.7			36.5		6292.7	470.5	388.3
2012	36.5		136.1	128.0	21.4	20.1	-5.9	13.0	112.1	120.3			8.1		8557.1	397.9	446.2
2013	36.4		143.7	139.6	20.8	20.2	11.1	8.8	120.0	131.4			4.1		11321.5	426.0	487.1
2014	33.2	6.8	135.9	139.6	17.7	18.2	-7.5	0.3	115.0	139.3	23.6	28.9	-3.7	-29.6	14864.9	408.2	516.3
2015	25.5	6.7	125.5	123.7	15.3	15.1	2.3	-11.2	94.4	114.6	23.6	30.9	1.8	-20.9	16510.6	335.2	424.9
2016	24.8	6.5	121.7	121.6	14.9	14.9	11.1	-2.2	89.7	113.3	18.9	34.2	0.1	-23.9	15789.3	318.6	419.9
2017	37.9	10.7	129.0	141.3	21.8	23.9	1.3	15.5	103.9	120.4	22.3	40.7	-12.3	-22.2	19170.5	368.8	446.3
2018	56.5	15.7	147.0	195.6	29.1	38.7	10.7	39.4	112.2	173.1	27.3	51.7	-48.6	-68.7	21964.0	398.2	641.7

附表 1－22 1992～2018 年乌兹别克斯坦与主要经济体进出口比重情况变化

单位：%

年份	阿拉伯国家		高收入国家		东亚及太平洋中低收入国家		欧洲和中亚中低收入国家		拉丁美洲和加勒比中低收入国家		中东和北非中低收入国家		南亚中低收入国家		撒哈拉以南非洲中低收入国家	
	出口	进口	出口	进口	出口	进口	出口	进口	出口	进口	出口	进口	出口	进口	出口	进口
1992	0. 13	0. 00	91. 43	84. 48	7. 67	14. 13					0. 13	0. 00		0. 28		
1993		0. 02	81. 94	60. 02	1. 63	5. 36	13. 97	32. 22	0. 81			0. 02	0. 14	1. 79		
1994	0. 03	0. 00	40. 13	42. 39	3. 76	2. 46	52. 62	52. 53	2. 27	0. 00	0. 20	1. 20	0. 31	1. 00	0. 00	
1995	0. 02	0. 09	34. 69	37. 36	2. 49	2. 44	57. 09	55. 38	4. 15	0. 20	0. 15	2. 63	0. 48	1. 47		0. 00
1996	0. 55	0. 25	42. 13	45. 26	5. 63	1. 46	43. 89	48. 39	6. 05	0. 05	0. 88	3. 06	0. 17	1. 21		0. 04
1997	0. 34	0. 05	31. 76	50. 20	5. 65	1. 92	58. 13	43. 75	3. 55	0. 28	0. 76	2. 56	0. 15	1. 29		0. 01
1998	0. 32	0. 06	41. 74	53. 77	7. 35	2. 40	47. 30	41. 67	2. 51	0. 91	0. 01	0. 04	1. 09	1. 21		
1999	0. 29	0. 04	40. 79	63. 98	2. 83	1. 42	50. 77	33. 25	1. 18	0. 40	0. 01	0. 01	4. 42	0. 94	0. 00	
2000	0. 88	4. 31	8. 98	38. 98	34. 08	19. 99	36. 45	33. 73	0. 05	2. 85	8. 07	0. 76	12. 02	3. 53	0. 00	0. 14
2001	0. 88	4. 31	8. 99	38. 99	34. 10	20. 00	36. 47	33. 74	0. 05	2. 85	8. 08	0. 76	12. 03	3. 53	0. 00	0. 14
2002	0. 88	4. 31	9. 01	38. 99	34. 17	20. 00	36. 55	33. 74	0. 05	2. 85	8. 09	0. 76	12. 05	3. 53	0. 00	0. 14
2003	0. 88	4. 30	8. 98	38. 94	34. 07	19. 97	36. 44	33. 70	0. 05	2. 84	8. 07	0. 76	12. 01	3. 52	0. 00	0. 14
2004	0. 89	4. 32	9. 08	39. 12	34. 45	20. 07	35. 85	33. 40	0. 05	2. 86	8. 16	0. 76	12. 15	3. 54	0. 00	0. 14
2005	0. 89	4. 33	9. 10	39. 15	34. 50	20. 08	35. 91	33. 43	0. 05	2. 86	8. 17	0. 76	12. 17	3. 54	0. 00	0. 14
2006	0. 89	4. 33	9. 10	39. 16	34. 54	20. 09	35. 95	33. 44	0. 05	2. 86	8. 18	0. 76	12. 18	3. 54	0. 00	0. 14

续表

年份	阿拉伯国家		高收入国家		东亚及太平洋中低收入国家		欧洲和中亚中低收入国家		拉丁美洲和加勒比中低收入国家		中东和北非中低收入国家		南亚中低收入国家		撒哈拉以南非洲中低收入国家	
	出口	进口	出口	进口	出口	进口	出口	进口	出口	进口	出口	进口	出口	进口	出口	进口
2007	0.89	4.33	9.10	39.16	34.54	20.09	35.95	33.44	0.05	2.86	8.18	0.76	12.18	3.54	0.00	0.14
2008	0.89	4.33	9.10	39.16	34.54	20.09	35.95	33.44	0.05	2.86	8.18	0.76	12.18	3.54	0.00	0.14
2009	0.89	4.33	9.10	39.16	34.54	20.09	35.95	33.44	0.05	2.86	8.18	0.76	12.18	3.54	0.00	0.14
2010	0.89	4.33	9.10	39.16	34.54	20.09	35.95	33.44	0.05	2.86	8.18	0.76	12.18	3.54	0.00	0.14
2011	0.89	4.33	9.10	39.16	34.54	20.09	35.95	33.44	0.05	2.86	8.18	0.76	12.18	3.54	0.00	0.14
2012	0.89	4.33	9.10	39.16	34.54	20.09	35.95	33.45	0.05	2.86	8.18	0.76	12.18	3.54	0.00	0.14
2013	0.89	4.33	9.10	39.16	34.54	20.09	35.95	33.45	0.05	2.86	8.18	0.76	12.18	3.54	0.00	0.14
2014	0.89	4.33	9.10	39.16	34.54	20.09	35.95	33.45	0.05	2.86	8.18	0.76	12.18	3.54	0.00	0.14
2015	0.89	4.33	9.10	39.16	34.54	20.09	35.95	33.45	0.05	2.86	8.18	0.76	12.18	3.54	0.00	0.14
2016	0.66	1.85	5.81	33.85	16.19	20.66	34.95	37.59	0.99	4.06	3.97	0.67	6.07	3.09	0.02	0.08
2017	0.47	0.56	4.69	30.99	15.81	23.14	37.31	39.61	0.50	2.94	2.68	0.56	5.64	2.66	0.01	0.10
2018	0.49	0.41	5.26	33.17	19.97	21.15	41.48	42.40	0.04	0.50	1.65	0.81	4.84	1.92	0.04	0.05

附录二　1998～2014 年中国与中亚地区五国贸易指标变化情况

附表 2－1　1998～2014 年中国与中亚地区五国贸易总额变化趋势

单位：亿美元

年份	出口额总计	进口额总计	进出口总额	贸易净额
1998	4.55	4.99	9.55	－0.44
1999	6.34	6.97	13.32	－0.63
2000	7.67	10.52	18.19	－2.85
2001	4.92	10.17	15.09	－5.25
2002	9.44	14.44	23.88	－5.00
2003	20.63	20.11	40.75	0.52
2004	30.15	28.28	58.43	1.87
2005	52.29	34.98	87.27	17.30
2006	77.38	43.20	120.58	34.18
2007	126.92	69.69	196.62	57.23
2008	225.96	82.27	308.23	143.69
2009	168.25	69.20	237.44	99.05
2010	165.30	136.03	301.34	29.27
2011	185.85	210.66	396.51	－24.81
2012	213.04	246.44	459.48	－33.39
2013	232.41	270.33	502.74	－37.92
2014	240.53	209.59	450.12	30.94

附表 2-2　1998~2014 年中国与中亚地区五国双边贸易额变化趋势

单位：亿美元，%

年份	哈萨克斯坦出口	吉尔吉斯斯坦出口	塔吉克斯坦出口	土库曼斯坦出口	乌兹别克斯坦出口	总计
1998	2.05	1.72	0.11	0.10	0.57	4.55
1999	4.94	1.03	0.02	0.07	0.27	6.34
2000	5.99	1.10	0.07	0.12	0.39	7.67
2001	3.28	0.77	0.05	0.31	0.51	4.92
2002	6.00	1.46	0.07	0.87	1.04	9.44
2003	15.72	2.45	0.21	0.79	1.47	20.63
2004	22.12	4.93	0.54	0.85	1.72	30.15
2005	38.97	8.67	1.44	0.91	2.30	52.29
2006	47.50	21.13	3.06	1.63	4.06	77.38
2007	74.46	36.66	5.14	3.03	7.65	126.92
2008	98.25	92.12	14.80	8.02	12.78	225.96
2009	78.33	52.81	12.22	9.19	15.70	168.25
2010	93.20	41.28	13.77	5.25	11.81	165.30
2011	95.67	48.78	19.97	7.84	13.59	185.85
2012	110.01	50.73	17.48	16.99	17.83	213.04
2013	125.45	50.75	18.69	11.38	26.13	232.41
2014	127.10	52.43	24.68	9.54	26.78	240.53
年份	哈萨克斯坦进口	吉尔吉斯斯坦进口	塔吉克斯坦进口	土库曼斯坦进口	乌兹别克斯坦进口	总计
1998	4.31	0.26	0.08	0.02	0.32	4.99
1999	6.44	0.32	0.06	0.02	0.13	6.97
2000	9.58	0.67	0.10	0.04	0.12	10.52
2001	9.61	0.42	0.05	0.01	0.08	10.17
2002	13.55	0.56	0.06	0.01	0.27	14.44
2003	17.20	0.69	0.18	0.04	2.00	20.11
2004	22.86	1.10	0.15	0.14	4.03	28.28
2005	29.09	1.05	0.14	0.19	4.51	34.98
2006	36.07	1.13	0.18	0.16	5.66	43.20
2007	64.32	1.14	0.10	0.50	3.63	69.69
2008	77.28	1.21	0.20	0.28	3.29	82.27

续表

年份	哈萨克斯坦进口	吉尔吉斯斯坦进口	塔吉克斯坦进口	土库曼斯坦进口	乌兹别克斯坦进口	总计
2009	62.96	0.49	1.85	0.39	3.51	69.20
2010	111.28	0.72	0.56	10.45	13.02	136.03
2011	153.95	0.98	0.72	46.93	8.07	210.66
2012	146.81	0.89	1.09	86.73	10.92	246.44
2013	160.51	0.62	0.89	88.93	19.38	270.33
2014	97.42	0.55	0.48	95.16	15.98	209.59

年份	中国同哈萨克斯坦总额	中国同吉尔吉斯斯坦总额	中国同塔吉克斯坦总额	中国同土库曼斯坦总额	中国同乌兹别克斯坦总额
1998	6.36	1.98	0.19	0.13	0.89
1999	11.39	1.35	0.08	0.09	0.40
2000	15.57	1.78	0.17	0.16	0.51
2001	12.88	1.19	0.11	0.33	0.58
2002	19.55	2.02	0.12	0.88	1.32
2003	32.92	3.14	0.39	0.83	3.47
2004	44.98	6.02	0.69	0.98	5.76
2005	68.06	9.72	1.58	1.10	6.81
2006	83.58	22.26	3.24	1.79	9.72
2007	138.78	37.79	5.24	3.53	11.28
2008	175.52	93.33	15.00	8.30	16.07
2009	141.29	53.30	14.07	9.57	19.21
2010	204.49	42.00	14.33	15.70	24.83
2011	249.61	49.76	20.69	54.77	21.67
2012	256.82	51.62	18.57	103.73	28.75
2013	285.96	51.38	19.58	100.31	45.51
2014	224.52	52.98	25.16	104.70	42.76

年份	哈萨克斯坦净额	吉尔吉斯斯坦净额	塔吉克斯坦净额	土库曼斯坦净额	乌兹别克斯坦净额
1998	-2.26	1.47	0.03	0.08	0.25
1999	-1.50	0.71	-0.03	0.05	0.14
2000	-3.59	0.43	-0.04	0.08	0.27

续表

年份	哈萨克斯坦净额	吉尔吉斯斯坦净额	塔吉克斯坦净额	土库曼斯坦净额	乌兹别克斯坦净额
2001	-6.33	0.34	0.00	0.30	0.43
2002	-7.55	0.90	0.01	0.86	0.77
2003	-1.48	1.76	0.03	0.75	-0.53
2004	-0.74	3.83	0.38	0.71	-2.31
2005	9.87	7.62	1.30	0.72	-2.20
2006	11.43	20.00	2.88	1.47	-1.60
2007	10.14	35.52	5.03	2.52	4.01
2008	20.97	90.91	14.59	7.74	9.49
2009	15.38	52.32	10.37	8.80	12.19
2010	-18.08	40.55	13.20	-5.19	-1.21
2011	-58.28	47.80	19.25	-39.09	5.52
2012	-36.80	49.84	16.39	-69.74	6.91
2013	-35.06	50.13	17.81	-77.56	6.75
2014	29.68	51.87	24.21	-85.62	10.80
年份	哈萨克斯坦比重	吉尔吉斯斯坦比重	塔吉克斯坦比重	土库曼斯坦比重	乌兹别克斯坦比重
1998	66.57	20.75	2.01	1.31	9.35
1999	85.52	10.13	0.60	0.71	3.03
2000	85.58	9.76	0.94	0.89	2.83
2001	85.38	7.88	0.71	2.17	3.86
2002	81.85	8.45	0.52	3.66	5.52
2003	80.78	7.71	0.95	2.04	8.52
2004	76.98	10.31	1.18	1.68	9.85
2005	77.99	11.14	1.81	1.26	7.80
2006	69.31	18.46	2.69	1.48	8.06
2007	70.58	19.22	2.67	1.79	5.74
2008	56.95	30.28	4.87	2.69	5.21
2009	59.51	22.45	5.92	4.03	8.09
2010	67.86	13.94	4.75	5.21	8.24
2011	62.95	12.55	5.22	13.81	5.46
2012	55.89	11.24	4.04	22.57	6.26
2013	56.88	10.22	3.89	19.95	9.05
2014	49.88	11.77	5.59	23.26	9.50

附录三　1992～2016年中国按照HS编码分类RCA指数

附表3－1　1992～2016年中国按照HS编码分类出口比较优势RCA指数

年份	HS1	HS2	HS3	HS4	HS5	HS6	HS7	HS8	HS9	HS10	HS11	HS12	HS13	HS14	HS15	HS16	HS17	HS18	HS19	HS20
1992	2.89	3.79	1.91	2.08	2.78	3.81	24.08	9.61	4.49	0.80	31.15	18.30	6.38	2.80	4.67	5.36	0.77	21.39	0.57	2.91
1993	2.43	3.61	1.96	1.85	2.21	3.50	20.68	7.00	3.34	0.96	23.42	11.45	5.11	1.89	4.24	3.27	0.56	11.16	0.75	2.35
1994	2.17	2.74	2.46	1.19	1.72	2.40	14.18	5.37	2.89	0.69	18.00	7.69	3.69	1.84	3.68	0.88	0.59	9.78	0.28	2.30
1995	2.11	1.64	1.47	1.12	1.91	2.38	6.58	5.26	3.02	0.63	14.08	7.46	3.45	1.25	4.00	1.23	0.71	9.40	0.19	1.96
1996	2.03	1.54	1.38	1.15	1.82	2.29	7.02	4.87	2.85	0.72	14.12	7.47	3.55	0.88	3.62	1.33	0.72	10.79	0.15	1.99
1997	1.77	1.59	1.96	0.92	1.56	2.07	7.44	4.62	2.45	0.82	13.04	7.44	3.75	1.06	3.81	1.25	0.69	11.18	0.12	2.05
1998	1.64	1.62	0.86	0.87	1.36	1.95	7.46	4.70	2.12	0.81	12.51	7.82	3.60	1.17	3.61	1.29	0.74	11.60	1.38	2.22
1999	1.62	1.58	0.43	0.89	1.08	1.89	7.51	4.79	2.17	0.76	13.40	7.98	3.78	1.29	3.69	1.55	0.73	11.77	0.09	2.25

续表

年份	HS1	HS2	HS3	HS4	HS5	HS6	HS7	HS8	HS9	HS10	HS11	HS12	HS13	HS14	HS15	HS16	HS17	HS18	HS19	HS20
2000	1. 39	1. 47	0. 34	0. 81	0. 81	1. 40	7. 83	3. 98	1. 94	0. 74	11. 51	6. 72	2. 64	0. 70	3. 42	1. 72	0. 81	11. 20	0. 06	1. 23
2001	1. 26	1. 24	0. 28	0. 77	0. 82	1. 24	7. 45	3. 81	1. 95	0. 77	10. 70	6. 13	2. 48	0. 64	3. 10	1. 78	0. 71	10. 30	0. 09	1. 20
2002	1. 08	1. 19	0. 19	0. 70	0. 69	1. 01	7. 19	3. 64	1. 92	0. 77	10. 05	5. 60	2. 54	0. 58	2. 97	2. 06	0. 66	9. 74	0. 07	1. 10
2003	0. 91	1. 16	0. 15	0. 60	0. 61	0. 92	6. 35	3. 43	1. 80	0. 77	9. 59	5. 17	2. 44	0. 54	2. 89	2. 23	0. 79	10. 05	0. 06	0. 99
2004	0. 83	0. 80	0. 15	0. 59	0. 54	0. 91	6. 19	3. 18	1. 77	0. 76	9. 14	4. 87	2. 47	0. 55	3. 34	2. 45	0. 81	11. 38	0. 06	0. 91
2005	0. 72	0. 84	0. 23	0. 56	0. 45	0. 95	6. 38	3. 03	1. 87	0. 86	9. 26	4. 88	2. 66	0. 51	3. 32	2. 61	0. 87	14. 30	0. 05	1. 12
2006	0. 65	0. 73	0. 26	0. 56	0. 32	0. 92	6. 31	2. 48	2. 08	0. 97	9. 90	4. 62	2. 68	0. 51	3. 29	2. 49	0. 94	15. 26	0. 06	0. 95
2007	0. 53	0. 66	0. 16	0. 53	0. 30	0. 96	5. 92	2. 24	2. 06	1. 04	9. 91	4. 39	2. 53	0. 47	3. 40	2. 31	1. 07	14. 10	0. 07	1. 01
2008	0. 51	0. 50	0. 20	0. 50	0. 32	1. 10	6. 17	2. 30	2. 14	1. 05	9. 87	4. 56	2. 79	0. 44	4. 10	2. 41	1. 25	14. 11	0. 09	1. 04
2009	0. 60	0. 59	0. 15	0. 43	0. 27	0. 87	6. 13	2. 41	2. 11	1. 15	9. 56	4. 54	2. 91	0. 38	2. 99	2. 50	1. 26	13. 31	0. 06	0. 76
2010	0. 62	0. 63	0. 08	0. 44	0. 23	1. 01	6. 35	2. 40	2. 03	1. 13	9. 20	4. 54	3. 12	0. 44	3. 04	2. 62	1. 48	13. 99	0. 09	0. 83
2011	0. 64	0. 58	0. 08	0. 46	0. 20	1. 14	6. 92	2. 53	2. 10	1. 34	9. 23	4. 56	3. 31	0. 62	3. 31	2. 65	1. 57	13. 69	0. 10	0. 83
2012	0. 63	0. 50	0. 08	0. 47	0. 21	1. 04	7. 81	2. 42	2. 11	1. 46	9. 15	4. 59	3. 48	0. 97	3. 48	2. 80	1. 45	14. 42	0. 11	1. 01
2013	0. 59	0. 51	0. 09	0. 43	0. 20	0. 99	7. 70	2. 27	1. 78	1. 56	9. 07	4. 34	3. 45	0. 84	3. 45	2. 86	1. 24	12. 97	0. 10	1. 22
2014	0. 59	0. 51	0. 09	0. 41	0. 21	1. 02	8. 00	2. 22	1. 78	1. 64	9. 58	4. 20	3. 36	1. 16	3. 77	2. 77	1. 20	11. 50	0. 10	1. 16
2015	0. 59	0. 53	0. 09	0. 39	0. 24	0. 95	7. 90	2. 16	1. 73	1. 66	7. 72	3. 82	3. 44	0. 61	3. 69	2. 76	1. 13	10. 75	0. 08	1. 08
2016	0. 75	0. 74	0. 10	0. 51	0. 35	1. 36	8. 93	2. 71	2. 33	2. 00	9. 50	4. 12	4. 08	0. 56	4. 44	7. 45	1. 30	13. 37	0. 09	1. 30

附表3-2　1992～2016年中国按照HS编码分类进口比较优势RCA指数

年份	HS1	HS2	HS3	HS4	HS5	HS6	HS7	HS8	HS9	HS10	HS11	HS12	HS13	HS14	HS15	HS16	HS17	HS18	HS19	HS20
1992	0.72	1.95	7.78	0.82	1.60	6.71	40.79	4.07	12.39	4.62	13.12	1.76	2.26	0.90	10.09	1.81	3.20	23.41	0.02	0.84
1993	0.58	0.95	5.73	0.43	1.87	3.68	23.84	3.16	8.17	3.37	7.16	0.92	1.90	0.61	15.55	1.03	2.90	11.20	0.13	0.56
1994	0.57	0.84	9.82	0.38	1.17	2.92	19.85	2.70	6.21	2.90	6.77	0.62	1.68	0.43	8.03	0.75	2.70	9.01	0.01	0.52
1995	0.49	1.77	9.43	0.61	1.31	3.20	13.50	2.74	4.85	2.41	6.76	0.56	1.71	0.26	4.92	0.82	1.38	8.95	0.01	0.49
1996	0.55	1.32	6.32	0.68	1.42	3.05	15.03	2.70	4.97	3.54	7.02	0.53	1.83	0.31	5.46	0.81	1.29	9.27	0.02	0.42
1997	0.57	0.94	6.01	0.72	1.98	2.92	15.92	2.88	5.53	4.14	7.08	0.52	1.85	0.33	4.96	0.71	1.18	9.35	0.05	0.38
1998	0.67	1.04	4.74	0.56	1.80	2.95	15.48	2.91	5.55	4.19	6.34	0.47	2.01	0.90	5.01	0.74	1.09	10.20	0.06	0.17
1999	0.97	1.04	4.54	0.33	1.75	3.21	16.09	2.74	6.70	4.34	5.84	0.42	2.06	0.44	5.73	0.82	1.03	10.66	0.01	0.41
2000	0.88	1.15	2.51	0.35	1.41	2.82	15.58	2.06	4.16	3.17	4.82	0.29	1.85	0.31	4.62	0.87	0.80	9.75	0.04	0.21
2001	0.80	1.12	1.72	0.30	1.21	2.45	14.93	1.87	3.73	3.07	4.40	0.27	1.72	0.29	4.70	1.00	1.12	11.53	0.05	0.21
2002	0.78	0.77	2.45	0.25	1.12	2.24	14.00	1.68	3.63	2.90	3.90	0.21	1.59	0.31	4.80	1.27	1.07	13.40	0.02	0.16
2003	0.69	0.97	2.89	0.19	1.14	2.06	12.03	1.48	2.94	2.48	3.27	0.18	1.42	0.34	5.00	1.17	1.15	17.75	0.01	0.13
2004	0.62	1.17	3.10	0.20	1.36	2.06	11.75	1.46	2.56	2.33	3.11	0.18	1.33	0.37	4.14	1.05	0.97	21.41	0.01	0.11
2005	0.62	1.10	2.31	0.22	1.30	2.14	11.95	1.42	2.54	2.27	2.92	0.18	1.23	0.40	4.13	1.06	0.85	23.91	0.01	0.14
2006	0.60	0.96	2.20	0.23	1.34	2.05	11.57	1.41	2.49	2.14	2.85	0.18	1.23	0.43	2.96	0.89	1.09	24.61	0.01	0.10
2007	0.63	0.95	3.02	0.20	1.49	2.03	10.93	1.33	2.40	2.13	2.48	0.19	1.11	0.47	2.87	0.67	1.08	23.68	0.00	0.12
2008	0.66	1.23	2.92	0.23	1.64	1.84	10.34	1.24	2.40	2.25	2.27	0.22	1.06	0.51	2.92	0.64	1.07	22.48	0.01	0.14
2009	0.59	1.27	2.34	0.22	1.66	1.62	10.64	1.13	2.47	2.18	2.07	0.19	1.01	0.38	4.05	0.54	1.16	18.98	0.01	0.10
2010	0.63	1.31	2.00	0.26	1.68	1.72	9.82	1.10	2.73	1.99	2.05	0.18	1.16	0.42	3.09	0.54	1.28	19.29	0.00	0.30
2011	0.68	1.20	1.80	0.28	1.68	1.79	8.76	1.06	3.16	2.17	2.11	0.22	1.26	0.39	2.83	0.52	1.42	16.90	0.01	0.60
2012	0.76	1.47	1.97	0.30	1.65	1.76	8.56	1.10	3.03	2.12	2.28	0.24	1.38	0.34	2.82	0.50	1.42	16.82	0.01	0.94
2013	0.87	1.48	1.65	0.30	1.66	1.73	8.14	1.10	3.24	2.00	2.07	0.24	1.32	0.43	2.54	0.53	1.43	15.85	0.00	1.49
2014	0.91	1.61	1.52	0.32	1.74	1.70	8.66	1.10	3.54	2.03	1.93	0.25	1.28	1.07	2.46	0.52	1.69	14.95	0.01	1.20
2015	0.95	1.73	1.44	0.43	1.86	1.66	8.83	1.19	3.39	2.25	1.83	0.31	1.31	2.48	2.45	0.56	1.49	15.16	0.01	0.21
2016	1.48	2.17	1.83	0.51	2.78	2.10	10.08	1.42	5.18	2.77	2.22	0.47	1.88	2.82	3.24	0.73	1.77	20.17	0.02	0.39

附录四　Stata 编程命令

（一）随机前沿贸易引力模型

capture drop_ all

capture program drop_ all

capture log close

clear matrix

set memory 750m

log using "G：\ 中亚地区五国书稿 \ sfa. smcl", replace

use　"G：\ 中亚地区五国书稿 \ SFA china five sum. dta", clear

*****设置面板数据

xtset counid year

*****变量有哪些?

**被解释变量，中国对中亚地区五国出口额 ex；中国从中亚地区五国进口额 im

**解释变量中国人口数量 popc，中国 GDP gdpc，中国 GDP 增速 gdpcs，中国基于 PPP 的 GDP gdpcppp，中国人均 GDP gdpcp，中国基于 PPP 的人均 GDP gdpcpppp

************中亚人口数量 pops，中亚 GDP gdps，中亚 GDP 增速 gdpss，中亚基于 PPP 的 GDP gdpsppp，中亚人均 GDP gdpsp，中亚基于 PPP 的人均 GDP gdpspppp

************人民币实际汇率 r，两国主要城市的球面距离 dist，贸易两国首都的球面距离 distcap，加权计算距离 distw，distwces

************中国对中亚地区五国贸易结合度 TCD1，中亚地区五国对中国贸易结合度 TCD2

set more off

＊＊＊＊＊生成对数值

gen lnex = log （ex）

gen lnim = log （im）

gen lnpopc = log （popc）

gen lngdpc = log （gdpc）

gen lngdpcs = log （gdpcs）

gen lngdpcp = log （gdpcp）

gen lngdpcppp = log （gdpcppp）

gen lngdpcpppp = log （gdpcpppp）

gen lnpops = log （pops）

gen lngdps = log （gdps）

gen lngdpss = log （gdpss）

gen lngdpsp = log （gdpsp）

gen lngdpsppp = log （gdpsppp）

gen lngdpspppp = log （gdpspppp）

gen lnr = log （r）

gen lndist = log （dist）

gen lndistcap = log （distcap）

gen lndistw = log （distw）

gen lndistwces = log （distwces）

＊＊＊＊数据描述性分析

tabstat ex im popc gdpc gdpcs gdpcp gdpcppp gdpcpppp pops gdps gdpss gdpsp gdpsppp gdpspppp r dist distcap distw distwces t tcd1 tcd2， statistics （max min mean sd count） labelwidth （10） varwidth （12） columns （statistics）

＊＊＊＊相关系数矩阵

corr ex im popc gdpc gdpcs gdpcp gdpcppp gdpcpppp pops gdps gdpss gdpsp gdpsppp gdpspppp r dist distcap distw distwces t tcd1 tcd2

＊＊＊＊模型适用性检验

＊＊＊＊＊EXPORT 是否存在贸易非效率项

reg lnex lnpopc lnpops lngdpc lngdps lndist t tcd1 lnr

estimates store OLS1

reg lnex lnpopc lnpops lngdpc lngdps lndist

```
estimates store OLS2
lrtest OLS1 OLS2, stats

*****IMPORT 是否存在贸易非效率项
reg lnim lnpopc lnpops lngdpc lngdps lndist t tcd2 lnr
estimates store OLS3
reg lnim lnpopc lnpops lngdpc lngdps lndist
estimates store OLS4
lrtest OLS3 OLS4, stats
*****分别对中国与中亚双边出口额和进口额估计 OLS，普通面板数据模型（固定效果和随机效果），做豪斯曼检验
reg lnex lnpopc lnpops lngdpc lngdps lndist t tcd1 lnr
estimates store OLSEX

xtreg lnex lnpopc lnpops lngdpc lngdps lndist t tcd1 lnr, fe
estimates store FEEX
xtreg lnex lnpopc lnpops lngdpc lngdps lndist t tcd1 lnr, re
estimates store REEX
hausman FEEX REEX
**, constant sigmamore

reg lnim lnpopc lnpops lngdpc lngdps lndist t tcd2 lnr
estimates store OLSIM
xtreg lnim lnpopc lnpops lngdpc lngdps lndist t tcd2 lnr, fe
estimates store FEIM
xtreg lnim lnpopc lnpops lngdpc lngdps lndist t tcd2 lnr, re
estimates store REIM
hausman FEIM REIM
*************************
******做随机前沿分析*****
*************************
sfpanel lnex lnpopc lnpops lngdpc lngdps lndist
***model (fels) nolog
predict uhat_lsex, u
```

```
estimates store SFAFEEX
summarize uhat_lsex

sfpanel lnim lnpopc lnpops lngdpc lngdps lndist
***model (fels) nolog
predict uhat_lsim, u
estimates store SFAFEIM
summarize uhat_lsim
*****
*********列表显示结果**
estimates table OLSEX FEEX REEX SFAFEEX, label star stats (aic, bic) b (%9.4fc) stfmt (%9.0fc)
estimates table OLSIM FEIM REIM SFAFEIM, label star stats (aic, bic) b (%9.4fc) stfmt (%9.0fc)

*******贸易非效率项描述性统计
gen miuex = exp (-uhat_lsex)
gen miuim = exp (-uhat_lsim)
tabstat miuex miuim, statistics (max min mean sd count) by (counid) labelwidth (10) varwidth (12) columns (statistics)

*******贸易非效率项因素分析 一步法
sfpanel lnex lnpopc lnpops lngdpc lngdps lndist t tcd1 lnr
estimates store SFAMIUEX
sfpanel lnim lnpopc lnpops lngdpc lngdps lndist t tcd2 lnr
estimates store SFAFEIM
*****************************两步法
reg uhat_lsex t tcd1 lnr
estimates store SFAMIUEX2
reg uhat_lsim t tcd2 lnr
estimates store SFAMIUIM2

*****列表显示结果
estimates table SFAMIUEX SFAFEIM SFAMIUEX2 SFAMIUIM2, label star stats
```

(aic, bic) b (%9.4fc) stfmt (%9.0fc)

(二) 双边贸易空间计量模型

```
capture drop _all
capture program drop _all
capture log close
clear matrix
set memory 750m
log using "G: \ 中亚地区五国书稿 \ space. smcl", replace

 ***** dataset
 *** 中国与中亚地区五国出口额  国家整整体 china five ex sum wide. dta
 **** 中国与中亚地区五国进口额  国家整体 china five im sum wide. dta
 *** 中国与中亚地区五国出口额  分产品  china five ex wide. dta
 **** 中国与中亚地区五国进口额  分产品  china five im wide. dta

use  "G: \ 中亚地区五国书稿 \ 中国与中亚地区五国贸易数据 \ china five ex sum wide", clear spatwmat using distweigh. dta, name (W)

 **** 计算莫兰指数，吉尔里指数
spatgsa tradevalueus1992, weights (W) moran twotail
spatgsa tradevalueus1993, weights (W) moran twotail
spatgsa tradevalueus1994, weights (W) moran twotail
spatgsa tradevalueus1995, weights (W) moran twotail
spatgsa tradevalueus1996, weights (W) moran twotail
spatgsa tradevalueus1997, weights (W) moran twotail
spatgsa tradevalueus1998, weights (W) moran twotail
spatgsa tradevalueus1999, weights (W) moran twotail
spatgsa tradevalueus2000, weights (W) moran twotail
spatgsa tradevalueus2001, weights (W) moran twotail
spatgsa tradevalueus2002, weights (W) moran twotail
spatgsa tradevalueus2003, weights (W) moran twotail
spatgsa tradevalueus2004, weights (W) moran twotail
spatgsa tradevalueus2005, weights (W) moran twotail
```

```
spatgsa tradevalueus2006, weights (W) moran twotail
spatgsa tradevalueus2007, weights (W) moran twotail
spatgsa tradevalueus2008, weights (W) moran twotail
spatgsa tradevalueus2009, weights (W) moran twotail
spatgsa tradevalueus2010, weights (W) moran twotail
spatgsa tradevalueus2011, weights (W) moran twotail
spatgsa tradevalueus2012, weights (W) moran twotail
spatgsa tradevalueus2013, weights (W) moran twotail
spatgsa tradevalueus2014, weights (W) moran twotail
spatgsa tradevalueus2015, weights (W) moran twotail
spatgsa tradevalueus2016, weights (W) moran twotail

spatgsa tradevalueus1992, weights (W) geary twotail
spatgsa tradevalueus1993, weights (W) geary twotail
spatgsa tradevalueus1994, weights (W) geary twotail
spatgsa tradevalueus1995, weights (W) geary twotail
spatgsa tradevalueus1996, weights (W) geary twotail
spatgsa tradevalueus1997, weights (W) geary twotail
spatgsa tradevalueus1998, weights (W) geary twotail
spatgsa tradevalueus1999, weights (W) geary twotail
spatgsa tradevalueus2000, weights (W) geary twotail
spatgsa tradevalueus2001, weights (W) geary twotail
spatgsa tradevalueus2002, weights (W) geary twotail
spatgsa tradevalueus2003, weights (W) geary twotail
spatgsa tradevalueus2004, weights (W) geary twotail
spatgsa tradevalueus2005, weights (W) geary twotail
spatgsa tradevalueus2006, weights (W) geary twotail
spatgsa tradevalueus2007, weights (W) geary twotail
spatgsa tradevalueus2008, weights (W) geary twotail
spatgsa tradevalueus2009, weights (W) geary twotail
spatgsa tradevalueus2010, weights (W) geary twotail
spatgsa tradevalueus2011, weights (W) geary twotail
spatgsa tradevalueus2012, weights (W) geary twotail
spatgsa tradevalueus2013, weights (W) geary twotail
```

```
spatgsa tradevalueus2014, weights (W) geary twotail
spatgsa tradevalueus2015, weights (W) geary twotail
spatgsa tradevalueus2016, weights (W) geary twotail

*****************************************************
capture drop _all
capture program drop _all
capture log close
clear matrix
set memory 750m
log using "G: \ 中亚地区五国书稿 \ space. smcl", replace
use "G: \ 中亚地区五国书稿 \ 中国与中亚地区五国贸易数据 \ china five im
sum wide", clear spatwmat using distweigh. dta, name (W)

**** 计算莫兰指数，吉尔里指数
spatgsa im21992, weights (W) moran twotail
spatgsa im21993, weights (W) moran twotail
spatgsa im21994, weights (W) moran twotail
spatgsa im21995, weights (W) moran twotail
spatgsa im21996, weights (W) moran twotail
spatgsa im21997, weights (W) moran twotail
spatgsa im21998, weights (W) moran twotail
spatgsa im21999, weights (W) moran twotail
spatgsa im22000, weights (W) moran twotail
spatgsa im22001, weights (W) moran twotail
spatgsa im22002, weights (W) moran twotail
spatgsa im22003, weights (W) moran twotail
spatgsa im22004, weights (W) moran twotail
spatgsa im22005, weights (W) moran twotail
spatgsa im22006, weights (W) moran twotail
spatgsa im22007, weights (W) moran twotail
spatgsa im22008, weights (W) moran twotail
spatgsa im22009, weights (W) moran twotail
spatgsa im22010, weights (W) moran twotail
```

```
spatgsa im22011, weights (W) moran twotail
spatgsa im22012, weights (W) moran twotail
spatgsa im22013, weights (W) moran twotail
spatgsa im22014, weights (W) moran twotail
spatgsa im22015, weights (W) moran twotail
spatgsa im22016, weights (W) moran twotail

spatgsa im21992, weights (W) geary twotail
spatgsa im21993, weights (W) geary twotail
spatgsa im21994, weights (W) geary twotail
spatgsa im21995, weights (W) geary twotail
spatgsa im21996, weights (W) geary twotail
spatgsa im21997, weights (W) geary twotail
spatgsa im21998, weights (W) geary twotail
spatgsa im21999, weights (W) geary twotail
spatgsa im22000, weights (W) geary twotail
spatgsa im22001, weights (W) geary twotail
spatgsa im22002, weights (W) geary twotail
spatgsa im22003, weights (W) geary twotail
spatgsa im22004, weights (W) geary twotail
spatgsa im22005, weights (W) geary twotail
spatgsa im22006, weights (W) geary twotail
spatgsa im22007, weights (W) geary twotail
spatgsa im22008, weights (W) geary twotail
spatgsa im22009, weights (W) geary twotail
spatgsa im22010, weights (W) geary twotail
spatgsa im22011, weights (W) geary twotail
spatgsa im22012, weights (W) geary twotail
spatgsa im22013, weights (W) geary twotail
spatgsa im22014, weights (W) geary twotail
spatgsa im22015, weights (W) geary twotail
spatgsa im22016, weights (W) geary twotail

****************************************************
```

```
capture drop _all
capture program drop _all
capture log close
clear matrix
set memory 750m
log using "G: \ 中亚地区五国书稿 \ space. smcl", replace
use "G: \ 中亚地区五国书稿 \ space model sum. dta", clear

*****设置面板数据
xtset counid year
**************计算空间面板模型
*****生成对数值
gen lnex = log (ex)
gen lnim = log (im)
gen lnpopc = log (popc)
gen lngdpc = log (gdpc)
gen lngdpcs = log (gdpcs)
gen lngdpcp = log (gdpcp)
gen lngdpcppp = log (gdpcppp)
gen lngdpcppppp = log (gdpcppppp)
gen lnpops = log (pops)
gen lngdps = log (gdps)
gen lngdpss = log (gdpss)
gen lngdpsp = log (gdpsp)
gen lngdpsppp = log (gdpsppp)
gen lngdpspppp = log (gdpspppp)
gen lnr = log (r)
gen lndist = log (dist)
gen lndistcap = log (distcap)
gen lndistw = log (distw)
gen lndistwces = log (distwces)

spatwmat using distweigh. dta, name (W) standardize
```

xsmle lnex lnpopc lnpops lngdpc lngdps lndist t tcd1 lnr, wmat (W) model (sdm) robust nolog noeffects estimates store EX

xsmle lnim lnpopc lnpops lngdpc lngdps lndist t tcd2 lnr, wmat (W) model (sdm) robust nolog noeffects estimates store IM

*******列表显示结果

estimates table EX IM, label star stats (aic, bic) b (%9.4fc) stfmt (%9.0fc)

参考文献

［1］ P Drysdale，R Garnaut. Trade Intensities and the Analysis of Bilateral Trade Flows in a Many－Country World：A Survey［J］. Hitotsubashi Journal of Economics，1982（2）：62－84.

［2］ Tinbergen J. Shaping the World Economy：Suggestions for an International Economic Policy［M］. New York：The Twentieth Century Fund，1962.

［3］ Egger P. An Econometric View of the Estimation of Gravity Models and the Calculation of Trade Potentials［J］. The World Economy，2002（25）：297－312.

［4］ Hamilton C，C Winter. Opening up International Trade with Eastern Europe［J］. Economic Policy，1992（14）：78－116.

［5］ Battese G E，Coelli T J. A Model for Technical Inefficiency Effects in a Stochastic Frontier Production Function for Panel Data［J］. Empirical Economics，1995，20（2）：325－332.

［6］ 哈・麦金德．历史的地理枢纽［M］．北京：商务印书馆，2010.

［7］ 姜世中．农业生产潜力指数评价方法的研究［J］．资源开发与市场，1997（4）：154－157.

［8］ 封志明，杨艳昭，张晶，王秀芬．从栅格到县域：中国粮食生产的资源潜力区域差异分析［J］．自然资源学报，2007（5）：747－755.

［9］ 郭爱请，葛京凤．河北省城市土地集约利用潜力评价方法探讨［J］．资源科学，2006（4）：65－70.

［10］ 赵永亮．中国内外需求的市场潜力研究——基于工资方程的边界效应分析［J］．管理世界，2011（1）：20－29.

［11］ 王丽，牛文元．资源环境视角下的中国城市潜力研究［J］．中国人口・资源与环境，2013（6）：96－102.

［12］ 叶德利．中国和印度贸易发展潜力和贸易政策修正探析［J］．国际经贸探索，2005（5）：32－35.

［13］ 张鸿，彭璟，王悦．中日韩区域贸易潜力分析——基于贸易引力模型的角度［J］．国际商务研究，2009（4）：70－77.

［14］盛斌，廖明中．中国的贸易流量与出口潜力：引力模型的研究［J］．世界经济，2004（2）：3－12.

［15］赵雨霖，林光华．中国与东盟10国双边农产品贸易流量与贸易潜力的分析——基于贸易引力模型的研究［J］．国际贸易问题，2008（12）：25－35.

［16］鲁晓东，赵奇伟．中国的出口潜力及其影响因素——基于随机前沿引力模型的估计［J］．数量经济技术经济研究，2010（10）：21－35.

［17］张海森，谢杰．中国—非洲农产品贸易的决定因素与潜力——基于引力模型的实证研究［J］．国际贸易问题，2011（3）：45－51.

［18］张会清，唐海燕．中国的出口潜力：总量测算、地区分布与前景展望——基于扩展引力模型的实证研究［J］．国际贸易问题，2012（1）：12－25.

［19］汤碧．中国与金砖国家农产品贸易：比较优势与合作潜力［J］．农业经济问题，2012（10）：67－76.

［20］冯学钢，王琼英．中国旅游产业潜力评估模型及实证分析［J］．中国管理科学，2009（4）：178－184.

［21］毕燕茹，师博．中国与中亚地区五国贸易潜力测算及分析——贸易互补性指数与引力模型研究［J］．亚太经济，2010（3）：47－51.

［22］高志刚，刘伟．"一带一路"背景下中国与中亚地区五国贸易潜力测算及前景展望［J］．山东大学学报（哲学社会科学版），2015（5）：24－34.

［23］施炳展，李坤望．中国出口贸易增长的可持续性研究——基于贸易随机前沿模型的分析［J］．数量经济技术经济研究，2009（6）：64－74.

［24］武敬云．"金砖国家"的贸易互补性和竞争性分析［J］．国际商务——对外经济贸易大学学报，2012（2）：21－30.

［25］谭秀杰，周茂荣．21世纪"海上丝绸之路"贸易潜力及其影响因素——基于随机前沿引力模型的实证研究［J］．国际贸易问题，2015（2）：3－12.

［26］阮智富，郭忠新．现代汉语大词典（上册）［M］．上海：上海辞书出版社，2009.

［27］于洪君．土库曼斯坦经济改革综述［J］．国际社会与经济，1996（11）：29－31.

［28］秦放鸣．对乌兹别克斯坦经济改革模式及经济发展的再思考［J］．俄罗斯中亚东欧市场，2006（3）：29－33.

［29］艾丽菲热·艾斯卡尔．2016年乌兹别克斯坦总体形势评述［J］．伊犁师范学院学报（社会科学版），2017，36（2）：72－75.

［30］中国社会科学院俄罗斯东欧中亚研究所，中国社会科学院上海合作组织研究中心．中亚黄皮书：中亚国家发展报告（2020）［M］．北京：社会科学

文献出版社，2020.

［31］郭辉．哈萨克斯坦各产业对经济增长的贡献度及产业转型困境［J］．俄罗斯中亚东欧研究，2017（6）：76－100.

［32］赵乔，王彬．中亚国家在建设丝绸之路经济带中的重要作用——土库曼斯坦为例［J］．发展改革理论与实践，2018（3）：49－56.

［33］韩增华，薛凤珍．哈萨克斯坦、乌兹别克斯坦两国产业结构转型路径及其财政支持政策倾向比较［J］．经济研究参考，2018（63）：35－44.

［34］商务部．对外投资合作国别（地区）指南——哈萨克斯坦［EB/OL］．2012/2014/2018/2019. http：//fec. mofcom. gov. cn/article/gbdqzn/index. shtml.

［35］商务部．对外投资合作国别（地区）指南——吉尔吉斯斯坦［EB/OL］．2012/2014/2018/2019. http：//fec. mofcom. gov. cn/article/gbdqzn/index. shtml.

［36］商务部．对外投资合作国别（地区）指南——塔吉克斯坦［EB/OL］．2012/2014/2018/2019. http：//fec. mofcom. gov. cn/article/gbdqzn/index. shtml.

［37］商务部．对外投资合作国别（地区）指南——土库曼斯坦［EB/OL］．2012/2014/2018/2019. http：//fec. mofcom. gov. cn/article/gbdqzn/index. shtml.

［38］商务部．对外投资合作国别（地区）指南——乌兹别克斯坦［EB/OL］．2012/2014/2018/2019. http：//fec. mofcom. gov. cn/article/gbdqzn/index. shtml.

［39］英国石油公司（BP）．BP世界能源统计年鉴（2019年第68版）（BP Statistical Review of World Energy 68th edition）［EB/OL］．［2019－06－14］．http：//cngascn. com/public/uploads/file/20190805/20190805102652_80658. pdf.